本书为2016年度教育部人文社会科学重点研究基地重大项目『高考制度改革研究』（16JJD880029）之成果

高校招生考试法治研究

覃红霞／著

高考改革研究丛书

刘海峰／主编

华中师范大学出版社

国家出版基金项目
NATIONAL PUBLICATION FOUNDATION

新出图证（鄂）字10号

图书在版编目（CIP）数据

高校招生考试法治研究/覃红霞著. —武汉：华中师范大学出版社，2016.12
（高考改革研究丛书/刘海峰主编）
ISBN 978-7-5622-7594-7

Ⅰ.①高… Ⅱ.①覃… Ⅲ.①高等学校—招生—入学考试—教育法—研究—中国 Ⅳ.①D922.164

中国版本图书馆CIP数据核字（2016）第260769号

高校招生考试法治研究

©覃红霞 著

责任编辑：张建英　　**责任校对**：罗　艺
编辑室：学术出版中心　　**电话**：027－67867792
出版发行：华中师范大学出版社　　**社址**：湖北省武汉市洪山区珞喻路152号
电话：027－67863426/3280（发行部）　027－67861321（邮购）
传真：027－67863291　　**邮编**：430079
网址：http://press.ccnu.edu.cn　　**电子信箱**：press@mail.ccnu.edu.cn
印刷：湖北新华印务有限公司　　**督印**：王兴平
封面设计：甘　英　　**封面制作**：胡　灿
开本：710mm×1000mm　1/16　　**印张**：16.25
版次：2016年12月第1版　　**印次**：2016年12月第1次印刷
字数：275千字　　**定价**：40.00元

欢迎上网查询、购书

总　序

高考是我国各类考试中最重要、影响最大的考试。高考改革不仅关系到国家创新人才的培养、学生的健康成长，而且关系到社会公平的维护、高等教育资源的分配，还涉及宏大的社会利益再分配问题，关系到维护我国改革发展稳定的大局，是一项“牵一发而动全身”的社会系统工程，具有综合性、系统性。高考改革事关教育全局，不仅已成为重大的民生议题，而且是教育领域中最复杂、最敏感的问题，受到民众和国家教育主管部门的高度关注。

2010 年 7 月正式颁布的《国家教育中长期改革和发展规划纲要(2010—2020 年)》列有关于招生考试的专门一章，即第十二章“考试招生制度改革”。在中国历次教育改革文件中，这是第一次将招生考试单独列出一章，足见此问题在现阶段的重要性。2012 年 7 月，国家教育考试指导委员会在北京成立，研究制定考试改革方案，指导考试改革试点。国家专门成立一个国家级决策咨询机构来指导高考改革实践，说明考试招生改革意义非常重大。2013 年 11 月，十八届三中全会通过了《中共中央关于全面深化改革若干重大问题的决定》，其中教育方面最主要的就是考试招生改革的内容。2014 年 9 月公布的《国务院关于深化考试招生制度改革的实施意见》，是恢复高考以来最全面、最系统的改革文件。以往也有各种各样的高考改革政策出台，但多数都是单项的或者某一个侧面的改革，而这次改革涉及考试招生的方方面面，是一个顶层设计的系统改革，标志着高考改革进入一个新阶段。

由于高考是一个至为复杂的大规模选拔性考试，是一项“横看成岭侧成峰，远近高低各不同”的制度，从某一特定的角度去观察，站在某一种特定的立场去评说，可能所见都是事实，所言也都有一定道理，但也可能会出现盲人摸象、各说各话的情况。因此，在评价高考时，重要的是全面和客观。

而要理性地、全面地评价高考，提出切实可行的改进意见，就应该对高考进行全面深入的研究。

中国是考试制度的发源地，不仅是一个考试古国，而且是一个考试大国。有些西方国家的大学入学考试只是一种测量手段，只是在小范围内引起关注，只是一个部分人关心的话题。然而，受传统和现实的制约，中国人却将高考变成了文化，变成了经济，变成了政治，变成了盛大的仪式，变成了一种备受关注的社会活动，变成了一种惯例式的全民动员。在有五千年悠久文化传统和千余年科举考试影响的中国，在一个幅员辽阔、人口众多、地域和城乡文化教育水平差异很大的中国，在民众高度重视甚至是过度重视教育的中国，高考既与世界各国的大学入学考试有相同的规律，也有不少独有的现象和问题。

长期以来，高考作为一项影响重大、关注度甚高的重要制度，总体而言是“三多三少”，即新闻报道多，理论研究相对较少；一般议论多，深入分析相对较少；零星探讨多，系统研究相对较少。近年来，情况有了一些改观，特别是 2012 年前后讨论异地高考政策问题，2014 年《国务院关于深化考试招生制度改革的实施意见》出台以后，出现了研究高考改革的热潮，许多相关论文见诸报刊。但是，对于整个高考制度还缺少系统的研究，尤其缺少真正有分量的高考改革研究著作。

高考改革是一个谁都能说得上两句的话题，但又是一个专业性很强的问题。要谈谈自己关于高考改革的观点，发表一两篇文章不难，而要深入阐述自己的观点，发表不重复的系列论文或出版专著却很难。为了将高考研究推向深入，并为现实高考提供决策参考和理论依据，在深入研究的基础上，特组织一套“高考改革研究丛书”。

作为中国高考研究的重镇，厦门大学考试研究中心一直将高考改革作为重点研究方向之一，推出了一系列研究论文和专著，研究成果为全国性的和部分省市的高考改革提供重要的理论支持。本丛书是中国第一套较全面、深入研究高考改革的丛书，对高考从理论、制度、政策、法治、内容、形式，到招生考试的区域公平、民族政策、效度和评价等各方面进行全面的研究，同时对美国、英国、法国、俄罗斯、加拿大、澳大利亚、日本和我国台湾地区的高校招生考试制度等进行了探讨；既有对高考制度的理论剖析，又有对高考改革的一些热点问题的专题论述；是从理论到实践、从宏观到微观、从国内到域外，对高考制度及其改革进行的全面而深入的研究。

“高考改革研究丛书”是对高考的基础性、系统性研究。2015 年，该丛书获得国家出版基金资助，出版社与丛书主编将原来已出版的十多本著作加以修订，并扩充至 22 本，使之成为一个更全面、成气候的书系。本丛书基本上由我自己的著作和历年指导通过答辩的高考研究博士论文、博士后出站报告为基础构成。在我历年指导的众多博士论文或博士后出站报告中，以高考研究为选题的占大多数。要想真正为高考改革提供参考，我们的研究应力求建立在对招生考试历史与现实充分了解的基础之上。为了使这些论文的写作不至于陷入空谈，我总是要求博士生和博士后多了解高考实际。多年来，以高考为选题的博士生和博士后一般都要到部分省市教育招生考试院等考试机构实习，真正深入招生考试第一线，多与考试管理工作者接触交流，这样他们才不会太书生气，所写论文才能脚踏实地。凡是研究别国高校招生考试制度的博士生和博士后，都通晓所在国的语言文字，并尽可能到研究对象国去搜集资料和实地调研，多位博士生和博士后都在研究对象国留学多年或做访问研究一年以上。

丛书中每本著作各有专攻，希望都能切中肯綮，真正做到既有学术价值，也有现实意义；对高考改革的顶层设计，对高考改革的顺利推行，进而对维护教育公平和社会稳定起到一定的作用。恢复高考 40 周年即将到来，相信本丛书的出版能够为高考改革提供理论支撑，为完善中国的考试招生制度贡献绵薄之力，作为一名上世纪的 77 级大学生，我深感欣慰。

刘海峰

2016 年 10 月 6 日

目　录

引　论

普通高校招生考试制度是我国重大的基本教育制度之一，包括报名、考试、录取等诸多环节，是一个各环节彼此紧密联系、相互制约、相辅相成的有机整体。它不仅是中等教育和高等教育相互衔接的重要环节，而且关系到中等教育和高等教育的质量与发展，从而影响到整个国家的人力资源储备。综观这一基本制度的运行机制与流程，不仅牵涉考生权利（特别是受教育权）的实现，也涉及教育行政部门管理权与高校招生自主权的行使与实现。其中，各种利益相互交织在一起，代表不同利益的群体相互博弈，在某种程度上促进了高校招生考试制度的不断发展与完善，也增加了改革的难度。从实践层面来看，普通高校招生考试领域出现了很多现实的矛盾与问题，“枪手”代考、利用先进的通信手段作弊、考生与监考人员串通一气等各种考试舞弊行为屡见不鲜；招考领域涉嫌索贿受贿、冒名顶替等违法现象呈上升趋势；涉及招考的法律纠纷也时有发生。正因为如此，30 多年来普通高校招生考试制度一直处于频繁的变动与改革中，但仍屡遭非议，废除高考的声音，从未停止。受教育权得不到有效保护的考生频频将相关教育行政管理部门告上法庭。普通高校招生考试该如何发展？如何加强招生考试管理，以维护招生考试的公平与公正？如何在保障招生考试管理部门以及高校合法行使权力的同时保护考生的合法权益？这些问题都是招生考试的实践者与研究者不能回避的问题。

随着党的十五大提出依法治国的方略，关于依法治国的相关问题得到了热烈而深入的讨论与研究，法治的观念也随之深入人心，并迅速向社会各个领域推进，依法治教、依法治招、依法治考成为社会各界的普遍共识。一时间，法治似乎成了解决高校招生考试领域种种问题的法宝与关键要素。但是，如果我们分析各种法治观念背后的思想就会发现，在这一流行话语下的高校招生考试法治实践中，充斥着法律工具主义、法律绝对主义的思想与意识：希望通过法律来加强管理，维护管理权威的有之；希望通过法律获得更多权力与利益的有之；希望通过建立新的招生考试法解决所有问题的简单思维也有之。在这种观念指导下产生的对高校招生考试法制建设的期望、热情或者幻想，在历史与现实中已经遭遇了挫折。但研究者对这一问题却鲜有关注，依然习惯于从既定的前提出发，导出具体原则的分析与构建。在这一思维定式和研究范式的引导下，我们可以看到停留在纸上完美的概念体系与构架，以及由文字勾勒出的未来与理想，却找不到到达理想彼岸的桥梁。最终的结果就只能是理论研究与改革实践的脱节。正因为如此，从普通高校招生考试的历史与实践出发，分析法治与法制的联系与区别，正本清源，成为实现普通高校招生考试法治的重要基础，也是本书的基本前提与出发点。在此基础上，重新审视普通高校、招生考试管理机构以及考生之间的法律地位与法律关系，分析高校招生考试实践中出现的法律问题，寻求解决的方法，不仅具有一定的理论价值，也有一定的实践意义。当然，由于理论与实践经验的缺乏，本书在很多问题上还只能进行一些初步的、肤浅的分析和探讨，希望能够作为引玉之砖，引起普通高校招生考试研究者的重视与思考。

长期以来，普通高校招生考试研究一直关注的是作为制度形式的高校招生与考试，研究的重点也就放在了制度改革、内容改革、形式改革等一些重大问题上。毋庸置疑，这些研究取向对于当前普通高校招生考试改革具有重要的意义，因此在今后的招生考试研究领域仍将是研究的热点与重点。但不可否认的是，在考生及其家庭权利意识日益提高、考试作弊以及招生丑闻频频发生的今天，重视从法学与教育法学的视角分析这一系列现象背后的法律关系，并寻求合理的解决途径，也应成为当前招生考试研究的重要取向之一。

有鉴于此，近年来一些研究者已经开始涉足普通高校招生考试法制建设的相关问题，特别是随着依法治国方略的提出，依法治招、依法治考成为研究的热点问题。许多法学研究者与教育法学研究者，如北京大学的沈岿教授与湛中乐教授、武汉大学的周佑勇教授、北京师范大学的劳凯声教授等等，对普通高校招生考试法治研究也多有涉足，从理论上进一步拓宽了研究面，特别是法学研究者特有的研究视角与思维方式，为普通高校招生考试法治研究打开了新的思路。研究者围绕着高校招生录取权、自主招生、高等学校与考生之间的法律关系、考试过程中的权利保护与权力制约以及考试舞弊等问题进行了许多有益的探索，为普通高校招生考试法治研究打下了一定的基础。

值得指出的是，以往的研究还存在很多不完善的地方。首先，这些研究仍是比较零散与分割的，许多研究仅从招生或者考试的环节出发，着重讨论招生环节或考试环节的现实问题，缺乏系统性与整体性。事实上，招生与考试都是普通高校招生考试过程的组成部分，有一定的逻辑性与联系性。高校、招生考试管理机构以及考生都是高校招生考试系统的一部分，是紧密联系、相互影响的关系主体，将它们共同纳入法治的视野下，不仅有利于实现对普通高校招生考试法治研究的整体把握，也有利于增强对实践的指导意义。其次，已有研究对于一些重要概念缺乏深入而细致的分析。当“法治”、“依法治国”、“依法行政”、“依法治教”、“依法治招”、“依法治考”已经成为人们耳熟能详的词语时，研究者也习惯性地从这些既有的前提出发，缺乏深入的思考。再次，对于如何实现高校招生考试中对权力的制约和对权利的保护缺乏系统的研究。权力制约与权利保护是法治的精髓，也是国外招生考试法治的核心内容。已有的研究虽然对这些观念有了一些基本的梳理，但针对我国普通高校招生考试实践中的具体问题仍缺乏系统的研究，对招生考试管理机构的法律地位以及如何实现对考生的权利救济的研究仍是一个空白。此外，因为资料的原因，国内研究者也很少对我国招生考试法制建设的历史以及国外招生考试法治概况进行专门的梳理。这也未尝不是当前研究的一个缺憾。以上这些也正是本书的重要切入点。

值得一提的是，自 1995 年陈海云诉外交学院开启了考生诉高校的先例以来，几起重要的招生考试案件都受到了法学界、司法界、教育界乃至全社会的普遍关注。青岛三考生状告教育部事件以及由此引发的对于“高考移民”现象、高考录取分数线不统一的讨论，北航招生腐败事件以及由此引发的对招生权力如何规范等问题的讨论，促进了对普通高校招生考试法治的相关研究。对于青岛三考生状告教育部事件是否可以通过法律诉讼途径来解决，以及其应该属于宪法诉讼还是行政诉讼，不同的研究者持不同的态度。对这些问题的讨论，不仅扩大了普通高校招生考试法治研究的范围，也为本书的撰写奠定了一定的理论基础。

本书以文献法、比较法、调查法以及访谈法为基本研究方法，主要从法治的内涵出发，结合普通高校招生考试系统，探讨了高校、招生考试管理机构与考生之间的法律关系与法律问题。全书的分析框架主要遵循以下基本思路：

第一章是对我国普通高校招生考试法制建设的追溯，对科举时期、清末科举废除后至清朝覆灭时期、民国时期以及中华人民共和国成立后的高校招生考试法制建设进行了专门的梳理与评述，提出了“法制”与“法治”的区别；认为各个时期虽然都重视政策法规的作用，强调通过立法实现对招生考试的管理，但无论是从思维观念、法律信仰还是从法律的运行与实践来看，都与目前所提倡的法治有一段距离。

第二章是对国外高校招生考试法治的比较研究，以英国、美国、德国、日本四个国家的普通高校招生考试法治为参照，探寻高校招生考试法治的基本特征与规律。各国特有的国情决定了各国高校招生考试法治的特色，法治规律的普遍性决定了各国高校招生考试法治的深层次共性，这种共性与差异性的共存，也为我国招生考试法治实践提供了启示与借鉴。从根本上说，确立法律的权威，逐渐实现招生考试制度的法制化，依法治招、依法治考，在实现管理权力与维护权利之间达到平衡，注重招生考试的程序建设、重视对考生的法律救济，均是我国在实现招生考试法治过程中必须考虑的问题。

第三章是对我国高校招生考试发展的目标——法治的内涵与相关问题的研究。法治不仅是中国高校招生考试法制建设历史的必然，也是当前高校招生考试实践的现实要求。本章首先分析了法治成为我国普通高校招生考试发展历史必然的原因，其次分析了依法治招、依法治考的内涵与普通高校招生考试法治的基本原则，最后探讨了普通高校招生考试的法律关系与法律责任。

第四章是对高校与招生自主权的研究。本章具体分析了高校招生考试领域高校与考生的法律关系，并对招生自主权的性质以及高校招生过程中招生权力的异化与规制进行了探讨。

第五章是对我国招生考试管理机构与考试管理相关问题的研究。在介绍我国招生考试管理机构的历史、职责与特点的基础上，本章分析了省级招生考试管理机构的法律地位，并对当前的热点问题——防止高考舞弊提出了个人的见解。

第六章是对考生的研究。本章分析了受教育权的保护与救济问题，对高校招生考试领域常见的信访与司法救济进行了具体的探讨；结合对北京、上海、杭州、重庆以及厦门等城市与地区高三学生的调查，分析了当前我国考生的法律意识、权利意识的现状，并提出了具体的对策。

结语是关于建立普通高等学校招生考试法相关问题的研究。笔者从当前招生考试法规体系中存在的问题出发，结合高校招生考试的实践需要，认为建立普通高等学校招生考试法是当前法制建设的重要任务之一，并具体提出了建立普通高等学校招生考试法的七个基本原则。需要指出的是，本书仅仅是从法治的理念出发，重点分析了高校、招生考试管理机构与考生在普通高校招生考试过程中比较突出的问题。可以说，试图全面解析整个高校招生考试领域的问题，还需要更为深入和缜密的研究。换言之，普通高校招生考试法治问题是一个庞大的研究领域，还有很多问题有待于进一步深入探讨。

第一章　我国高校招生考试法制建设的历史演进

高校招生考试的发展与法制建设关系密切。从历史上看，自科举制度产生之日，封建统治者即颁布了“废举者”法令、“坐州长”法令，以维护科举考试的正常运行。随着科举制度的发展，科举考试法也日益丰富与完善，对维护封建统治、保证人才的选拔起到了重要作用。科举废止后，近代意义上的高等学校与高等教育系统逐渐建立起来，清末颁布了专门的招考章程，民国时期也积极运用法律手段，加强对高校招生考试的管理。新中国成立以来，高校招生考试经历了恢复、反复与发展的历程，逐渐树立了加强高校招生考试法制建设的观念，建立了高校招生考试的法律体系，高校招生考试逐渐纳入法治的轨道。从招生考试法制建设的发展历史出发，总结其中的经验与教训，对于高校招生考试制度的发展以及高校招生考试法治的实现有着重要的意义。值得指出的是，法治必须以法制为前提，但法制并不必然导致法治的状态。从科举时代到“文革”前后，虽然各个时期都重视法律法规的作用，强调通过立法实现对招生考试的管理，但无论是从思想观念、法律信仰还是从法律的运行与实践来看，都与目前所提倡的法治有一段距离。

试图将高校招生考试法制建设追溯到科举时代，可能会引起一些人的疑问。首先，高校招生考试作为连接中等教育与高等教育的纽带，意味着必须存在层层递进的连贯的学校系统。其次，按照国外的观点，中国真正意义上的大学，是在近代才产生的①。按照这种观点，我国普通高校招生考试的历

---

① 许美德教授按照欧洲大学的模本，得出了“高等教育”一词内涵的核心，即“自主权和学术自由”，并指出，“对于中国或其他一些东方国家来说，‘大学’这个概念却有可能意味着完全不同的学术机构。在中国历史上，现代意义上的大学，是在19世纪末期，随着传统教育的衰落和现代新型高等教育的兴起，才逐渐出现的。大多数中国高教史研究者认为，中国第一所现代大学‘北洋公学’是在1895年才建立起来的”。参见许美德：《中国大学1895—1995：一个文化冲突的世纪》，教育科学出版社，2000年，第17页。

程只能追溯到中国真正意义上的大学——北洋公学的诞生。再次，按照大多数人的理解，科举是选拔官吏的考试，似乎与学校招生考试存在一定的差异，将科举考试作为学校招生考试的前身似乎多少有些牵强。科举的文官考试性质和教育考试性质都很明显[①]，事实上，“科举不仅是一种教育考试，而且它是古代的高等教育考试”[②]，特别是明清以来，“科举必由学校”，这时期的童试具有典型的学校选拔的特征。更为重要的是，科举考试对我国高校招生考试制度的形成具有重要影响，从考试形式以及作用影响等方面来看，高考与科举也确实具有许多相似之处。日本学者大塚丰认为：不可否认，作为统一考试典型代表的科举考试，对中华人民共和国成立之初高校统一考试制度的建立，“至少是一个远因”[③]。同时，科举法也为后世提供了诸多可供借鉴的经验与范本。但在研究中，由于对科举制度的偏见与误解，探讨招生考试法治的研究者很少涉及科举法。因此，考察科举时代考试法的特点，分析其衰落的原因，对当前普通高校招生考试法制建设，尤其是考试环节的法制建设，有着重要的意义。

第一节　科举制度与科举法

任何制度的形成与完善都离不开相应的保障机制。科举制度的产生正是通过法的形式加以确立的，其发展也依赖于法的完善与保障。从现有的资料来看，研究者往往将科举法等同于防弊之法，如邓嗣禹的《中国考试制度史》，专章介绍了考试法规，其内容主要针对考试防弊之法而言[④]；同样，曾绍东的硕士学位论文《法律与社会：晚清科举考试法规评析》，也将科举考试法的范围主要定位于《钦定科场条例》与《续增科场条例》等基本法规文献和文本[⑤]，叶晓川的《清代科举法律文化研究》[⑥]（后成书《清代科举

---

① 刘海峰：《科举考试的教育视角》，湖北教育出版社，1996年，第207页。

② 刘海峰：《论科举的高等教育考试性质》，《高等教育研究》1994年第2期。

③ 大塚丰：《现代中国高等教育的形成》，黄福涛译，北京师范大学出版社，1998年，第266、356页。

④ 邓嗣禹：《中国考试制度史》，民国考选委员会，1936年。

⑤ 曾绍东：《法律与社会：晚清科举考试法规评析》，江西师范大学硕士学位论文，2003年。

⑥ 叶晓川：《清代科举法律文化研究》，中国政法大学博士学位论文，2006年。

法律文化研究》[①])、范晔的博士论文《〈钦定科场条例〉研究》等对《钦定科场条例》各项规制做了全面、深入的分析与研究，可以说是对科举法，特别是清代科举法比较全面的研究与介绍，但研究者也很少从科举法与科举制度的关系角度对科举法进行评述。大量研究对科举的防弊制度、科举案例进行了专门研究，强调科举制度的公平与正义。笔者认为，从广义而言，科举法不仅包含在基本的法律文本中，也体现在特别的法律形式中；其内容不仅仅是防弊之法，也包括对科举制度方方面面的规定。科举制度本身就是法律加以确立并保障其运行的制度，科举法则是科举制度法制化的结果。

一、科举法的主要形式

科举时代的法与我们现在所理解的法有很大的区别。一个突出的特点就是，皇帝是最高的立法者，掌握立法权，皇帝的意志就是法律。也就是说，法律是以皇帝个人意志的形式表现出来的。中国古代的法以“律”为基本形式。律的编制虽然由大臣们具体完成，但批准权属于皇帝，最后以皇帝个人名义来颁布。除了律以外，君主往往根据需要，随时以特别法的形式颁布一大批地位低于律典而实际效力较高的法令。这些特别法在名称上虽常有变更，但实质上则大略相同[②]。不仅如此，皇帝的口头谕旨也具有法律效力，不可变更，所谓“金口玉言”也就是“金科玉律”。

总的来看，律虽然也有涉及科举的法条，但主要针对官员的违法行为而制定，《唐律疏议》卷九“贡举非其人”就是专门针对有关官员失职行为的惩罚规定[③]，后又增设“应贡举而不贡举”的治罪条款。除了《唐律疏议》，在《唐六典》中，也设有科举的相关法条[④]。“令”是唐朝常见的科举法形

---

① 叶晓川：《清代科举法律文化研究》，知识产权出版社，2008 年。

② 郭建，等：《中国法制史》，上海人民出版社，2000 年，第 72 页。

③ “贡举非其人”是治罪的原则，在《唐律疏议》中补充了疏解，“诸贡举非其人，及应贡举而不贡举者，一人徒一年，二人加一等，罪止徒三年。若考校、课试而不以实，及选官乖与举状，以故不称职者，减一等。承言不觉，又减一等。知而听行，与同罪”。区别了“德行”、“试业”两种具体情况，并分别治罪。举送状文有假律治罪，若考试不及格，则减轻二等论罪。如果被贡举的士子考取百分之六十则不论罪。

④ 《唐六典》是唐玄宗年间编撰的一部有关唐朝中央与地方官制的法规大全。此书虽然没有正式颁行，但因为它本身是由现行令、式汇编而成，所以在唐代即被人们视为法典，与律令并行不悖。参见张晋藩：《中国法制史》，高等教育出版社，2003 年，第 141 页。

式。唐朝贞观年间颁布了“废举者”令，规定“凡贡举非其人者，废举者，校试不以实者，皆有罚”，确立了科举制度最一般的法律条款，并在随后的宋、元、明、清法律文本中固定下来。“坐州长”则明确宣布“举而不第者，坐其州长”。唐朝通过这些法令有效地维护了科举的正常功能。

宋朝时期，除了《宋刑统·职制律》中的“贡举非其人”之外[①]，还在编敕中出现了有关科举的单行法。“敕”是皇帝在特定的时间对特定的人或事临时发布的诏令，通常谓之“散敕”。散敕经过一定的编修程序整理、汇编、颁行之后即上升为具有普遍性法律效力的法律形式——编敕。随着编敕适用范围的不断扩大，其地位也越来越高，逐步由补充律之未备到律敕并行，进而取代律的常法地位[②]。据考证，编敕中有《天圣礼部考试进士敕》、《至和贡举条制》、《熙宁贡举敕式》、《政和新修御试贡举敕令格式》、《绍兴重修贡举敕令格式》、《绍兴重修贡举敕令格式》等涉及科举考试的法律法规[③]。遗憾的是大部分涉及科举的编敕今已遗失。此外，在宋真宗景德年间，朝廷还连续下令详定《考校进士程式》、《亲试进士程式》等[④]。值得一提的是，宋朝在司法制度上，开始了皇帝亲自审问科举案的先例。宋太祖亲审李昉一案，因李昉录取的人中，有十人落选，李昉因此被降职为太常卿。这是皇帝亲自处理的第一个科场案，也是殿试制度成为常制的开始[⑤]。

在元代，由于立法水平有限，君主的命令并没有形成独立、系统的法律形式，也始终没有制定出正式的法典，只是不时将敕旨条令杂采类编，作为各级政府处理事务的依据。《元典章》即《大元圣政国朝典章》，就是保存下来的各种条例和案例的汇编，其中《科举条制》、《科举程序目》附载于儒学之中。《大元通制条格》与《元典章》性质相似，也是元朝法令文书的汇编，其中卷五“学令”包括会试录取各省人数和考场规则、仁宗皇庆二年（1313 年）颁布的关防条目和考试程序等科举法条[⑥]。其中皇庆二年诏书基

---

① 《宋刑统》中记载：“诸贡举非其人，及应贡举而不贡举者，一人徒一年，二人加一等，罪止徒三年。若考校、课试而不以实，及选官乖于举状，以故不称职者，减一等。失者，各减三等，知而听行，与同罪。”

② 郭东旭：《宋代法制研究》，河北大学出版社，2000 年，第 35 页。

③ 郭东旭：《宋代法制研究》，河北大学出版社，2000 年，第 72 页。

④ 刘虹：《中国选士制度史》，湖南教育出版社，1992 年，第 226 页。

⑤ 刘海峰，等：《中国考试发展史》，华中师范大学出版社，2002 年，第 81 页。

⑥ 郭成伟点校：《大元通制条格》，法律出版社，2000 年，第 72～81 页。

本奠定了元朝科举制度的原则和方法，对科举考试的时间、层级，报名者的年龄、道德要求等多方面作出了详细规定，并专门拟定了惩罚措施。《皇庆诏书》颁发以后，中书省根据诏书精神，对主考官的条件、规格、人数，试卷要求，弥封制度，誊录制度，回避制度，应举人的资格与健康条件等作出了具体规定。

明代除律外，大诰和榜文是以皇帝命令发布特别法的主要形式。科举法除《大明律·职官》中有“贡举非其人”的规定与具体注解外①，大诰也是颁布科举相关法令的重要形式，《明会典》中专门记载了科举考试的各项法规。此外，《皇明诏令》记载了《初设科举条格诏》。洪武十七年（1384 年），明太祖命礼部颁布的《科举集成》，总结科举制度的经验，成为我国第一部最完整的有关考试规则②方面的典籍。

清朝是科举考试从成熟逐渐走向衰落的时期。这一时期，有关科举的法律法规最为系统与全面，除《大清律例·职制》卷六“贡举非其人”③、《大清会典》、《钦定礼部则例》以外，最为著名的就是清朝的《钦定科场条例》。《钦定科场条例》共成书六十卷④，每卷包括“现行事例”、“例案”、“驳案”及“旧例”四部分。“现行事例”是根据科举和社会的发展变化而颁行的现行法律规定；“例案”是清初至该法编纂完成之日起有关该卷事例的各地奏折，经皇帝谕准或直接谕发的有关内容；“驳案”是清初至该法编纂完成之日起有关该卷事例的各地奏折经皇帝驳回的有关内容；“旧例”是该法编纂之前清朝各代有关该卷内容的法律规定。总的来看，科举考试的相关法律法

---

① 《大明律》中记载：“凡贡举非其人，及才堪时用，应贡举而不贡举者，一人杖八十，而不实者，减二等。”

② 相关规则包括：科举为国家考试，由政府承办；考试分二级进行；固定考试日期；考生资格及其审查；考试科目、内容、标准；题型；试卷格式；考试场次及其时间；考场规则；保密措施；评卷规则；复试；政务管理人员的设置及其职责；中举条件及其评定办法；中举者的功名、庆典、任官以及舞弊惩治等。参见杨学为：《漫谈科举考试》，《教育研究》1989 年第 11 期。

③ 《大清律例》中记载：“凡贡举非其人，及才堪时用，应贡举而不贡举者，一人，杖八十，每二人加一等，罪止杖一百。所举之人知情，与同罪；不知者，不坐。若主司考试艺业技能，而不以实者，减二等。失者各减三等。”

④ 杜受田，等：《钦定科场条例》，《续修四库全书》第八二九卷，上海古籍出版社，1995 年，第 665 页。

规的形式多种多样，从律、行政法规到皇帝的诏书都有所涉及，在法律实践中皇帝还亲自审问科场案，构成了判例法的重要内容，从中我们也可以看出统治者对科举考试的重视以及科举考试法律的完备。

二、科举法的主要内容

科举法涉及的内容十分广泛。有学者比较分析了科举考试与荐举制的差别，认为“相比之下，以公开招考与自由报考为核心的科举制度，多了‘法治’的味道”①。可以说，科举制度从确立到消亡，从考试内容的变革到考试程式的演进，从考试管理机构的变化到防弊措施的日臻完善，都是通过法规的形式确立并逐渐形成定制或予以废除的。自隋炀帝大业元年（605 年）下诏振兴选举与学校，开启科举时代，到 1905 年以慈禧为首的清朝最高统治者颁布“上谕”，“诸即自丙午（1906 年）科为始，所有乡、会试一律停止，各省岁科考试亦即停止。其以前之举、贡、生员分别量予出路，及其余各条，均著照所请办理”②，科举制度在 1300 年的发展道路上逐渐走向成熟、规范直至衰落。在科目设置上，从隋代设置秀才科、明经科和进士科到进士科逐渐成为最主要乃至唯一的科目；在考试内容上，从儒家经典的“九经”、“十二经”到“十三经”，最后以“四书五经”作为科考的主要内容；在考试机构上，由吏部负责转移到由礼部负责等等。科举方面的法律法规不胜枚举，在这个意义上，科举法本身就是科举制度的一部分。

当然，从科举法的主要构成来看，如何保证科举制度的公平性，保障科举制度的顺利进行，从而有效地选拔人才是科举制度的初衷，也是科举法所追寻的目标。因此，防止考生以及官员作弊、保证考试选拔的公平始终是科举法的主要内容。唐之科举，不讳奔竞，科举之柄，专付之主司，并不糊名，若以关节为寻常之事者③。从唐朝中后期开始，统治者就已经开创并逐渐形成一些具体的制度以防止科场舞弊的发生，至清代更是达到无以复加的地步，以至于有人发出这样的感叹：“世界上可曾有过比这规模更大、人数更多、地位更重要、防范也更严密的一种考试吗？种种防弊之法实际上已到了过分繁密和严苛、相当束缚考官和士子的自主性和创造性的地步，其对考

① 刘虹：《中国选士制度史》，湖南教育出版社，1992 年，第 129 页。
② 朱寿朋：《光绪朝东华录》，中华书局，1958 年，第 5392 页。
③ 商衍鎏：《清代科举考试述录及有关著作》，百花文艺出版社，2004 年，第 292 页。

官和士子的不信任无以复加，我们在中国传统中不易发现的对人性阴暗面的认识和中国人的实用智慧，都在这里得到了淋漓尽致的表现。”① 从下表中我们便可见《钦定科场条例》的主要内容与详细程度。

《钦定科场条例》目录表

序号	目录	卷次	卷次内容
1	乡会试期	卷一	乡会试期、乡会试加科、宗室人员乡会试
2	科举	卷二、卷三、卷四、卷五	宗室人员科举、科举定额、生员科举、贡监科举、八旗贡监生员笔帖式等科举、杂项人员科举，咨送文册期限，新疆应试驰驿
3	起送会试	卷六	直省举人会试、杂项人员会试、八旗举人会试、起送文册期限、给发举人盘费、远省乡会试驰驿
4	乡试考官	卷七、卷八	顺天乡试正副考官、直省乡试正副考官、顺天乡试同考官、直省乡试同考官
5	会试考官	卷九	会试正副考官、会试同考官
6	乡会试执事官员	卷十、卷十一、卷十二	顺天乡试执事官员、直省乡试执事官员、会试执事官员
7	三场试题	卷十三、卷十四	题目成式、钦命题目、考官出题、题纸进呈
8	乡会试艺	卷十五	乡会试艺
9	试卷	卷十六	朱墨卷款式、官办试卷、士子投卷
10	内帘阅卷	卷十七、卷十八	同堂校阅、各房分卷、中卷拨房
11	乡会试中额	卷十九、卷二十、卷二十一、卷二十二	各省乡试定额、官卷中额、商籍中额、副榜中额、会试中额
12	乡会试广额	卷二十三	乡会试广额
13	设立官卷限制	卷二十四	设立官卷限制
14	回避	卷二十五	回避

① 何怀宏：《选举社会及其终结——秦汉至晚清历史的一种社会学阐释》，生活·读书·新知三联书店，1998年，第118页。

续表

序号	目录	卷次	卷次内容
15	关防	卷二十六、卷二十七、卷二十八、卷二十九、卷三十、卷三十一、卷三十二	贡院、场规、考官士子关防、入闱点名、搜检士子、搜查供应铺陈、随带官员仆从、巡员绰役、搜检捕役、内外帘笔色
16	禁令	卷三十三、卷三十四	严禁夤缘诸弊、不准临场条奏、禁止刊卖删经时务策
17	冒籍	卷三十五	冒籍
18	坐号	卷三十六	编列坐号、号军
19	外帘所官	卷三十七、卷三十八、卷三十九、卷四十	受卷所、弥封所、誊录所、对读所
20	收掌所官	卷四十一	收掌所官
21	违式	卷四十二	敬避庙讳、御名、至圣讳、抬写格式、杂项违式
22	乡会试供具	卷四十三	颁发条例、闱中书籍、供给
23	揭晓	卷四十四	揭晓定限，钤榜大臣官员、拆号填榜、进呈题名录
24	筵宴	卷四十五	乡试宴赏、会试宴赏、护宴官兵
25	闱墨	卷四十六	京闱前十卷进呈、刊刻元魁卷、发领落卷
26	试录登科录	卷四十七	试录登科录
27	解卷	卷四十八	解卷期限、解卷亲供、复试
28	磨勘	卷四十九、卷五十、卷五十一	磨勘事宜、磨勘处分（上、下）
29	选取誊录	卷五十二	选取誊录、举人大挑
30	年老举人给衔	卷五十三	特旨赏给举人并恩准一体会试、殿试
31	会试下第举人	卷五十四	下第举人回籍
32	殿试	卷五十五、卷五十六	题派事宜、殿试读卷，传胪谢恩、察看标识
33	朝考	卷五十七	题名
34	翻译	卷五十八、卷五十九、卷六十	翻译童试、驻防翻译童试、翻译乡会试（上、下）、驻防翻译乡会试

《清史稿·选举志》称："有清以科举为抡才大典，虽初制多沿明旧，而慎重科名，严防弊窦，立法之周，得人之盛，远轶前代。"[①] 这是与清朝科举法的完善密切相关的。可以说，《钦定科场条例》本身就记载着科举制度演变与发展的历史，更是科举法在历史的选择与演化中的浓缩与精华。从上表我们不仅可以了解科举制度的基本程序与运行机制，明了科举法在保证科举制度运行中的作用与价值，还可以追溯科举法内容演变的历史。具体来看，科举法一般包括四个方面的规定：

（一）有关科举考试的程式规定

科举考试的程式规定主要包括考试时间、录取名额、考试资格、考试内容、阅卷、揭晓、解卷、复试、磨勘、殿试、朝考、翻译等相关程序。

隋唐以来，科举考试均有相当完备的报考手续，以保证应举人的品行与艺业资格合乎有关规定。宋承唐及五代之制，应举人参加解试、省试，皆须投纳家状、保状及试纸（省试须解状）。其中家状内容包括应举人姓名、年龄、家庭成员状况、三代名讳、举业、举数及籍贯等。宋代规定，解试诸州每三人以上结为一保，国子监、开封府五人以上为一保，省试则十人以上为一保。内选曾得解人为保头，如无得解人，即将曾秋试终场人年龄稍高、才行为众所推之人为保头。保任内容主要是应举人须符合应举资格以及遵守考场规则等。至清代，贡监生投考举人须"取族邻甘结，加具印结。备造籍贯年貌三代清册"，直省举人会试须"由本籍地方官具结，申送布政使由司核明详院，请咨发司转发各州县给举人，亲赍赴部投递，仍先造册送部"[②]。

科举法对出题和阅卷作出了严密的规定。在出题上，最初的办法是，主司出题时，将"四书"各分为十段，由主考签掣得某段就令房考于本段内各拟一题，主考再掣乃定；如是拟"五经"题，候主司择取签掣。康熙二十四年（1685 年）乡试命题应给事中杨尔淑之请，按照会试例，亦由皇帝钦命。皇帝命题之前，主司先以上三届试题开单进程，并进"四书"一部，已出过之题皆贴黄签于上。皇帝钦定试题后，初八日黎明在乾清门前，府尹去领乡试题，礼部堂官去领会试题。然后，将试题密封，交监临和知贡举官送给内帘官颁发。增试帖试后，诗题亦由钦定。至于第二、第三场的经题策题，仍

---

① 赵尔巽：《清史稿》第一〇八卷，中华书局，1977 年，第 3149 页。

② 杜受田，等：《钦定科场条例》，《续修四库全书》第八二九卷，上海古籍出版社，1995 年，第 754 页。

由主考官公拟。而在各省，乡试三场皆由主考官出题。若发现出错题，主考则会被议处①。

早在宋朝，弥封和誊录制度就成为防止考试作弊的关键，并成为元、明、清三代不可易之制。在清代，士子考试之卷称墨卷，士子投卷后对墨卷进行糊名，糊名后由专人进行誊录，誊录后的试卷称朱卷。阅卷官只阅朱卷，以防阅卷官与士子串通识认字迹之弊。誊录后有专人对朱墨卷进行对读，看是否相符，以杜誊录涂改之弊。弥封和誊录制度，使“主司莫知为何方之人，谁氏之子，不得有所憎爱厚薄于其间。故议者谓国家科场之制，虽未复古法而便于今世。其无情如造化，至公如权衡，祖宗以来不可易之制”②。在阅卷这一重要环节，《钦定科场条例》规定：“主考与各房同坐一堂，内监试与主考官对坐。至日晚，查所阅朱卷入箱，正副主考同监试亲加封锁，次日公同开阅。”房考阅卷时“不得干预别房，饮食寝宿各归房舍，不许往来私访聚谈，违者听主考及内监试题参”；主考在阅卷过程中，必须“将取中缘由批于卷上，听候磨勘，不得遗漏声明，致滋弊窦”；同考则将荐卷上呈主考，由主考进行复核，如发现“房考呈荐荒谬之卷，不将佳卷悉行呈荐者，主考会同内监试题参”；内监试对同考荐卷“验明内无私通小帖，方送主考收阅，如同考内有暗通关节，而正副主考姑容取中，听内监试题参，若内监试失察，而别经发觉，将内监试一并议处”。同考荐卷以外各卷，主考官进行“搜阅”，如主考官搜出佳文，“公同研覆系应中之卷，将缘由于卷面批注。取中后听磨勘官悉心详阅。如文内有干例议专坐主考，同考无涉。倘所搜允当，当无所訾议将不行呈荐之同考官，严加议处”③。这些规定不仅设定了主考官、同考官及内监试三者各自的职责、权限与相应的惩罚措施，还设立了三者互相制约、互相牵制、互相监督的机制，对保证阅卷过程的严密与公正起到了良好的作用。

阅卷之后是解卷。解卷是将乡试中式朱墨卷，由主考、监临等官于揭晓日同在场内，派委妥当员役起程解部，以备磨勘；会试揭晓日，提调官也将三场中式朱墨卷封送礼部，以备磨勘。附同解卷的一项重要举措是解送亲

---

① 李新达：《中国科举制度史》，文津出版社，1995年，第277页。

② 欧阳修：《欧阳修全集》第一一三卷，中华书局，2001年，第1716页。

③ 杜受田，等：《钦定科场条例》，《续修四库全书》第八三〇卷，上海古籍出版社，1995年，第37～38页。

供，即“乡试揭晓后，中式士子赴学政衙门填写亲供，封固用印，照解卷限期解送礼部。其会试亲供，由礼部先行晓谕士子，于揭晓次日赴部填写，以备磨勘笔迹”①。

复试也是一个必要的程序。唐至五代以来有所谓详复者，为后来复试所本。唐宋复试主要针对大臣子弟，“知贡举钱徽坐免官”。至清代，附生、优贡、拔贡考试都必须复试。清朝自顺治十五年（1658 年），“世祖亲复试两闱举人，是为乡试复试之始”，“嘉庆四年乡会试复试遂为令，道光二十三年定制各省举人一体至京复试，非经复试不许会试”②，于是复试就成为一道法定程序。《钦定科场条例》规定：“会试榜后，在保和殿复试，礼部奏请钦命‘四书’题一道，诗题一道。所有监试王大臣、阅卷大臣，届期特旨简派，不由礼部开列。其试卷即由阅卷大臣分拟等第，汇送进呈钦定。会试新中贡士，取具同乡六品以上京官印结，临场识认。”复试后将对违例人员给予处罚：“复试卷文义字迹如与原卷大相径庭，比对如出两手，显系冒名顶替以及传递代倩等弊，讯明得实，将不能查出之知贡举、监试、提调等官，照例议处”；“如原中卷文义亦复荒谬，将主考、房官一并议处”③。

磨勘制度是清朝的一个创举。《清史稿·选举志》中认为，“磨勘例行，足以纠正文体，抉剔弊窦，裨益科目，良非浅鲜。禁令之密，前代未有也”④，由此可见，磨勘对科举制度的意义重大。磨勘是对主考官出题是否符合规定，主考、同考、监试阅卷时是否尽心尽责，士子答题是否违例，受卷官、弥封官、誊录官、对读官是否存有情弊等进行全面的复核和监督。在磨勘程序上，分有磨勘和复勘。“磨勘官各于卷面亲书某官某人磨勘字样，以专责成。”磨勘过程中，“其卷内有应行指出者，务按照处分定例字样，注明粘签”，“有违式者，该员即行夹签指出，仍由部照例题参，分别议处”；如果磨勘官有指名索取某卷或者自行择取情弊，则“据实查参”。磨勘之后，一般派大臣复勘，“复勘大臣分别应存应驳及并未指出有无挂漏之处恭请钦

---

① 杜受田，等：《钦定科场条例》，《续修四库全书》第八三〇卷，上海古籍出版社，1995 年，第 351、354 页。

② 商衍鎏：《清代科举考试述录及有关著作》，百花文艺出版社，2004 年，第 119～120 页。

③ 杜受田，等：《钦定科场条例》，《续修四库全书》第八三〇卷，上海古籍出版社，1995 年，第 356～360 页。

④ 赵尔巽：《清史稿》第一〇八卷，中华书局，1977 年，第 3163 页。

定”，以实现对磨勘官的监督。官员在磨勘时实行回避制度，“有子弟中式者，自行声明回避”①。磨勘程序是对该程序以前的工作进行全面、细致的核查、监督，虽有重复之嫌，但对严格考试、防范舞弊却具有莫大的好处。

最后是殿试。殿试制度自唐朝创立以来，于宋太祖开宝八年（975 年）形成定制②。至清朝乾隆年间，“遂为永制”。《钦定科场条例》规定，“会试中式贡士于四月二十一日对策于保和殿。其应行事宜，礼部先期具题得旨通行各衙门遵照”③，并对整个殿试的程序作了详尽而具体的规定，这对于防止舞弊也是一道有效的程序。总的来看，科举法对科举考试程序的规定可谓层层设防、环环相扣、烦琐而复杂，其用心之细密、程序之严密世界仅见，这也未尝不是当时人们认为科举制度十分公平客观的重要原因。

（二）针对考试官员的规定

考务人员是考试的重要组成部分，是整个考试程序的执行者。考试秩序的好坏，与考务人员关系甚大。针对权力专门设置有关官员的职责与相应的惩罚是保障考试秩序的重要方面，也是科举法的重要内容。宋代设知贡举主持省试，负责出题、阅卷，决定省试合格举人的去取高下，并选派二至三人同为知贡举，另外还设置监试一人，专门纠察考试官吏的勤惰与作弊。此外还设有点检试卷官、参详官，北宋还专门设有评阅诸科试卷的诸科出义官、考试官、复考官。以上这些官员统称为内帘官，专门负责出题、阅卷。此外还设有编排官、弥封官、誊录官、监门官、巡铺官等，称为外帘官，分管科举考试中的有关事务性工作。宋代省试官分职相当完备、细密。神宗熙宁九年（1076 年）省试，设知贡举一人、同知贡举二人、参详官四人、监贡官二人、弥封官三人、点检试卷官十六人、诸科出义官四人、考试官六人、复考官四人、别头试官二人，共四十四人④。各官员的资格也有专门的规定。

---

① 杜受田，等：《钦定科场条例》，《续修四库全书》第八三〇卷，上海古籍出版社，1995 年，第 373～375 页。

② 李弘祺：《科举——隋唐至明清的考试制度》，《中国文化新论》（第四辑），台北联经出版事业公司，1982 年，第 273～315 页。

③ 杜受田，等：《钦定科场条例》，《续修四库全书》第八三〇卷，上海古籍出版社，1995 年，第 503 页。

④ 杨学为：《中国考试史文献集成（第三、四卷　宋、辽、金、元）》，高等教育出版社，2003 年，第 13 页。

至清代，考试官员的设置更是不烦言多，并专门规定了各官员的资格限定、职责所在，使之相互监督、各司其职。总的来看，科举法中关于考试官员的设置越来越专业化，人数越来越庞大，分工越来越细密，职责与惩罚也越来越具体，这对于防止作弊与促进人才选拔都是有意义的。

此外，科举法还专门针对官员确立与形成了一系列的制度，以防止官员作弊。唐代后期，请托之风盛行，弊端百出。北宋初年，为了杜绝请托之弊，乃创立了锁院制度。考试官从受命之日起到发榜之日止，一直锁宿于试院。这样就隔断了考试官与其他臣僚的联系，使权臣近侍等人的请托难以得逞。此后锁院制度一直被沿用，并形成定制。

回避制度也是专门针对官员所制定的。回避制度由唐宋时期的“别头试”逐渐演变而来，清朝时期更加成熟与具体。自明朝开始，还形成了考官必须回避籍贯之规定[①]。明嘉靖四十三年（1564 年）规定，两京主考回避本省，南人用北，北人用南[②]。此外，回避制度还包括磨勘官、阅卷官回避籍贯制度，清乾隆时期还形成了“回避诸生”（即考官子弟）不另行考试的定制。这些制度也有效地保证了科举制度的公平性。

（三）针对考生的规定

考生是科举考试的主体，防止考生作弊是科举法的主要内容之一。针对科场中容易出现的考生作弊现象，如夹带以及冒名顶替等现象，自唐朝开始，就建立了一系列严格的程序和制度来防止这种现象的发生。早在唐代就规定，在礼部阅试之日，严设兵卫，荆棘环闱，搜索衣服，讥诃出入，虽然是考生携带的木炭脂炬餐具，皆人自携，把门官吏唱名方能进入，点名列坐于棘闱。宋代士子入场须解衣搜阅，金代更有独特的“沐浴更衣之法”[③]。至清代，不仅入闱点名有严格的搜检程序，以防止倩人代试等情形的发生，而且对考生的衣着器皿作出了详细的规定，“士子入场，衣服器具均经定有成式”。康熙五十三年（1714 年）准：“凡考试举子入闱，俱穿拆缝衣服，单层鞋底，只带篮筐小凳食物等项，其余别物令在外留截。”乾隆时期对衣着鞋袜、士子入场时的随身物品也作出了详细而严格的规定：“士子服式，

---

① 魏秀梅：《清代科场回避制度——以文场乡会试为例》，《20 世纪中华学术经典文库（历史学）》，兰州大学出版社，2000 年，第 201～229 页。

② 龙文彬：《明会要》第四十七卷，中华书局，1957 年，第 874 页。

③ 李国荣：《清代科场夹带作弊防惩研究》，《历史档案》2002 年第 1 期。

帽用单层毡，大小衫袍褂，俱用单层。皮衣去面，毡衣去里，皮裤绸布皮毡听用，止许单层。袜用单毡，鞋用薄底，坐具用毡片。其马褥厚褥概不许带入。至士子考具，卷袋不许装里，砚台不许过厚，笔管镂空，水注用磁，木炭止许长二寸，蜡台用锡，止许单盘，柱必空心通底。糕饼饽饽各要切开。此外字圈、风炉、茶挑等物，在所必需，无可疑者，俱准带入。至考篮一项，如京闱用柳筐，柄粗体实，每易藏奸，今议或竹或柳应照南式考篮，编成玲珑格眼，底面如一，以便搜检。至皱裤既用单层，务令各士子开襟解袜，以杜亵衣怀挟之弊。"①

此外，朝廷还对夹带作弊者实行严厉的惩罚。顺治二年（1645 年）规定："儒生入场时，如有怀挟片纸只字者，先于举场前枷号一个月"②；"如有倩人代作文字及受倩托之人均枷示问罪，其搜检官役知情容隐者坐"③。此外，完备的报考手续、复试与殿试制度等也有助于防止考生舞弊，因与考试程式有关规定重复，不再赘述。

为防止考生联号作弊等现象，科举法还专门作出了按榜就座，不得移易的规定。唐代省试，应举人分甲引试，坐于尚书都省廊庑之下。宋代省试，在考试前一天排定次序，张榜公布；引试时，由监门按姓名引入，依榜就座，不得移易。此后解试、殿试也实行按榜就座制④。此制也为后世所沿用。至清朝，对考生如何编号专门作出了规定，"先由至公堂承办各官先查明号座若干，再将号戳照号座数目点名。四所官戳印座号时，将号戳用绳索连珠穿起，每四十号戳为一本，仍立号簿，按考生名次编列。将试卷亦分四十本为一束，先照号簿名次同试卷逐一复封，随手拈取号戳一串于号簿及卷面引用"⑤，可谓具体而详尽。这种做法一方面可以防止应举人私相传授，另一方面也便于维持考场秩序。

① 杜受田，等：《钦定科场条例》，《续修四库全书》第八三〇卷，上海古籍出版社，1995 年，第 170、173 页。

② 杜受田，等：《钦定科场条例》，《续修四库全书》第八三〇卷，上海古籍出版社，1995 年，第 170 页。

③ 李鸿章，等：《钦定大清会典事例》卷三四〇，商务印书馆，1909 年，第 1 页。

④ 杨学为：《中国考试史文献集成（第三、四卷　宋、辽、金、元）》，高等教育出版社，2003 年，第 9 页。

⑤ 杜受田，等：《钦定科场条例》，《续修四库全书》第八三〇卷，上海古籍出版社，1995 年，第 243 页。

（四）特殊制度

如果说科举法中关于程式与防弊措施的规定主要是维护了科举考试的公平性，那么必须承认在科举法中还有一些特殊的制度与规定，很难用正义与公平去概括与总结。

（1）打破录取规则的年老举人给衔制度。《钦定科场条例》第五十三卷专门规定："在籍七十以上之截取举人，情愿领给京衔者，该督抚题吏部分别年岁，将应给各职衔代为掣签，按名题请赐给。"① 根据规定，老人如果身体健康并有心社稷，还可以候选为官或担任教职，或者给予职衔以资优恤。特殊的照顾政策也带来了瞒报岁数、以谋恩赏的案例。为此，法律加大了对年老举人的限制措施：一是需要入学年份三科以上；二是提高年龄门槛，将年龄限制提高到八十岁以上，并加强了对年老举人的检查与接保程序的规定；三是对冒年的举人以及地方官的惩罚措施。

（2）边远地区、台湾地区、少数民族特殊照顾政策。考虑到边远少数民族地区文风不盛，按照统一的标准参加考试少有录取者，明清两代都实行过优待边疆地区的政策，或增加边疆省份的乡试名额，或对某一特定边远地区的举子实行优惠②。但对边远地区的特殊照顾直接带来"谁有资格享有特殊照顾"的追问，根据《钦定科场条例》记载，特殊照顾政策直接诱导了很多地方官纷纷上书要求对该地的边远地区或少数民族地区予以特殊的照顾。因此，法律对这一类特殊照顾政策进行了限制：一是严格限制获得特殊照顾政策的地区和少数民族范围。乾隆三年（1738 年）四川巡抚硕色上书称："四川宁远一郡僻处极边，向系卫地。虽已建官学，从无登科之人。故请乡试照甘肃、宁夏之例，另编字号于通省中额内额中一名，以示鼓励。"但这一请求遭到了拒绝："查边郡文风固易振作，而伦才大典未可幸邀。若应试不过数人即定中额一名，恐士子不无幸邀，殊非选拔之意。"③ 同样是僻在海外的琼州，"其崖州、陵水、昌化尤远处天末，士子渡海艰难，距省乡试约尤

① 杜受田，等：《钦定科场条例》，《续修四库全书》第八三〇卷，上海古籍出版社，1995 年，第 463 页。

② 刘海峰：《台湾举人在福建乡试中的表现》，《厦门大学学报》（哲学社会科学版）2013 年第 6 期。

③ 杜受田，等：《钦定科场条例》，《续修四库全书》第八二九卷，上海古籍出版社，1995 年，第 56 页。

二千五六百里，多畏惧不前，查陕西榆林、宁夏等处俱设木字号、丁字号、聿左聿右号，各额中一二名不等，因此乾隆十五年上书恳请另编为厓字号，额中一名。”但这一要求也被拒绝：“于琼州府三州十县内摘出崖州、陵水、昌化、感恩四州县编号取中与陕西甘肃聿、丁等号，属均编之列并不相同，而且一州三县士子欲另行编号取中，未免过优，亦与体制不合。”[①] 此外同样的情形还包括湖北施南府，广西泗城、镇安等，均未或批。二是严格控制另编字号录取的限制。一般而言，特殊设定的聿、丁、木、田、边字号等应试士子需要达到三十名以上，才可另编字号，于本省额内取中一名；不及三十名，则仍照常取中。而嘉庆十三年（1808 年）则规定，凤凰、乾州、永绥、保靖四县苗生也准于应试人数在十五名以上者额外取中一名；如不足十五名，“仍附通省取中，毋庸另编字号”[②]。同时规定将来应试人多，亦不得于额加取，以示限制。三是为了打击少数士子冒籍录取，则制定了严格的惩罚措施，从重治罪。

（3）官员子弟另设官卷制度。清代官卷制度的创立源于康熙皇帝发现官员子弟中试较多，为“不致妨孤寒之路”，防止舞弊发生，维护普通士子的合法权益，因此另设官卷。相对而言，官卷的录取率比较高，因此，最初设计为限制官员子弟的官卷制度反而成为一种特殊的录取制度。于是严格限制身份，加强对官卷的管理成为法律管理的重要内容：一是对列入官卷士子的身份与资格严格限制，《钦定科场条例》专设“官卷限制”：“官民子弟在京满洲汉员文官京堂以上，及翰詹科道、武官副都统以上，在外文官藩臬以上、武官副都统总兵以上，其子孙曾孙、同胞兄弟、同胞兄弟之子，皆编为官卷，其祖父伯叔毋庸编入。”[③] 并对官员的各种情况，如候补、丁忧、降级、署理、休致等以及过继与出继情形详细说明，分类管理。二是设置官卷中额数。就官卷中额比例而言，二十人中一名，而民卷则是一百人中一名，其录取比例远远大于民卷。有时朝廷还会对乡试未中的大员子弟加恩，赐予

① 杜受田，等：《钦定科场条例》，《续修四库全书》第八二九卷，上海古籍出版社，1995 年，第 65 页。

② 杜受田，等：《钦定科场条例》，《续修四库全书》第八二九卷，上海古籍出版社，1995 年，第 60 页。

③ 杜受田，等：《钦定科场条例》，《续修四库全书》第八二九卷，上海古籍出版社，1995 年，第 96 页。

举人称号，与中试者一体会试。为此规定官卷中数以定额为限，不得逾额多取，如官卷不敷，缺额则以民卷补足。同时还对召试严格限制，并禁止因捐纳增加中试名额等。

（4）盐商子弟的商籍录取制度。明清以来，为了维护大商人的利益，专门设立了商籍。明清商籍设立后，异地盐商子弟不必返回原贯以本籍报考科举，在经商所在地即可获得学额和应试资格，并有额外的应试与录取名额规定及专门的试卷管理①。《钦定科场条例》规定："直隶山东省商籍另立卤字号，于该省定额之内每五十名取中一名。人数虽多，不得过二名之额。广东商籍于该省定额之外，另设中额一名，人数至六十名，准其另号取中。一、商籍应试人少，不敷取中名数，不准取中，亦不必摊入民卷，有愿改归本籍者听。"② 商籍的特殊政策引发了冒籍的相关问题，因此加强对商籍的管理，严格限制商籍另立字号录取，严格定额录取的基本人数限制以及打击冒籍等违法行为也成为科举法的重要内容。

此外在清朝后期，因军务、军费问题，清朝还专门规定了捐纳以增加乡试中额的制度等。

三、科举法的特点

科举法在科举制度的演变发展中，形式日益多样，内容也逐渐丰富与完备。从中国古代法制的发展历史来看，唐、宋、元、明、清的法制各承前制，但又各有特点，总的发展趋势是日趋完备，日趋细化，同时也日趋严苛。科举法作为中国法制的重要组成部分，反映了中国古代社会法律的基本特点与发展脉络。其中，以清朝的科举法最为完善，也最为严苛。为保障科举制度的公平性，几次大的、血腥的科场案都发生在清朝，这与清朝的基本立法思想和中国古代法制的演变是相吻合的。其中，科举法有以下几个特点值得关注：

（一）设计了一套考官之间、考生与考官之间相互监督的制度

维护科举选拔的公正性是科举法的目标，利用考官之间的相互监督是科

---

① 吕小琴：《论明清盐商子弟科举考试中的商籍管理》，《考试研究》2013年第3期。

② 杜受田，等：《钦定科场条例》，《续修四库全书》第八三〇卷，上海古籍出版社，1995年，第73页。

举法的重要内容，这不仅体现在阅卷、磨勘等具体环节上，也体现在考官之间的相互监督、相互制约等职责上。为了保证科场的公平性，杜绝权力干扰，从唐代开始就设置了考生对考官的监督条款。唐开元二十五年（737 年）规定进士科发榜后，其所录取者所试杂文，均可查看。五代时期专门规定了有关查卷与陈诉的内容：“九经、五经、明经呈帖由之时，试官书通不后，有不及格者，喝落后请置笔砚，将所纳帖由分明，欲令自阅。或是试官错书通不，当行改正。如怀疑者，便许请本经当面检对。如实是错，即便于帖由上书名而退。如考试官去留不当，许将状陈诉，再加考校。如合黜落，妄有披述，当行严断。今年举人有抱屈落第者，许将状披诉于贡院官，当与重试。如贡院不理，即诣御史台论诉。请自试举人日，令御史台差人受举人诉屈文状，并引本身勘问所论事件。或知贡举之官及考试之官已下，敢有受货赂，升擢亲朋，屈抑艺能，阴会请托，及不依格去留者，一事有违，请行朝典。”① 清代《钦定科场条例》规定：“各房落卷，俱令同考官批出不荐缘由，放榜后令本生领取原卷阅看，如同考官妄抹佳文，本生即赴部具呈，查明纠参。”“若本生文本平常而不安义命，妄行呈控者，除革黜外，仍交刑部从重治罪。”② 虽然这一制度的初衷仅为防止落第举子攻奸闹事而设立，但在实践中却为监督考官公正判卷起到了一定的作用。事实上，由于考生是科举考试中的直接利害人，因此，考生对科举过程的监督与检举是为了维护科举的公平性，清朝几次科场案都是以考生的检举开始的。科举法的实施使考生有权监督科举考试的运行过程，对于监督科场中的权力腐败起到了一定的作用。

（二）重视程序建设

科举制度之所以能够在中国 1300 年的历史中扮演重要的角色，与其崇尚“一切以程文为去留”密不可分。这一目标的达成是以科举制度一套完整的程序为基础的，并在科举法中得到法律的确认与保证。科举法不仅对考试时间、考试内容、考试地点进行专门规定，对科举制度运行的程序更是精心设计，从投考过程（贡监生须“取族邻甘结，加具印结。备造籍贯年貌三代清册”）到乡会试、解卷、解送亲供、复试、殿试，对各环节的具体程序都

---

① 王傅：《五代会要》卷二十三，上海古籍出版社，1995 年，第 373～374 页。

② 杜受田，等：《钦定科场条例》，《续修四库全书》第八三〇卷，上海古籍出版社，1995 年，第 38 页。

有专门规定。总而言之，科举法对科举考试程序的规定可谓层层设防、环环相扣、烦琐而复杂，其用心之细密、程序之严密为世界罕见。

（三）相关规定严密而具体，具有可操作性

可操作性是法律的基本要求，不具有操作性的法规难以从“文本上的法律”转变为“行动中的法律”。科举法的具体性与可操作性是科举法的重要特点之一，也是当前考试法制建设中值得借鉴的取向之一。

对于回避制度中回避人的范围，乾隆时期专门规定：“入场官员之子弟及同族，除支分派远散居各省各府籍贯迥异者毋庸回避外，其在五服以内，虽分居外省、外府、外县，及服制虽远，聚族一处之各本族并外祖父、翁婿舅甥、妻子嫡兄弟、妻之姐妹夫、妻之胞侄、妻姐妹之子、嫡姐妹之夫、嫡姑之夫、嫡姑之子、舅之子、母姨之子女之子、妻之祖、孙女之夫、本身儿女姻亲，概令回避，不准入场考试。”① 同样，乾隆时期对衣着鞋袜、士子入场时随身物品的规定也与之有异曲同工之妙。乾隆年间颁布的关于禁止夹带的规定更是详细而复杂，“头场夹带经书文字，二场夹带表判，三场夹带策问，因有心干犯科条，俱应照例治罪。即头场夹带二场，二场夹带三场者，所带虽非所用，亦应照例处治。惟二场搜出头场文字，三场搜出表判，或有误将字纸包裹事物等类，本非怀挟，无心失误，应照今科北闱督搜大臣奏明‘二场误带头场文稿，讯无情弊，仍准考试’之例，准其入闱”。后因考虑到“既与定例不符，且恐弊窦转由此而起”，于是规定，此类情况“误带者免其黜革治罪，仍逐出不准考试”②。这些规定，也许看来未免烦琐甚至可笑，却是科举制度在实践中经验与教训的总结与概括，由于其避免了模糊性，具体而又规范，有效地防止了钻空子，因此成为科举回避制度与搜检制度得以执行的重要标准。

（四）礼与法的相互结合与渗透，是中国古代宗法伦理特征的显现

通过礼与法的结合，有效地推动国家机器的运转，构成了中华法系最本

---

① 杜受田，等：《钦定科场条例》，《续修四库全书》第八三〇卷，上海古籍出版社，1995 年，第 109 页。

② 李鸿章，等：《钦定大清会典事例》卷三四〇，商务印书馆，1909 年，第 5 页。

质的特征和特有的中华法制文明①。因此，在科举法中对封建礼仪进行不厌其烦的规范也就理所当然。在清朝乡试揭晓次日有鹿鸣宴，“宴考官以下及中式举人”；会试传胪日，“宴一甲进士三人于顺天府，次日赐恩荣宴于礼部，宴读卷官以下及诸进士”②。这些筵宴都规定了烦琐的礼节，对官员的品级和衣帽、筵宴上的座位以及宴席上的音乐都有详细的规定，以昭庄严。贡士的殿试也有一整套礼仪规范。这种君君臣臣、上下有别的儒家礼仪，充分体现出中国古代宗法的伦理特征。

此外，中国古代是以家族为本位的，宗族血缘关系有很强的约束力。在中国古代法典中伦理立法占有很大的比例，这在科举法中也有充分的体现。雍正十三年（1735 年）议准：嗣后凡文武生员及举贡监生，遇本生父母之丧，令其呈明期年内不应岁科两考及乡会二试，童生也不许应府州县及院试。其有隐匿不报，蒙混干进者，事发，照匿丧例治罪。永着为例③。不仅如此，皇帝作为全国父权的化身，在科举考试中也有种种专门而特殊的规定。乡会试卷内，遇皇上庙讳及御名皆须避讳，至圣先师讳亦应敬避，“试卷内直书庙讳、御名、至圣先师讳本字者，该生罚停三科，主考、同考官虽经指出，不准免议，仍交吏部议处。受卷官未经贴出者，照应贴不贴例议处”，并详细规定如何抬写、如何改避、如何缺笔等，“乡会试卷抬头、列圣、郊坛、宗庙、皇上、圣主各字样事系实用，不敬谨分别三抬、双抬书写。及未经抬写或既经抬写，复行涂点者，均以违式论贴出。如朝廷国家等字，应单抬；恩膏、德意等字，应双抬。此类或双单误写者免议，若并未抬写者，仍照例议处。‘清问’二字，语本《尚书》，不可施于主考，如有用以颂圣者应双抬。举子文内，抬头不合，照依题纸误写者，将主考官照出题错字例，罚俸三个月”④。

总的来看，科举考试与其他选士制度相比，最大的特点在于其不限门第、凭文录取，体现出一定的平等性。对此，美国学者费正清认为：“在一

---

① 张晋藩：《中华法制文明的演变》，中国政法大学出版社，1999 年，第 1～2 页。

② 杜受田，等：《钦定科场条例》，《续修四库全书》第八三〇卷，上海古籍出版社，1995 年，第 326、337～338 页。

③ 杜受田，等：《钦定科场条例》，《续修四库全书》第八二九卷，上海古籍出版社，1995 年，第 701 页。

④ 杜受田，等：《钦定科场条例》，《续修四库全书》第八三〇卷，上海古籍出版社，1995 年，第 278、294～295 页。

个我们看来特别注重私人关系的社会里，中国的科举考试却是惊人地大公无私的。”[①] 平等性依靠严格的法律法规来保障，科举法的种种规定又逐渐演变成一系列完备的制度，构成了科举公平性的一部分。当然，这种公平性是相对的。以清朝的官民分卷制来看，在限制了官员子弟特权的同时，也照顾了其一定的利益，官卷中额比例为二十人中一名，而民卷则是一百人中一名，官卷录取比例远远大于民卷。有时朝廷还会对乡试未中的大员子弟加恩，赐予举人称号，与中试者一体会试。此外，还专门设置对考试资格的限制，自隋文帝开始，就规定“诸州岁贡三人，工商不得入仕”；唐宪宗时规定“自今以后，州府所送进士，如迹涉轻狂，兼亏礼数，或曾为官司科罚，或曾任州府小吏，有一事不合入清流者，虽薄有词艺，并不得申送”；宋朝则规定“不许有大逆人缌麻以上亲，及诸不孝不悌、隐匿、工商异类、僧道归俗之徒”；至清朝则规定士子须家世清白，非出身倡、优、隶、皂之家（倡指娼妓，优指优伶，隶是官府中的贱役，皂是军中执役之人）以及未居父母之丧者。

年老举人给衔制度反映出朝廷对士子的额外体恤，但却打破了“以文取士”的基本规则。对边远地区的特殊照顾政策反映了科举制度坚持的补偿原则，有利于实现边远地区的教化与统治，但并非所有边远地区、少数民族地区都可以得到照顾，清朝受到特殊照顾的陕西、甘肃、宁夏、台湾等地区似乎更反映出朝廷的政治与军事考量。而“商籍设立与盐业资本之间的密切关系，商籍管理事实上赋予了盐商子弟一种科举特权。这样，商籍制度从设立伊始便具有二重属性：一为科举公平，二为政治交易”[②]，清朝后期出现的“因政治原因而增加商籍学额势必导致科举选拔中商籍再次远优于民藉，而陡然提高的录取率则又将引发更为严重的公平缺失”[③]。不可否认的是，边远地区、官卷、商籍的特殊照顾政策打破了基本的录取规则，其高于民卷的录取率反映了特殊群体的特殊利益，也导致了冒籍等一系列问题的产生。为此清政府采取了种种措施对这些特殊群体进行严格限制，以保证特殊制度的

① 费正清：《美国与中国》，孙瑞芹，等译，商务印书馆，1971 年，第 41 页。

② 吕小琴：《论明清盐商子弟科举考试中的商籍管理》，《考试研究》2013 年第 3 期。

③ 吕小琴：《清乾隆商籍改革对科举公平性的追求及其限度》，《古籍整理研究学刊》2013 年第 6 期。

有限性以及程序上的基本公平，限制特殊制度对整个科举制度的冲击与影响。

四、启示

"一部科举史，是由考试发展的内在逻辑和外部压力相互对抗所谱写的历史，是力求公平取士的精巧用心与力图投机取巧的作弊行为斗智斗勇所写就的历史"①，而整个科举法的历史，不仅是科举考试制度的一部分，也映衬着科举考试逐渐走向规范直至衰落的历史。科举法在科举制度中扮演着重要的角色，它不仅维护着科举考试的公平与公正，也是统治阶级"牢笼志士，驱策英才"以维护封建统治的必然选择。令人印象深刻的是，明清以来，科举法不能不说极尽完备，也不能不说严苛至极，但仍然避免不了科举制度被废除的命运。那么，科举法在科举制度的命运中究竟扮演了什么样的角色呢？

史载"有清重科目，不容幸获"。为了达到公平取士的目的，朝廷制定了种种规章来防止科场舞弊，以保证科场的公正性。其中不乏连坐、处死等酷刑。自顺治皇帝连续针对丁酉科场案大开杀戒后，清代科场也曾出现了"一时人心大震，科场弊端为之廓清者数十年"的局面②，但清代中后期，科场舞弊不仅没有因统治者实施严刑峻法而减少、收敛，反而越来越严重。科举关防越严格，科场舞弊查处越严厉，考试舞弊手段也随之越巧妙多样。从某种程度上说，严刑峻法反而使得舞弊手段更具有隐蔽性和多样性，让人防不胜防。这只能说明考试与舞弊是相生相随的，只要有考试，就必然有舞弊现象的发生，希望杜绝舞弊，追求一种完全的、绝对的公平，只能是一种空想。

舞弊虽然不能杜绝，但可以控制在一定范围内，法制就是将考试舞弊限制在一定范围内的利器，它维护科举制度的公平性，保证选才的顺利进行。这时科举制度与科举法的目标是相互协调的。当大多数人的注意力集中到注重公平、防止舞弊上，而放弃科举考试最根本的目的——选才的时候，科举制度的目标与科举法的目标就是相互冲突的。科举法是科举制度的一部分，但科举法毕竟不是科举制度，科举制度的首要目标理所当然是选才，而科举

① 刘海峰：《为科举制平反》，《书屋》2005年第1期。

② 刘海峰、李兵：《中国科举史》，东方出版中心，2004年，第401页。

法的目标是通过维护科举制度的秩序与公平，达到公平选才的目的。当社会越来越关注科举法的重要性，并希望借此来实现一个公平的科举制度，而放弃了思考如何通过改革考试内容、考试方法来选择人才的时候，科举法的目标事实上取代了科举制度的根本目标，成为第一位的目标，这样，公平性与秩序性事实上便取代了选才这一根本的目标。科举科目由多渐少、考试内容由繁至简、考试文体由多样向单一转变，多多少少反映了公平性目标逐渐取代选才目标的历程。笔者认为，这未尝不是科举制度最终被废除的原因之一。

E. 博登海默曾指出：我们必须认识到，在某些社会条件下，采用压制性的法律来控制的那种诱惑就会变得极为强烈。在努力阻止分裂力量在社会中起作用并努力造成一种更高程度的社会凝聚力的时候，钟摆也可能会摆向另一个极端，即强制社会停滞和墨守成规①。这一论断可以很好地解释清朝的严法苛刑带来的消极作用，或者说，可以解释在科举法越来越完备、越来越严苛的同时，也越来越压制科举制度的创新性，使科举制度越来越不能适应整个社会的发展需要，从而导致其被抛弃的事实。

当然，废除科举制度的原因是多方面的，科举法的消极作用只是其中的一个原因而已。更为根本的原因还在于，虽然科举法越来越完备，可是法律法规在实践中却已成具文。而这一隐患是科举制度置身于封建社会所无法避免的悲剧。正因为如此，科举法规定的严密程序逐渐被形式化，搜检大臣也敷衍了事，徇私舞弊成风，在一个社会濒临解体、吏治腐败的背景下，严密的程序与惩罚已经无法阻挡欲望的极度膨胀，而承载着高官厚禄、政治利益、经济利益和社会地位等诱惑于一身的科举制度一旦失去了护航者，也自然面临着覆灭的命运。由此可见，科举法与科举制度的关系是十分复杂的，科举法是科举制度的护航者，但在一定情况下，它与科举制度的目标是相冲突的。

“科举”在我国曾被视为腐朽落后的标志性词语之一，但在科举制度被妖魔化的背后，不能掩盖科举制度蕴涵的公平竞争的考试精神，也不能淹没科举考试在一千多年的发展历史过程中沉淀下来的丰富遗产。从某种意义而言，从科举法到考试法不是简单的一种新的法律制度取代旧的法律制度，两

---

① E. 博登海默：《法理学：法律哲学与法律方法》，邓正来译，中国政法大学出版社，2004 年，第 422 页。

者之间存在一定的内在逻辑与传承，这是作为考试制度的科举与现代考试自身的发展规律所决定的。

首先，从科举法与考试法的发展动力来看，考试实践是主要推动力，其中最为关键的则是社会发展的需求与考生对考试秩序的基本要求。古往今来，科举以及当前的高考制度都是实现社会流动的基本途径，承担着选拔人才的基本功能。为了保证社会与国家的基本利益，保证整个社会发展的人力资源储备，必然要求通过法律的手段保证公平与公正的考试秩序。同样，无论是古代还是现代，无论是出自古代的清寒之家还是出自当前的社会弱势群体，要实现个人的发展，也必然对关系到人们一生的政治地位、经济地位的科举考试或现今的高考高度关注，呼唤考试的公平。由此可见，只要还存在选拔性考试，社会与个体就必然执著于公平、正义、秩序的考试精神，并推动相关法制的完备与发展。

其次，如果说考生与社会对考试公平的追求是无止境的，包含了形式上的平等与实质上的平等，那么，社会所能提供的考试，从本质上讲，无论是科举制度还是当前的高考制度都在于提供一个平等的途径与机会，以提供社会所需要的人才，而个人也通过这样的途径与平台获得发展的基础。就此而言，无论是以受教育权为竞争目的的高考制度还是以选官为目的的科举制度，都是机会平等的人才选拔方式。虽然机会平等并不等同于实质平等，也并不意味着真正的平等，但这种平等却是资源有限的社会条件下的必然选择或最好的选择。正是在这样的基础上，以维护考试秩序与公平为目的的科举法与考试法必然有着相同的核心价值与理念，即公平与公正，这也构成了从科举法到考试法的基本脉络与精神。

再次，科举法与考试法在发展过程中面临着相同的文化土壤和阻力。科举作为一种以考试为主要手段的评价制度，同当前的考试制度一样，一直面临着违反考试精神与规则行为的挑战。科举与高考作为对政治资源与教育资源进行分配的重要手段，从来都是利益冲突的焦点，人情关系的困扰、权力的渗透……古代与现代考试管理工作面临着相同的文化土壤。在此前提下，如何实现对权力的监督，防止考试舞弊的发生，是科举法与考试法共同面临的问题与挑战。《钦定科场条例》正是古代考试防弊措施的浓缩与精华所在，有关防止舞弊的规定可谓密不透风、滴水不漏。事实上，当前高考中常见的夹带、替考、贿赂等现象在科举考试中也常有发生。可以说，科举法与考试法的发展同考试舞弊的发展是相一致的。舞弊与反舞弊的较量，一直贯穿于科举制度之始终，而这也是考试制度必然面临的问题，如何设计反舞弊的措施与对策是科举法与考试法需要解决的重要问题之一。

当然，考试法在延续了科举法基本精神的同时，也需要从更高层次上超越科举法。科举考试主要是为选拔官吏服务的，而现代高考在满足选拔功能的同时，更要考虑到人的全面发展。因此，如何在促进人的发展与实现选拔功能之间寻找合理的平衡点，一直是当前高考改革的前提与归宿。与此相一致，作为现代法治的组成部分，考试法必然要发扬社会主义民主，体现人民的意志，维护社会公共利益和个人的合法权利，并在个人利益、高校利益、公共利益之间达到平衡，这也正是考试法与科举法的重大区别。

考试法与科举法所面临的问题存在一定的相似性，同时，考试法还存在当前时代所特有的问题，如维护考生的权利等等。值得指出的是，科举法不仅法律层次清楚、规定具体而明确、具有很强的规范性和可操作性，而且有一定的灵活性。我们应该摈弃科举法与科举防弊措施中对考生权利的漠视以及对封建礼法的强调，借鉴科举法中全面的反舞弊措施与严密的程序，并将其吸纳为现代考试法中的有益成分。法治与程序存在着天然的联系，法治最终表现为一种按照严格的法律程序建立起来的公正合理的秩序。任何社会关系的主体，不仅做什么要有法律依据，而且怎么做也必须符合法律的规定，最重要的常常不是做什么，而是怎么做。强调程序建设隐含着对立法操作性原则的认同，这正是科举法的突出特点。此外，科举法为我们提供了从程序、考生到考官全方位的精巧的构思，用现代的法律语言诠释即为考试领域的权力制衡提供了范本。权力制约与权利保护是当前考试法制建设中的核心问题。个人权利的最大威胁始终是权力，权力受到多大限制，权利便会得到多大实现。在权力问题上，不要谈论对人的信任，而是要用锁链限制他们，防止他们做出伤害人的事情，因为对任何人来讲，只要有机会，就都可能滥用权力①。因此，必须通过社会、考生、新闻媒体、法律等多种手段加强对权力的监督。

虽然科举法并不能成为考试法改革的范本，却为考试法的发展提供了基础与借鉴。但现代考试法制却对以《钦定科场条例》为代表的科举法鲜有研究，更毋庸说借鉴，这不能不说是当前考试法制建设的一个遗憾。究其原因，在于人们对科举制度的偏见与误解，习惯性地将科举制度与科举法完全

① 威廉·韦德：《行政法》，徐炳译，中国大百科全书出版社，1997年，第26页。

作为封建遗产，并将其与社会主义法治精神相对立。而这种习惯性的以偏概全的简单思维方式正是导致科举法被束之高阁的重要原因，也是阻碍考试法借鉴科举法的主要原因。笔者认为，法律所采取的具体措施与法制所承载的意识形态应该是有所区分的。对科举制度与科举法的评判，不仅应该摈弃政治标准，也应该摈弃绝对化和简单化的思维方式，而只能从科举制度与科举法的价值出发来确定评判标准。从工具价值来看，科举法所涉及的许多具体制度与措施，经历了一千多年的经验总结，从某种意义上说，要比中国高考的实践成熟得多，也全面得多；从内在价值来看，科举制度与科举法所坚持的公平与公正的思想仍是今天法治精神所倡导的核心理念。我们应该抛弃各种错误观念，以辩证和借鉴的态度来看待科举考试法规这笔丰富的遗产，以发展与完善招生考试领域的法制建设。

第二节　清末高校招生考试法制建设历程

早在科举废除之前，在中国近代社会初期，外交、技术、军事等方面的人才十分缺乏。在教育新思潮的推动下，统治集团首先仿照资本主义兴办了语言、技术、军事以及其他类型的学堂。一方面是在华办学的教会学校所产生的影响，另一方面是早期先驱从国外带回的办学理念，中国早期的学校招生考试办法在这一系列的刺激下初具雏形，并通过法的形式逐渐得以确立。

最初的学堂是洋务运动的产物。京师同文馆、船政学堂、水师学堂等都是由洋务大臣创办的，虽然数量较少，但这些洋务学堂的创办开辟了传统教育之外的天地。当然，洋务学堂正如洋务运动一样，从一开始就以自救为标榜，本质上却是为了维护封建王朝的统治，因此利用法的形式加强对洋务学堂的管理，限制学堂招收学生的资格就成为这一时期招生考试法的特点。如京师同文馆要求学生“应由八旗满、蒙、汉闲散内，择其资质聪慧”①，1866 年天文馆和算学馆规定只从满汉举人及恩、拔、岁、副、优、贡等科甲正途出身中拔取。总的来看，这一时期朝廷对于学堂招生的规定不是很多，由于新式学堂大都具有较强的专业特色，不具有统一管理的特性，因此学堂章程一般由举办者拟定并奏请总理各国事务衙门、朝廷核准。这些章程

---

①　朱有瓛：《中国近代学制史料（第 1 辑　上册）》，华东师范大学出版社，1983 年，第 43 页。

注重有关录取名额、学生报考资格以及考试内容的规定，学校能够在一定程度上根据自己的特点选择学生。但强调学生的出身、强调旧学的根底等又使它深深打上了科举考试的烙印，这也反映了学校招生考试的最初状态与特点。如《直隶法政学堂章程》① 规定年龄在四十五岁以下、文理明通、不染嗜好、考试合格的本省候补人员都可以成为学员，但同时规定考试科目是史论一篇、时务策一道，带有很强的科举风格。在执行上，由于生源缺乏，事实上不得不放宽投考资格，这在客观上扩大了接受新教育的群体。

真正意义上的招生考试立法是在清末教育改革与建立新式大学堂的运动中发展起来的。由于受洋务学堂和维新运动的影响，1898 年，京师大学堂成立，全国也相继建立了一些新式学堂，但因数量少，培养目标和主办者的观念各异，呈现出各自为政的状态，在招生考试方面也是如此。在 1901 年拟行“新政”后，各地官绅纷纷响应清廷的兴学诏书，设立了不少新式学堂，这些学堂或自立章程，或转抄酌改他校章程，入学要求、课程、年限参差不齐。在这种情况下，通过制定全国统一的学制来确立标准，加强规范，消除分歧，成为办学者与朝廷的共同愿望。所以，在清末重要的教育法律文本《钦定学堂章程》(1902 年)、《奏定学堂章程》（1904 年）及《改定各学堂考试章程》（1907 年）中，都可以找到相关招生考试的规定。以此为基础，清末高等教育逐步建立起一套新的招生考试制度。其中，《钦定学堂章程·钦定考选入学章程》② 规定：(1) 预备科选取生徒之法，约分二项：一由各省咨送应考，一由大学堂报考。(2) 考选生徒法，预备现定功课程度甚高，考选入学生徒，必须于各学科大概通晓，方能取进肄业。所有考试之法，不嫌过严。各省按照咨定学生数目，倘取不足额，任缺毋滥（中文论著一篇；英文论著一篇，至少须三百字以上，如兼通他国文字者，随时报明；翻译二篇，由英译中，由中译英，至少须二百字以上；中外历史十二问；舆地及地文、地质十二问；算术及代数各六问；几何及三角各六问；物理及化学、矿学各六问；名理及法律学各六问)。各项学生，均须志行端方、身家清白者，方进来堂肄业。除由各省咨送外，其愿报名应考者，均取具本旗佐

① 杨学为：《中国考试史文献集成（第六卷　清）》，高等教育出版社，2003 年，第 764～766 页。

② 杨学为：《中国考试史文献集成（第六卷　清）》，高等教育出版社，2003 年，第 766～768 页。

领图片，同乡京官印结，来堂报考。由于种种原因，《钦定学堂章程》并没有实行，但它所确立的有关招生考试的原则在《奏定学堂章程》中得到保留：各分科大学入学人数，应以高等学堂大学预科毕业生升入肄业，但其应升入学人数若逾于各分科大学预定之额数时，则须统加考试，择优取入大学。高等学堂应考选中学堂毕业生升入肄业，其有未得过中学堂毕业凭证而其学力实合中学堂程度者，如考验合格亦准入学①。

这一时期，由于大量引进西方观念，招考学生的资格有所放宽，部分取消了洋务学堂章程所规定的严格限制出身和入学资格的规定，但对报考师范学堂的资格却十分严格。如报考京师大学堂须有举人、贡生、廪生、监生等资格；各省优级师范学堂报考者要求为初级师范学堂的毕业生，但初级师范学堂入学者也必须是贡生等②。这反映出清政府希望通过加强对师资的控制来达到控制学校以及学生的意图。但清政府自身已处于岌岌可危的状态，对高等教育的管理，虽有心控制却已是无力实行了，这在客观上形成了高等学校招生考试自行举办的局面。或者说，在某种程度上，高等学校享有了一定的招生考试自主权。而法律法规虽然规定了招生考试的一般原则，如招收学生的资格、考试的主要内容和手续等，但对于招生考试的形式并没有作具体规定，因此延续了各校自行招考的局面，由学校另外颁布学堂章程，具体规定考试内容、时间、学生年龄等多方面的内容。

1905 年，科举被废除，学校招生考试体系与官员选拔考试体系从此分离，使学校招生考试摆脱了科举考试的束缚。同时，清政府也加强了对高等学校的管理。1905 年 12 月学部成立。学部的成立意味着相当一段时间内既是最高学府又是管理行政机构的京师大学堂不再是教育管理的主要机构，学部成为教育管理主要机构。相应的招生考试的有关法规也主要由学部专门负责。随后，学部颁布了《大清教育新法令》、《改定各学堂考试章程》、《各项学堂招考限制章程》，对招生考试作出专门规定，以加强对招生考试的管理。就规范的内容来看，由于高等学校属于新生事物，缺乏合适的大学生源，因此特别重视高等学堂、大学预科建设。招生考试的重点事实上也主要是大学预科的招生考试，而大学的招生一般只要高等学堂毕业合格就可以继续升

① 杨学为：《中国考试史文献集成（第六卷　清）》，高等教育出版社，2003 年，第 774 页。

② 薛成龙：《近代中国高校招生考试研究》，厦门大学硕士学位论文，1999 年。

学。此外，通过加强对投考学生的资格限制来保证高等学堂的培养质量也是规范的重要内容，这突出地表现在对同等学力投考者的限制上。如《各项学堂招考限制章程》规定：自当年 7 月始，凡分科大学、大学宣科、非高等学堂、大学预科及与其同等程度之学堂毕业生，不得考升；其他属于高等教育第一级之各类学堂，一概不能招收未经中等学堂毕业之学生①。这也意味着朝廷对招生考试的管理逐渐规范化。

总的来看，这一时期的高等学校招生考试法是粗糙而单一的，并保留了浓厚的封建烙印，这种不成熟性、不健全性也正是高等学校招生考试法制建设的最初形态和特点。应该指出的是，清政府通过法律的手段对高等学校的管理，从一开始就隐含着这样一个悖论：作为清政府“新政”的重要内容之一，引进或模仿西方大学制度是维护和延续自身统治的手段，加强对高等学校的管理，包括加强招生考试的管理正是为了将高等学校纳入自身的发展中来，但以学术自由与自治为核心理念的西方大学制度在近代以来所衍生出来的民主、自由、平等的理念却是与封建集权统治不相容的。因此，清政府必然要加强立法以维护自身的利益，限制西方大学可能带来的冲击与震荡。在招生考试法方面，集中地体现在强调投考资格的身份以及对女子受教育资格的限制上。但随着社会风气的开放，这种限制已经不能阻挡民主力量的前进步伐。正因为如此，新式教育培养出来的人不仅没有延续清政府的统治，反而加速了清政府的灭亡。

第三节　民国时期高校招生考试法制建设历程

1911 年，辛亥革命爆发，结束了清政府近三百年的统治，也结束了中国延续两千多年的封建君主专制制度。标榜“民族、民权、民生”的资产阶级从此登上政治舞台，并颁布了一系列政策法令，力图实现振兴教育的目的。但处于多事之秋的民国政府一直处于频繁的变动之中，政府更迭、战乱纷起，这使得民国时期的高校招生考试法制建设呈现出复杂的景观。为了突出法律法规的延续性，同时也为了叙述的方便，在时间段上，本节以 1927 年南京国民政府的建立为标志，将民国时期的招生考试法制建设历程分为两

① 参见刘海峰，等：《中国考试发展史》，华中师范大学出版社，2002 年，第 215 页。

部分。

一、南京临时政府与北洋政府时期（1912 年—1927 年）

1912 年，南京临时政府教育部成立。虽经历袁世凯独裁统治、北洋政府封建教育回潮以及北洋军阀混战，教育改革在教育界广大进步者的努力下，特别是“五四”新文化运动的推动下，仍有很大的发展。这一时期不仅在壬子癸丑学制以及《修正大学令》中有专门的高校招生考试的原则性规定，还颁布了大量的高校招生考试专项法规，对大学招生考试进行具体规定，形成了民国时期高校招生考试管理的基础。但在招生考试管理的权限上，这一时期延续了清末以来形成的基本格局。教育部制定相关法规，确立高校招生考试的基本原则，具体的招生考试问题交由各高校另行制定招考章程来确立。如《北京大学招考简章》、《沈阳高等师范学校招考预科学生办法》都各自规定本校的招生名额、招考方法、考试资格、考试科目、报名程序等。

这一时期的高校招生考试法突破了清末时期的封建等级制的樊篱，在投考高等学校的学生资格上取消了封建特权与等级制，《大学令》、《修正大学令》、《大学规程》、《国立大学条例》都体现了这一原则，规定大学各科学生入学资格须在预科毕业或经试验有同等学力者，而大学预科学生入学资格须在中学校毕业，或经试验有同等学力者①。1925 年《北京清华大学招生规程》规定②，投考者须品行端正，身心健康，并无危险及传染病症，年龄在

① 《大学令》(1912 年)：第四条，大学设预科，其学生入学资格须在中学校毕业，或经试验有同等学力者。第五条，大学各科学生入学资格，须在预科毕业或经试验有同等学力者。《大学规程》(1913 年)：第四条，大学学生入学之资格，须在预科毕业或经试验有同等学力者。前项预科，或与预科相当之学校，非遵照本规程办理者，其毕业生应行入学试验。第十六条，预科学生入学之资格，须在中学校毕业，经试验有同等学力者。中学校毕业生如超过定额时，应行竞争试验。《修正大学令》(1917 年)：第四条，大学设预科。其学生入学资格须在中学校毕业或经中学毕业同等学力试验，得有及格证书者，但入学时应受选拔试验。第五条，大学本科生入学资格，须在预科毕业或经预科毕业同等学力试验及格者。《国立大学条例》(1924 年)：国立大学招收高级中学毕业生，或具有同等资格者。录取学生，以其入学考试的成绩决定。

② 杨学为：《中国考试史文献集成（第七卷　民国）》，高等教育出版社，2003 年，第 42 页。

十六岁至二十五岁之间，向未经学校开除者为合格。投考者须有中学毕业或同等之程度。而对于学生出身等方面的限制已经完全取消。同时，公立大学开始招收女生。虽然一直以来相关法规中并没有出现限制女生入公立大学的规定，但受传统思想的影响，女子只能在家庭受教育。清末《奏定学堂章程》明令禁办女子学堂，后虽颁布《女子小学章程》、《女子师范学堂章程》，使女子教育在学制上取得合法地位，但在接受高等教育方面，在民国初年，女子仍然只能进入专门的教会大学、女子大学接受高等教育。在蔡元培的领导下，北京大学首开风气之先，1920 年，允许王兰、奚浈、查晓园 3 位女生入北京大学文科旁听，并于当年秋季起正式招收女生，开我国公立大学招收女生之先河。这样，虽然法规、各大学章程没有专门规定公立大学可以招收女生，但由于没有明令禁止，反而为公立大学招收女生找到了法律依据。

这一时期招考管理一个突出的矛盾是，从政府的角度出发，为了体现平民化与民主化的教育政策，需要扩大高校招生的范围，因此在考试上需要降低难度，但各大学从培养学生的质量出发，希望能严格招生标准，因而往往加大考试难度。如何调整政府管理与高校招生自主权的矛盾是这一时期法律法规的重要内容。1919 年，《教育部公布各专门学校大学校中学校招生办法训令》中规定："各专门学校及大学预科招生，命题概须依照中学毕业程度，勿使太过不及，致于学校衔接有所障碍。办法：（一）各高等专门及大学校招考新生。除外国语外，其他各种科学，应以本国文命题。（二）生徒答案，应用本国文，其能以外国文作答者听。（三）请部通令各高等专门学校及大学校预将招生程度详细昭示，其一年级生或预科生所读何书，以何种程度为课程之开始，函达各省教育厅，于每年寒假中通知各学校，俾早预备，以便衔接。"① 这条规范性法令正是针对当时高校过于注重学生的质量、追求考试难度而专门颁布的法令。同时针对大量学校由于生源不足而仍招收同等学力者，也颁布了学校考取新生中中学毕业同等学力者不得超过二成限制的规定。此举引起了部分高校尤其是私立高校的不满，北京私立朝阳大学校长汪有龄就曾专门针对这项法规提出了反对意见，在《大专中学校长会议议案》中请求废止文科学校考取新生中中学毕业同等学力者不得超过二成限制案。

---

① 《教育部公布各专门学校大学校中学校招生办法训令》（1919 年 1 月 31 日），《教育杂志》1919 年第 3 期；杨学为：《中国考试史文献集成（第七卷　民国）》，高等教育出版社，2003 年，第 30 页。

从民国时期招生考试管理的趋势来看，加强政府对高校招生考试管理的力度是主要方向。这一点还突出表现在教育部加强对高校招生名额等方面的介入上，或者说表现在加强统一招考的引导上。其实施对象首先是从师范招生考试开始的。1918 年，教育部颁布了《教育部通令各高等师范学校招考学生办法》(1918 年 5 月 31 日)[①]，文云："案查全国高等师范学校校长会议，议复部交咨询案第一项，所拟每届招考学生办法，本部审度现时情势，各省选送之额，应改为四分之三。各校直接招考之额，应改为四分之一。其余各端，均属切要可行，合行采录，令仰该校遵照办理可也。"并决定：(一) 北京、武昌、南京、沈阳各高等师范学校，每届招考学生应以各校每次学额四分之三为由各省选送之额，以四分之一为各校直接招考之额。(二) 规定各省选送名额，应以各省省份之大小，距离其校之远近，及其省区内有无高师为标准，由高校具拟呈部核准，咨行各省办理。(三) 各省选送学生考试办法，由各省妥定操行、体格及学科标准，经各省教育长官考选，送校复试，再定去取。对高等师范院校招生考试的规定，一方面反映出教育部对师范教育的重视，同时也预示着加强对招生考试的管理，引导统一招考的开始。后《教育部第十届教育会联合会议建议案》提出了具体的办法："(一) 请教育部行知各国立专门以上学校，招生时宜将名额之一部，酌定为各区专额。(二) 各省区所送学生经校录取者，应由各本省区酌给津贴。(三) 学校所设之学系或分科，应由各该省区初试时布告分别录取，各省区得就目前所急需某科人才选送。"[②] 从招生考试发展的规律来看，统一招考取代单独招考是招生考试发展的趋势之一，但具体到每个时期来看，事实上又是国家与高校之间对教育权的博弈。以前由高校自行控制招考名额、自行决定是否录取的权力，通过法规的形式逐渐转移到政府的手里，既有出于公平的考虑，也有加强管理的意图。可以说从单独招考走向统一招考正是整个民国时期高等教育的核心问题。

总的来看，这一时期的招生考试法取消了封建特权与等级制，允许招收女生，构成了民国时期高校招生考试法进步性与民主性的重要内容；通过立

① 《教育通令各高等师范学校招考学生办法》(1918 年 5 月 31 日)，《教育杂志》1918 年第 7 期。

② 《教育部第十届教育会联合会议建议案》，杨学为：《中国考试史文献集成（第七卷　民国）》，高等教育出版社，2003 年，第 43 页。

法的手段加强招生考试管理，调节政府与高校之间的关系也是招生考试法的内容之一。

二、南京国民政府时期（1927年—1949年）

1927年，南京国民政府成立。国民政府时期的高等教育，1927年至1937年全面抗战爆发前可以说是稳步发展，逐步定型。全面抗战爆发后有所下挫。但到抗战胜利后，大学学校和学生数量都达到最高点。这与国民政府时期的招生考试政策和法制建设密切相关。

这一时期国民政府颁布了大量的招生考试法与政令，以加强高校招生考试管理。除国民政府颁布的《大学组织法》、《专科组织法》涉及招生考试外，教育部还专门颁布了大量的单行法规。具体包括：为保证大学的招生质量，国民政府时期坚持了长期以来重视考试选拔功能的做法，规定大学入学资格，为须曾在公立或已立案之私立高级中学或同等学校毕业，经入学试验及格者。这一点在《大学组织法》、《专科组织法》、《大学规程》、《修正专科学校规程》中都有明确的规定①。同时，教育部还颁布了《教育部关于大学附中毕业生不得无试验直接升入本大学肄业训令》（1930年7月5日）、《教育部关于自十九年度起各大学不得再收未立案制之专科以上学校转学生及未立案之高中升学生训令》（1930年8月29日），对入学资格作了严格的限制，以保证生源的质量。随着中学修业年限的增加、中学水平的提高，国民政府时期取消了预科制度。与之相应，教育部也颁布了《教育部关于各大学自十九年度起不再招预科生训令》（1930年3月4日），取消了预科招生。取消预科招生，理顺了中等教育与高等教育的关系，使高等教育摆脱了普通教

① 《大学组织法》（1929年7月26日国民政府公布）：第二十条，大学入学资格，须曾在公立或已立案之私立高级中学或同等学校毕业，经入学试验及格者。

《大学规程》（1929年8月14日教育部公布）：大学入学资格，须曾在公立或已立案之私立高级中学或同等学校毕业，经入学试验及格者。大学或独立学院入学资格，须具有前项学校毕业资格，于第一年内补受入学试验及格者，得改为正式生。

《专科组织法》（1929年7月2日国民政府公布）：专科学校入学资格，须曾在公立或立案之私立中学毕业或具有同等学力经入学试验及格者。

《修正专科学校规程》（1931年3月26日教育部公布）：专科学校入学资格，须曾在公立或已立案之私立高级中学或同等学校毕业；或具有与高级中学毕业同等学力经入学试验及格者。

育的任务，集中精力从事教育和科学研究，有利于提高高等教育的水平①。

加强国民政府对教育的控制是这一时期的主要特色之一。国民政府通过加强财政拨款的力度，颁布一系列的财政拨款立法，包括《地方教育经费保障办法》、《中华民国训政时期约法》、《中华民国宪法草案》等，加强了对高等学校的控制，通过法规与训令的形式引导高等学校从单独招生走向统一招考是其中的核心内容。当然，单独招考造成的标准不统一所带来的学生质量良莠不齐、教育资源浪费、管理不便等问题也是高校招生考试变革的客观原因。

早在1929年教育部颁布的《大学规程》中，就透露出延续民国早期以来引导高校从单独招考向统一招考的信息，"入学试验由校务会议组织招生委员会，于每学年开始以前举行之，各大学因事实上之便利，得组织联合招生委员会"②。1932年，教育部颁布了《关于规定各校招考新生之考试及各科程度的训令》③（1932年12月24日），规定专科以上学校自1936年度起应照新颁标准，开始统一考试科目与各科程度。

自1933年起，国民政府颁布训令推进比例招生，统一招生计划。1934年，教育部对大学及各独立学院的招生办法作进一步限制，以学系为单位，实行限制招生，规定：任何文科类学院各系，专办文科类的独立学院及专修科所招新生不得超过50名。实科类学院及独立学院实科各学系均按照其设备状况及校舍，招收新生以宏造就。1935年至1937年，教育部又取消"比例招生"，代之以实际名额，规定：各大学设有文科类学院或独立学院设有文科类学科的每一系所招新生及转学生之平均数为20名，但成绩特别优秀并在招生前经教育部特别批准者例外，以30名为限④。国民政府规定各高校文科、实科毕业生的招生名额，从表面来看，是针对文科、实科毕业生失业现象的调整，但从单独招考向统一招考的历程来看，这一系列措施的规定却在其中扮演了重要的角色。

---

① 钱曼倩、金林祥：《中国近代学制比较研究》，广东教育出版社，1996年，第283页。

② 《大学规程》（1929年8月14日），杨学为：《中国考试史文献集成（第七卷　民国）》，高等教育出版社，2003年，第165页。

③ 《关于规定各校招考新生之考试及各科程度的训令》（1932年12月24日），杨学为：《中国考试史文献集成（第七卷　民国）》，高等教育出版社，2003年，第173页。

④ 参见薛成龙：《近代中国高校招生考试研究》，厦门大学硕士学位论文，1999年。

1938年，教育部颁布《二十七年度国立各院校统一招生办法大纲》，规定除上海各院校外，国立大学及独立学院一年级新生，均实行统一招考，录取后由教育部分发各院校①。同时，颁布《二十七年度国立各院校统一招生命题及评分标准的规定》(1938年)、《二十七年度国立各院校统一招生录取标准》、《二十七年度国立各院校统一招考录取新生分发办法》，正式开始了国立大学及独立学院统一招考的历程。1939年教育部开始统一命题，此后又逐渐发展为由教育部统一标准答案、统一评分标准、统一考试、统一阅卷、统一录取。1940年，教育部为研究规划并执行公立各院校统一招生事宜起见，依照教育部组织法第五条之规定，设立常设性机构——教育部公立各院校统一招生委员会，并颁布《教育部公立各院校统一招生委员会章程》②。《教育部公立各院校统一招生委员会章程》规定了教育部公立各院校统一招生委员会的职责：制定招生规章；规定命题阅卷及录取标准；制定及颁发试题；复核考试成绩；决定及分配录取学生；研究招生改进事项；教育部交议有关招生事宜；等等。同年颁布的《二十九年度公立各院校统一招生各区招生委员会组织规则》(1940年)，规定了各区招生委员会的任务并作出了坚持统一招考的决定。但由于受战争的影响，大学统一招考只坚持了三年，从1941年起统一招考的改革被迫中止。

统一招考因为环境的变化被迫停止，但这并不代表统一招考的结束。事实上，在新的环境下，教育部曾几度试图恢复统一招考，终因困难重重无法实现，但维护教育部对高校招生考试环节的管理仍然是主要内容之一。1941年，教育部颁布《三十年度公立各大学及独立学院自行招生办法要点》(1941年)③，依然规定了各校新生入学试验科目、范围（应严格依照高中课程标准命题）、招生名额、入学试验成绩计算标准、同等学力录取名额等，并规定教育部公立各院校统一招生委员会仍履行一定的职责，主要是分发各省市高中毕业会考成绩优良学生，本年各大学先修班肄业期满学生以及本年游击区各省市保送免试升学学生。1942年，教育部颁布了《公立各大学与独立学院自行招生办法要点》、《1942年度公私立专科以上学校招生办法》、

① 谢青，等：《中国考试制度史资料选编》，黄山书社，1992年，第674页。

② 《教育部二十七年度国立各院校统一招生委员会报告》(1938年)，杨学为：《中国考试史文献集成（第七卷　民国）》，高等教育出版社，2003年，第207～211页。

③ 谢青，等：《中国考试制度史资料选编》，黄山书社，1992年，第676～678页。

《教育部公布三十一年度各省保送高中毕业生成绩优秀学生免试升学办法》，在保留招生名额控制权及对入学考试科目、命题标准作必要限制的前提下，重新恢复各院校招考自主权，各校的单独招生与考试活动大抵与民国前期类似，但由于国家干预加强，学校的自主权受到一定削弱。

在各校实行单考单招的同时，为便利各校招生及学生报考，教育部又积极推动公私立院校联合招生。从 1942 年开始，教育部划定了重庆区、贵阳区等十大考区①，分别设立招生分处。举行联合招生的各区，组织联合招生委员会。联合招生的报名、命题、阅卷等事宜，一般根据教育部的规定，由各区自行办理，招生名额由教育部核准决定。1943 年，教育部颁布《三十二年暑期赣、黔、甘三省就高中毕业生夏令营试办会考与专科以上学校入学试验联合举行办法》，以举办夏令营的形式，就赣、黔、甘三省试办联合考试，并宣布联合考试试行期间，三省境内各高校升学考试不再单独举行。同时还颁布了《教育部令高中以上学校毕业考试及入学考试国文科应取〈中国之命运〉为题材》（1943 年 6 月），加强了对高校招生的控制。后由于国民政府忙于战事，对高校招生考试的管理也处于有心而无力实行的局面，因此《三十五年度专科以上学校招生办法》（1946 年）、《三十七年度公私立专科以上学校招生办法》（1948 年）都规定各专科以上学校招生应尽量顾全学校及学生便利，采用联合招生、单独招生、委托招生的办法，但教育部仍规定了入学试验的科目、范围以及院系招生的名额、联合招生院校的报名、考试日期以及单独招生院校招考日期的底线等。公私立专科以上学校新生入学试验，录取标准除采用联合招生各校联合招生委员会拟定的标准外，由各校自行决定。

民国时期的历史虽然短暂，但它是中国教育发展史上很重要的发展阶段，在招生考试发展的历程中，也写下了重要的一笔。正是在这一时期，中国的高校招生考试从单独招生考试走向了统一招考考试，奠定了新中国统一招考的基础。其中，法制在这一转变中起到了重要作用。比较而言，民国时期的高校招生考试法规远远多于清末时期，而民国后期的招生考试法规数量也多于民国前期，这反映了法在招生考试中发挥了越来越重要的作用。法不仅成为推翻封建统治、体现民主与自由的重要手段，也成为政府加强招生考

① 教育部教育年鉴编纂委员会：《第二次中国教育年鉴》（二），商务印书馆，1948 年，第 538～539 页。

试管理的重要手段；不仅体现在学生入学资格的扩展和等级与特权限制的取消上，也体现在政府通过颁布一系列的法规规定招生考试的基本原则上。但是，随着国民政府加强法西斯统治，法越来越成为法西斯统治的工具，而招生考试法也成为国民政府加强控制高等学校的重要工具。

第四节　新中国成立后普通高校招生考试法制建设历程

1949 年 10 月 1 日，中华人民共和国宣告成立，开创了中国历史的新纪元。中华人民共和国建立在半殖民地半封建社会的废墟之上，数千年的封建压迫，100 多年的帝国主义侵略，22 年的国民党独裁统治，给中华民族留下了灾难性的后果。新中国正是在这种困难的环境中，经过曲折的历程，逐渐走向成熟与光辉的。普通高校招生考试法制建设的历程就是其中的一个缩影，折射出历史的沧桑。总体来看，这一时期的普通高校法制建设可以分成三个阶段：

一、恢复与初步发展期（1949 年—1965 年）

新中国刚刚成立时，国内外政治经济状况表明，虽然旧政权被推翻，中华人民共和国已经成立，但中国人民同帝国主义、国民党残余势力和封建地主阶级的矛盾仍然是主要矛盾，阶级斗争尖锐激烈，经济极为困难，构成了这一时期的历史特征。这一阶段，为了保证高等学校的学生质量，保证高等学校的无产阶级性质，对考生的资格多有限制。同时，为了加强领导，在吸取历史的经验以及苏区、解放区办学经验的基础上，引导高校逐渐从自主招考过渡到统一招考，其间虽然出现 1958 年的短暂停顿，但总体来看，统一高考成为我国普通高校招生考试的主流与发展趋势。

首先，根据相关规定，逐渐建立了专门负责招生考试的机构。1949 年，根据中共中央关于“暂维现状，立即开学”的指示，当年全国公私立高等学校都进行了招生。由于政府来不及制定和部署有关招生的方针、政策，因此形成了高等学校各自为政、单独招生的局面。有关招生计划、招生条件、报名、考试、录取等，都由各学校自行决定[①]。1950 年 5 月 26 日，中央人民

① 大塚丰：《现代中国高等教育的形成》，黄福涛译，北京师范大学出版社，1998 年，第 251 页。

政府教育部首次颁布了有关高等学校招考新生的规定——《高等学校一九五〇年度暑期招考新生的规定》，指出“高等学校招生由各大行政区分别在适当地点定期实行全部或局部的联合或统一招生，并允许各校自行招生”①，将招考的权力委托给各大行政区，而华北五省二市仍由中央教育部掌握办理②。从1952年开始，中央成立全国高等学校招生委员会，统一指导和组织招生考试工作。各校的招生名额须报请各大行政区人民政府（军政委员会），教育（文教）部根据全国招生计划（由教育部在通盘考虑全国高等教育区域布局的基础上制定）审核批准。全国统一命题，统一规定报考条件、考试科目、政治审核标准、健康检查标准、录取新生原则。各地根据统招规定，分别办理报名、考试、政审、体检、评卷、录取等工作。至此，全国普通高校本专科招生统一考试制度开始建立，全国统考开始成为高校招生入学考试的重要形式，而这种由中央负责统一管理、地方执行的招生考试模式也成为很长一段时间内招生考试的主要模式。

其次，通过各项法规加强对招生考试工作的管理。这一阶段，基本上每年中共中央和教育部、高教部等其他部门都会颁布高校招生的相关指示、规定等加强对招生工作的管理，包括每年度《高等学校暑期招考新生的规定》、《关于投考高等学校学生的政治审查问题的通知》等，内容涉及报考资格、政治审查、体检方式方法、招考形式、特殊招生、录取方式方法、考试内容、考试时间、录取时间等，几乎所有招生考试所涉及的内容都由教育部以及相关部门作出规定，而高校的权力很小。

当然，每年的规定都略有不同，以投考资格为例，依据《高等学校一九五〇年度暑期招考新生的规定》，凡志愿为人民服务、身体健康、具备下列条件（具体内容略）之一者，均可报名投考。但从1953年开始，为了加强对高校招生考试的管理，高教部颁布了《关于投考高等学校学生的政治审查问题的通知》、《关于全国高等学校1953年暑期招考新生的规定》，对考生的投考资格加以限制，规定“现被管制分子，反革命分子和现行破坏活动分子，确因反革命以及品质极端恶劣而被国家企业、机关、部队或高等学校清

① 《高等学校一九五〇年度暑期招考新生的规定》，杨学为：《高考文献》（上），高等教育出版社，2003年，第3页。

② 大塚丰：《现代中国高等教育的形成》，黄福涛译，北京师范大学出版社，1998年，第255页。

洗或开除的分子，又若发现历史上有重大政治嫌疑者，则请在考生登记表上签具‘不宜录取’等意见，以便在录取新生时的参考”①。此后，对考生进行严格的政治审查成为很长一段时间内招生考试的重要一环，其目的在于“更好地掌握社会知识青年的政治情况，加强审查工作，防范坏分子混入高等学校”。为此，1954 年，高教部、教育部、公安部、内务部颁布《关于高等学校招生对社会知识青年进行政治审查的通知》，各大行政区及设有考区的省招生机构成立人事组，负责考生的政治审查。凡社会知识青年报考高等学校者，均须持有区以上政府介绍信，方准报考②。

1956 年生产资料私有制的社会主义改造基本完成后，中国进入社会主义初级阶段。这时政权业已巩固，群众性急风暴雨式的阶级斗争已经过去，国家和社会进入可以长期稳定发展的历史阶段。在招生考试方面，统一招生考试刚刚形成，在发展的过程中也需要经验的总结，但 1957 年开始的反右斗争扩大化使招生考试走进了一个遭受挫折的时期。1957 年，中共中央《关于高等学校录取新生政治审查问题的通知》，对过去的政治审查持批评态度，认为历年来高等学校招生政治审查不够严格，招收了一些政治上反动的分子，要求对于反革命分子和坏分子，思想反动、坚持反动立场、反党反社会主义的分子以及品质作风极端恶劣屡教不改的分子，均不应录取③。1962 年，虽然对招生考试领域中的错误进行了纠正，要求对录取新生的政治审查标准，应按“家庭和社会关系问题主要看本人”的规定，但由于随后出现的阶级斗争扩大化与绝对化趋势，中国招生考试也经历了一场劫难，以政治出身、阶级出身代替考试成绩，并以此作为录取的唯一标准。当然，我们对于限制投考资格的规定也应该辩证地看待，这是在特定历史时期一种特定的选择，对于稳定国家政权、保证国家干部的纯洁性有一定的意义。只是当这种行为在阶级斗争已经不再成为社会的主要矛盾时，仍然坚持阶级出身、政治背景标准，甚至取代考试成绩成为主要的标准，不能不说是一场悲剧。

---

① 《高教部关于投考高等学校学生的政治审查问题的通知》，杨学为：《中国考试史文献集成（第八卷　中华人民共和国）》，高等教育出版社，2003 年，第 99 页。

② 《关于高等学校招生对社会知识青年进行政治审查的通知》，杨学为：《中国考试史文献集成（第八卷　中华人民共和国）》，高等教育出版社，2003 年，第 100 页。

③ 《关于高等学校招生对考生进行政治审查的通知》，杨学为：《中国考试史文献集成（第八卷　中华人民共和国）》，高等教育出版社，2003 年，第 101 页。

值得指出的是，这些规定与通知并不等同于我们现在所理解的严格意义上的法。由于认识上和体制上多方面的原因，相关规定很少涉及高校的权利、考生的权利，而是以加强对高校招生考试工作的管理为特征，这也与我国 20 世纪 50 年代形成的管理法有关系。受苏联行政法的特色，即“行政法的重点在行政管理问题”、“行政法就是管理法”思想的影响，我国在 50 年代形成了管理法的基本思想。由于行政法被认同为管理法，因而更多地带有行政管理的属性而较少带有规制行政权的属性。而在行政管理中，又突出行政权的权威性和行政管理关系双方地位的不平等性或被管理方对管理方的服从性①。在我国行政法即管理法的理论指导下，作为招生考试管理的相关法律法规也理所当然地以政府为本位，突出政府对高校与考生的控制作用，以政府的控制职能为重心，使得本来就少的规范政府行政行为的法律法规难以发挥作用。“过去在国家行政管理领域，整个国家，上上下下，都只重视按政策办事，不强调依法办事。……长期沿袭了建国以前一切革命工作都主要依靠党的政策办事这个传统。建国以后，虽然建立了各级国家行政机关，也制定颁布了大量行政法律文件，但这种按政策办事而不坚持依法办事的传统却一直占着上风”②，这也是当时招生考试法规建设的一个写照。

二、反复与挫折期（1966 年—1976 年）

“文革”期间，高校招生停止了 4 年，全国统考中断了 11 年，这一阶段也是招生考试法规建设的破坏时期。

1970 年，中共中央作出《关于北京大学、清华大学招生（试点）的请示报告的批示》，规定废除招生考试制度，实行群众推荐、领导批准和学校复审相结合的办法，招收具有 3 年以上实际经验、年龄在 20 岁左右、有相当于初中以上文化程度的工人、贫下中农、解放军战士和青年干部，注重政治审查，强调对家庭出身、直系亲属和有影响的主要社会关系都要调查清楚，并需有证明材料等等。1974 年，国务院批转《国务院科教组关于 1974 年高等学校招生的请示报告》，其中指出：在去年的招生工作中，经历了一场两个阶级、两条路线的激烈斗争；修正主义教育路线在招生工作中的表现和

---

① 莫于川：《中国行政法治发展进程的回顾与前瞻》，《河南省政法管理干部学院学报》2004 年第 3 期。

② 张尚：《行政法教程》，中央广播大学出版社，1990 年，第 19 页。

影响突出反映在文化考查问题上；不少地区曾不同程度地出现过沿袭旧高考的办法，搞突然袭击，闭卷考试，只注重书本知识，凭分录取，忽视推荐对象的政治表现和实践经验，忽视招生工作中的群众路线；选拔学生要无产阶级政治挂帅，德、智、体全面衡量，把政治表现、路线觉悟放在首位，充分重视实践经验；文化考查的目的主要是了解学生分析能力和解决问题的能力，其方法可根据各地的具体情况和专业的不同要求，采用调查访问、座谈讨论等多种形式进行试验；要切实注意有利于促进教育革命，有利于促进知识青年走同工农相结合的道路；坚决反对“智育第一”，反对“用对付敌人的办法”考学生①。

实事求是地说，这一时期，并非没有招生考试的法规来加强对招生考试工作的管理，但由于民主制度受到破坏，招生考试的相关规定在实施过程中已经偏离了其宗旨。“各地招生工作中程度不同地存在着‘走后门’现象。有少数干部，利用职权，违反规定，采取私留名额、内定名单、指名选送、授意录取，甚至用请客送礼、弄虚作假等不正当手段，将自己、亲属和老上级的子女送进高等学校。有些招生主管部门和负责招生的干部，不按党的原则办事，讲私人交情，私送名额，或强令招生人员违章接受不够条件的人入学。”② 其结果必然是高等教育质量的全面倒退，高级专门人才的断层与社会发展的停滞。

三、发展期（1977 年至今）

这一时期，以《普通高等学校招生暂行条例》等法令为标志，可分成两个阶段。第一阶段从 1977 年至 1992 年，这一阶段在经历了不断地尝试与探索之后，最终形成了 1987 年的《普通高等学校招生暂行条例》等一系列法令，并基本保持到 1992 年。1977 年，刚刚复出的邓小平主持召开了科学与教育工作座谈会，此次会议重新确立了“统一考试，择优录取”的原则。同年，国务院批转《教育部关于 1977 年高等学校和中等专业学校招生工作的意见》，规定凡是年龄在 20 岁左右，不超过 25 周岁，未婚的工人、农民、上山下乡和回乡知识青年、复员军人、干部和应届高中毕业生，只要政治历

① 《国务院科教组关于 1974 年高等学校招生的请示报告》，杨学为：《中国考试史文献集成（第八卷　中华人民共和国）》，高等教育出版社，2003 年，第 53 页。

② 谢青，等：《中国考试制度史资料选编》，黄山书社，1992 年，第 805 页。

史清楚，拥护中国共产党，热爱社会主义，热爱劳动，遵守革命纪律，决心为革命学习，具有高中毕业生或相当于高中毕业的文化水平，身体健康，均可申请报名。从而结束了“文革”时期的“自愿报名、群众推荐、领导批准、学校复审”的办法，实行自愿报名，统一考试，地区初选，学校录取，省、自治区、直辖市批准的办法①，并在以后的发展中，逐渐进行了许多改革尝试，初步形成了“学校负责，招办监督”的录取体制以及学校实行“根据志愿，按比例投档”的录取方法，同时在实践中形成了定向生制度、少数民族等特殊群体的特殊招生制度、保送生制度等等。关于考试科目，1977年确定文科考试科目为政治、语文、数学、史地，理科考试科目为政治、语文、数学、理化，1978 年增加了外语，1981 年理工科增加生物并最终固定下来。

针对以前长期强调的政治审查等问题，1978 年，国务院批转教育部《关于 1978 年高等学校和中等专业学校招生工作的意见》，开始对“文革”时期的政治审查进行纠正，指出审查考生的政治情况，主要是看其基本政治态度和现实表现，父母有政治问题和历史问题一般不应影响其升学。考生的直系亲属和主要社会关系，无政治历史问题，或有一般政治历史问题的，不作调查；有重大政治历史问题的，应调查清楚问题的性质和结论及其与考生的关系，并需有证明材料。资产阶级分子的子女和剥削阶级家庭出身的考生，应本着“主要看本人政治表现”的精神，凡是本人划清界限、政治思想表现好的，可以录取到一般专业或机密专业。中共中央 11 号文件通知，1957 年划定的“右派分子”，已全部摘掉“右派分子”的帽子，他们子女的升学问题，不应受到影响。直系亲属因反革命罪行被处死或被判刑、管制，或是积极参与“四人帮”反革命阴谋活动的骨干分子，录取时要从严掌握。考生本人有下列问题的不予录取：有反革命活动嫌疑和有恶毒攻击党和社会主义制度言行的，积极参与“四人帮”篡党夺权阴谋活动的骨干和参加打砸抢的主要成员，品质恶劣、道德败坏的②。这也成为我国招生考试政治审查的一个重要里程碑，它摆脱了过去以政治挂帅、以阶级为划分标准的做法，

---

① 杨学为：《中国考试史文献集成（第八卷 中华人民共和国）》，高等教育出版社，2003 年，第 54～55 页。

② 杨学为：《中国考试史文献集成（第八卷 中华人民共和国）》，高等教育出版社，2003 年，第 103 页。

对于新时期的高校招生考试有着重要意义。此后相关规定指出，只要政治历史清楚，拥护中国共产党，热爱社会主义，热爱劳动，遵守革命纪律，决心为革命学习，具有高中毕业生或相当于高中毕业的文化水平，身体健康，考试成绩合格，即可录取，淡化了政治因素，而代之以个人的思想品德，这对于扩大招生范围、实现入学机会均等具有重要意义。

1987 年，在总结招生考试工作实践经验的基础上，在深刻认识到加强法制建设、坚持依法办事以及用法律的手段代替过去的宣传教育式、行政命令式的管理手段的基础上，教育部颁发了《普通高等学校招生暂行条例》、《关于扩大普通高等学校录取新生工作权限的规定及其实施细则》、《普通高等学校招生管理处罚暂行规定》、《普通高等学校招收保送生的暂行规定》等法规，将高校招生考试纳入了法律视野。有研究者认为，《普通高等学校招生暂行条例》是我国招生考试法规建设从无到有的一个分水岭和标志①，从名称上来看的确如此，以前有关招生考试的管理办法往往是以“规定”、“通知”、“批示”、“指示”、“意见”的文件形式出现的，而不是严格意义上的法规名称。但在某种程度上，这也是一种特定时代的特殊法规形式，是政策与法规还缺乏明显区分（事实上由于政府是全能的政府，政策与法律也没有必要区分）的情况下一种实质上的法规。从《普通高等学校招生暂行条例》的内容和实质来看，这一时期的招生考试仍然蒙上了计划经济的色彩，招生考试法规建设也免不了有计划经济时代的特征。在指导思想方面，没有摆脱全面干预和控制的精神实质，赋予行政机关高度权威，突出行政权的优先性和绝对性，允许行政机关在自己的职权范围内制定一系列行为准则，为学校、考生等主体制定活动范围和限定行为方式，虽然也赋予权力机关一定的责任，但相对而言，更注重权力的行使。虽然在此基础上也给予高校以及考生一定的权利，但这种权利是从属性的，表现为在政府机关以及相应的各级管理机关与考生发生权利和义务关系时以权利为取向，即行政管理机关在行使权利和承担义务的关系上不是一致和对等的，而是以保证行政机关的管理权利为第一位，而考生与各级管理机关发生关系时呈现出明显的义务取向，考生处于被管理和服从的地位，义务多于权利。

第二阶段从 1993 年至今，这一阶段普通高校招生考试制度一直处于频

① 郑若玲：《普通高校招生考试法规建设述评》，《广东工业大学学报》2002 年第 4 期。

繁的变动与改革中，年龄限制的取消、定向生的规模逐渐缩小、招生并轨收费、保送生制度的改革、自主招生的试验等新的问题与现象已经不是《普通高等学校招生暂行条例》所能囊括与规范的，高考进入新的改革期。1993年高考科目试行在会考的基础上，按招生专业的文理倾向分设两组，文科组为语文、数学、历史、政治和外语，理科组为语文、数学、物理、化学与外语。1994年，进行了建立标准分数制度的尝试。1999年，教育部提出《关于进一步深化普通高等学校招生考试制度改革的意见》，开始启动新一轮高考科目设置改革。1999年，广东开始试行"3＋X"方案，2000年推广到5个省，2001年扩大至13个省，2002年全国各省实行"3＋X"方案。2004年，作为高考改革的重要组成部分——分省命题，在上海、北京试行的基础上，增加到11个省，2005年增加到14个省，2006年则扩充为6个大区域的16个省。至此"统一考试，分省命题"的格局已经基本形成。2000年，教育部在广西、天津、北京、上海、辽宁、四川、重庆、湖北、湖南网上录取试点的基础上公布《普通高校招生计算机网上录取工作试行办法》，2001年全国网上录取系统基本建成，为维护高考的公平性与公正性提供了有力的保证。随着高校招生自主权在法律上逐渐明确，高校如何在招生考试改革中实现自己的权利成为一个重点问题。高校招生简章的法律地位逐渐确定，120％的调档权、预留计划、点招制度等制度逐渐确立，高校特别是重点高校参与高考改革已经成为当前高考改革的重要内容，上海交通大学与复旦大学的自主招生改革开启了新一轮改革的先声。无疑，这一系列高考制度的变革期待新的法律制度对其进行调整。

总的来看，这一时期的法制具有以下特征：

第一，坚持对弱势群体的照顾原则。对少数民族等特殊群体的特殊照顾，是我国法制建设的基本特征与原则。在高考中，这一原则也得到了充分的体现。高考从本质上而言，在于提供一个机会和途径，让考生能够通过公平的竞争来实现高等教育受教育权。但究竟谁能实现或者谁能更好地实现受教育权，则要遵循能力主义原则。但是，仅有形式上的平等，也可能导致实质上的不平等，从而与旨在反对不合理差别的形式平等的宗旨相违背。在高考领域，对少数民族以及残疾考生的特殊照顾一直是高考政策的一个价值取向，少数民族不仅可以在一定情况下使用本民族语答卷，而且享受降低分数投档的政策。而在残疾考生方面，《关于做好高等学校招收残疾青年和毕业分配工作的通知》（1985年）、《关于进一步做好高等学校、中等专业学校招收残疾青年和残疾学生毕业分配工作的通知》等也为保障残疾考生的合法权益提供了法律依据。当然，随着考试竞争的加剧以及高校招生自主权的扩大，特殊照顾政策也越来越严格，但保护弱势群体的基本受教育权始终是高考改革的基本理念之一。

第二，从权力集中走向权力分散是高考制度演变的一个典型特征。这主要表现在考试命题权、科目设置权的下放与招生录取权的下放两方面。在考试方面，从 1978 年开始实行全国统一命题、自治区单独组织考试与评卷的基本模式；从 1979 年开始，边疆民族自治区用本民族语言授课的高等学校和专业，可不参加全国统一招生，由自治区单独命题、考试、录取；1985 年，上海首先获得自主命题权；2007 年，随着广东、山东、海南、宁夏四省区新课程高考改革方案的出台，自主命题的省区数量将进一步扩大，而且其程度也将进一步加深，并将对招生产生重大影响。在招生方面，1977 年实行学校录取，省、自治区、直辖市批准的办法，直到 1980 年才规定“在政审、体检合格的前提下，从高分到低分，参照考生所填志愿顺序，注意相关科目成绩，分段择优录取。在一个分数段内要给学校一定的选择余地”①。从 1983 年开始，要求各省、自治区、直辖市给予录取院校一定的选择余地，一般应按多于 20%的比例提供考生的档案材料。从 1984 年开始，第一批录取的学校实行“根据志愿，按比例投档”的录取方法，学校则可以在控制分数线内的 120%档案数中，择优录取。从 1985 年开始，第一批录取学校开始试行“学校负责，招办监督”的录取体制，即在第一批录取学校控制分数线内调阅考生档案数，录取与否由学校决定，遗留问题由学校负责处理，第二批录取的学校实行“根据志愿，按比例投档”的录取方法。从 2002 年开始，高校招生章程的地位与作用在教育部招生考试工作规定中得到确认。2003 年，北京大学、清华大学等 22 所高校实行了部分招生计划自主招生，2007 年增加到 59 所，虽然人数不超过学校年度本科招生计划总数的 5%，但这也标志着高校自主录取权迈出了重要一步。2006 年被称为“破冰之旅”的复旦大学、上海交通大学标榜“高考成绩只作为参考”的完全自主招生模式虽然引来一些非议，但改革仍在继续，自主招生成为高考改革的热点问题。

第三，标准上的从宽到严与从严到宽。具体而言，从宽到严体现在高校

① 杨学为：《高考文献》（下），高等教育出版社，2003 年，第 128 页。

招生的机动指标、保送生制度以及对特殊人群的优惠政策与优先录取政策方面的变革上，反映出高校招生考试改革在社会与法律的监督下逐渐规范化与制度化；而从严到宽则体现在报名资格与体检标准上，从中折射出高考政策以人为本的基本精神。1984 年，教育部发布《关于改革招生来源计划试点工作的通知》，确定南京大学、武汉大学、上海交通大学等 6 所院校作为试点，对招生来源计划进行改革。1999 年，教育部在《关于做好 1999 年普通高校招生工作的通知》中规定，具有 2%招生计划调节权的 78 所高校，其 2%招生计划调节数，原则上只用于该校在有关省、自治区、直辖市按生源计划数的 120%调档内的考生。2005 年，教育部要求安排跨省招生的本科高校，所预留计划不得超过本校本科计划总数的 1%。而在报名资格上，教育部《关于 1964 年高等学校招生工作的通知》规定，一般不再录取已婚学生，此规定一直延续到 2000 年。从 2001 年起，高考取消了原有的年龄（25 岁以下）限制和婚否限制，允许各个年龄段的人自由报名参加高考。同样，在体检标准上，最初的体检标准对此作了十分严格而详细的规定。从总的发展趋势来看，对考生的体检标准越来越人性化，除了特殊院校、特殊专业有特殊的身体要求外，对考生的身体标准，主要以不影响正常学习为原则。

从科举时期至今，中国招生考试制度走过了漫长的发展道路，其中不乏曲折、反复与倒退的历史。总的来看，通过法律法规的形式加强对招生考试的管理，是各个时代的主要特征，利用法律法规反映统治阶级的意志，选拔为统治阶级服务的人才是招生考试管理的一个重要内容。但重视招生考试法制的相关建设，重视法制在招生考试管理中的作用并不意味着法治，个人的私利、权利都有可能影响法制运行的轨迹与结果。而因人设法、因人废法的情形在中国招生考试发展的历史过程中也屡见不鲜。法治必然重视法制建设在招生考试管理中的作用，但法治还包括更为丰富的内涵，这也构成了当前重新审视招生考试的新理念和新方向，而依法治招、依法治考的提出也正是法治的基本要求。

第二章　国外高校招生考试法治概况与启示

法治是人类文明发展的趋势与追求。高校招生考试作为社会发展的一部分，追求招生与考试过程的公平与公正，实现高校招生考试法治，是各国招生考试制度化的目标。由于各国的历史文化传统与社会基础不同，高校招生考试呈现多样的法治模式，但这种差异性的背后，也隐含着法治的基本规律与启示。对各国而言，没有最好的模式，只有最合适的模式。对于我国而言，借鉴美国与英国的经验和借鉴欧洲大陆的经验同等重要。本章拟以美国、英国、德国、日本四个国家[①]的普通高校招生考试法治为参照，探寻高校招生法治的基本特征与规律，从而为中国普通高校招生考试法治提供借鉴。

第一节　美　　国

美国的法治模式承袭英国，并随着美国社会的发展变迁，逐步形成了许多独特的制度。美国的法治理念也深深影响了美国的招生考试制度，强调自治，重视程序，有着独特的宪法诉讼，在重视判例法的同时加强相关法制建设，这些构成了美国高校招生考试法治的特色。

一、考试机构自治与监督

强调自治是美国招生考试管理的特色，利用法律授权的非营利组织实现

① 从法律体系与法律传统而言，德国是大陆法系的代表国，美国与英国是普通法系的代表国，日本二战后是混合法系，但主要倾向于大陆法系；就招生考试制度而言，美国、英国和德国、日本分别是美洲型、欧洲型与亚洲型的代表国家，并呈现出本国的特色。因此，在研究上具有一定的代表性与借鉴意义。

考试的运行与管理是美国高校招生考试法治的重要支撑。非营利组织在考试具体事务上享有法律规定的自主权，专业委员会根据法律的规定对其进行监督和协调，以实现考试的良性运行。

美国高校招生考试制度实行典型的招考分离。虽然美国实行的是地方分权制，但却有相对统一的考试，即由 ETS（Educational Testing Service）机构实施的 SAT（Scholastic Assessment Test）考试和 ACT（American College Testing）机构实施的 ACT 测验，这两种考试成绩也成为美国入学选拔最重要的依据之一。

ETS 成立于 1947 年，经美国教育协会卡内基促进教学基金会与大学考试委员会的多次协商，由大学入学考试委员会的部分资产及关键核心人员组成，并得到了哈佛大学科南特校长及其他教育领导者的拥护和推动，逐渐成为全球最大的从事私人教育测验、教育评价与教育研究的组织。ACT 成立于 1959 年，是一个独立的、非营利性的机构。在考试管理中，ETS 与 ACT 制定了管理制度和规范性文件，以保证考试的顺利进行。ETS 各项工作都有系统的管理制度，以保证工作的连续性、稳定性和工作质量，如关于命题管理的主要规范文件（Test Development Manual）就包括了命题概揽、考试计划、编题和审题、组卷、质量控制、重评试卷、试卷重印程序、命题委员会、试卷存档、特殊试卷编制、含有试题的出版物管理等的相关规定。ACT 专门设置考务运行部，负责考生报名、考场安排，培训监考人员，为考生提供咨询、查询考分、处理舞弊事件、安排补考及阅卷、寄发成绩单等各项事宜，还专门出版《监考人员手册》，并录制了培训监考人员的录像带，对监考过程中的报告、验证、入场、发卷、监考、收卷等各个环节均有严格要求，并详细规定了应如何处理迟到、舞弊、学生突发疾病、考场内外的突发事件等。该部门设有专门的法律顾问，负责处理考试中的保密及法律问题，并随时接待和处理社会各界对考试公平性的质询乃至控告。一般而言，对舞弊行为的处理分两种情况：如在监考中发现舞弊行为，该生的成绩将被取消；如在考后接到举报，则通知当事人重考一次，将两次考试成绩加以对比，以判断真伪，必要时，使用特定的方法鉴别考生前后试卷是否出自一人之手。

考试机构的自治并不是绝对的，通过专业委员会实现对权力的监督是重要的一环。ETS 等考试机构受到大学入学考试委员会的监控与管理，以保证考试的公平。大学委员会的全称为大学入学考试委员会（The College

Entrance Examination Board)，1900 年由 12 名著名高校校长联合创建，目的在于规范当时新英格兰地区中学的教学大纲，以利于在统一标准的基础上进行大学的招生工作。大学委员会下设政府联系办公室（Office of Government Relations），该办公室的目的在于修整联邦和州的法律、规则和计划，以满足大学委员会及其成员的要求，并与其战略伙伴一起引导国家在评估、学生资助计划、“肯定性行动计划”以及多样性方面的政策制定。此外，大学委员会还设有法律中心，允许各成员、学生及其父母参与到行政过程中，并与相关领导者进行多方面的交流与合作。当重要的法律纠纷产生时，大学委员会也会要求学生、家长及其委员会成员参与其中，以确保公平、公正，并能真实地反映不同的意见。而当学生接收到大学拒绝其入学的通知书时，如果觉得不公正，也可以上诉，以维护自己的合法权益。

二、高校自主招生与权力监督

从美国高校招生的情况来看，高校享有绝对的招生自主权。美国各高校都设有负责招生的职能机构，大多称为招生办公室，也有称为招生与学籍档案办公室的。招办属校级部处机关，受教务副校长或学生工作副校长领导。高校还设立招生委员会，负责制定招生工作的方针、政策，确立新生入学条件和资格、入学手续及录取原则等。该委员会实际上是政策制定机关，并监督招生办公室的工作情况。

值得注意的是，美国大学招生工作招募一定的在校学生参加，以增加对高校招生行为的监督。学生不仅参加招生委员会招生政策、方针的审议工作，也参加考试面试、考生调查、考生走访和考生申诉代理等工作①。高校招生还必须遵守基本的法律法规，如必须遵守宪法所规定的平等原则，对残疾考生提供更为便利的学习条件；必须合乎一定的招生程序等。加大对高校招生自主权的监督成为当前美国高校招生的一个重要问题。1978 年，卡内基教学促进基金会出版的《美国大学教育现状、经验、问题及对策》一书中，认为大学不应主要关心“填补学生的缺额”，而应与中学共同负担向学生提供真实信息的责任，加强升学咨询与指导工作，大学应该严格阐明入学标准，祛除招生录取过程中的神秘化；并提出由美国教育理事会的自我协调委员会“制定一项与当前条件相适应的、强有力的招生行为准则”；主张全

① 贾非：《考试制度研究》，四川教育出版社，1995 年，第 138 页。

国六个地区性的教育鉴定协会认真检查招生过程，作为评估高校的内容之一，以保证其实现。此外，一些州也已不断严格公立高校的入学标准，提出了高校预备课程的学科要求等。因此，在大学的自治传统与实现对高校招生行为的监督中寻找平衡是美国大学招生的一个重要内容。

三、通过制定法律加强对高校招生考试的管理

美国属于传统的判例法国家，判例是主要的法律渊源，一般不倾向于制定成文法典，往往利用单行法的形式对某一类问题作专门的规定。在高校招生考试方面，美国也利用颁布单行法加强对高校招生考试的管理。

根据美国宪法对联邦和州的立法权限的相关规定，美国高等教育立法主体主要是州，但在发展过程中，美国国会和总统也成为重要的高等教育立法主体。根据联邦和州所颁布的多种有关高等教育发展的成文法以及判例法，联邦高等教育立法权限主要集中在支持州立大学发展方面，更多的是具有资助性质的单项法规。而州的高等教育立法权限主要涉及的内容是：建立州立大学，审批高校课程，拨款，教师与学生的管理等①。美国教育立法的主体除了联邦立法机关和州立法机构外，还包括其他权力机关制定的各种法令、决议、命令、指示等法规。譬如，总统发布的行政命令、州教育委员会及其代理机构（包括学校委员会）制定的规则和条例。大多数州通常设立协调委员会或管理局，主要是制定计划和协调管理体系，以指导州内高等教育的发展。有些州（如科罗拉多州）的州立大学新生录取标准就是由州高等教育委员会制定的。此外，对法律起辅助作用的还有各专业组织的标准，如各类专业协会的标准等。在招生考试领域，联邦和州都制定相关法律，以实现对高校招生行为的间接约束与管理。总的来看，在美国联邦或州的大多数立法，并不强行要求所有的院校都必须按照高等教育法律的规定实施改革，各州、各校可以根据自身情况拒绝联邦或州政府提出的改革建议。但只有按照立法规定的内容进行改革的院校，才可以与政府行政主管部门签订协议，得到一定的发展与改革经费。正因为如此，许多涉及招生的法规都是以拨款等形式来实现管理的。

1957 年，《国防教育法》规定为大学生提供经济资助，从而使高校入学需求激增。《1965 年高等教育法》第六编“A 章——设备”关于“分配给各

① 忻福良：《各国高等教育立法》，上海交通大学出版社，1992 年，第 143 页。

州款项”条文中第602条规定：(1) 按第601条b款和c款规定所拨任何财政年度之经费中的半数，应由署长分配给各州，务使分配给每州的经费与此半数经费之比相等于该州各高等教育机构之招生人数与全国各州该类机构之招生人数之比；其余半数应由署长根据本款第2项分配给各州…… (2) 为实现本章之目的，署长于每一财政年度拨款给每州的款额与根据本款所拨经费之比，应相当于该州高等教育机构之招生人数……[①]根据各州招生人数多少确定大致的拨款数量，暗示了各州只要愿意发展，政府都可以给予相应的拨款，这也反映出联邦政府对各州乃至高等学校招生的潜在控制。为了保障黑人学生的合法利益，国会在《第二莫里尔法》的立法中规定，对法案规定的任何拨款，各州或准州虽可以用来维持和重建单独的白种人学院或有色人种学院，但只能将资助金公平合理地在两种学院中使用，而且拨款不得用于资助在招生中有种族歧视和肤色歧视行为的学院，从而保证对有色人种的招生和保护他们的合法权益。此外，体现上述精神的还包括《平权法案》与“肯定性行动计划”等。通过单行法，不仅政府与高校之间的职责与权限得到了明确的界定，也为政府介入招生考试管理提供了法律上的依据。

四、独特的宪法诉讼机制

法院在美国法治中起着重要的作用，动辄用法律途径来解决纠纷是美国社会特有的现象。这一方面反映出美国公民较高的民主意识与权利意识，另一方面也折射出美国社会对法律的推崇与信仰。在美国，法院会运用合同理论要求学校遵守其公布的入学标准，无论该学校是公立的还是私立的。在运用合同理论时，把学校发布的标准视为要约邀请，学生的申请视为提出要约，学校保留申请费用视为接受邀请（承诺）[②]。美国宪法中没有受教育权的规定，主要原因是美国将人权与公民权中的自由概念理解为防止政府干预的“消极权利”。但平等权是美国宪法予以规定和保障的公民合法权利，因此，在高校招生考试领域，宪法诉讼特别活跃，并为维护公民入学机会均等的权利起到了重要的作用。1938年甘尼斯诉加拿大（Missouri Gaines VS Canada）一案就是有色人种为维护个人合法权益的经典判例。同年，密苏

---

① 瞿葆奎：《美国教育改革》，人民教育出版社，1994年，第300～301页。

② William A. Kaplin, The Law of Higher Education, Jossey-Bass Publishers, 1995, p. 231.

里州一所州立大学法学院因缺少黑人设施而拒收一位黑人学生，并依照南部各州通行的办法，建议那位黑人学生到北部一所黑白混合的学校去就读，一切费用由密苏里州政府提供。但这位黑人学生置之不理，并诉之联邦最高法院。联邦最高法院以该州立大学有歧视黑人的企图，违反联邦宪法增补条款第 14 条“平等保护”条款之规定为由，判决州立大学败诉，并宣布该校不得拒收黑人学生，下令该法学院撤销排拒黑人学生之规定①。该案开创了联邦法院对高等教育种族隔离问题作出判决的先例，为少数民族学生获得平等的入学机会提供了判例的支持。但这种因为种族的原因而获得入学机会是否是一种逆向歧视？美国宪法关于平等保护的第 14 条修正案也因此成为非少数民族学生实现自身受教育权的重要法律依据与判决依据。1978 年加利福尼亚大学董事会诉巴克案（Regents of the University of California VS Bakke）就是另外一个比较有代表性的例子。巴克是一位 38 岁的白人退伍军人，1972 年，他申请进入加州大学戴维斯分校的医学院。面试总分共 500 分，他得了 468 分。当年医学院收到 2600 多份入学申请，但只招收 100 人。医学院在新生录取上规定了一个具有“肯定性行动”原则的程序，即 100 名通过正常的录取程序予以录取外，有 16 个保留名额，用来录取那些少数民族背景的学生。巴克发现通过录用定额被录取的少数民族学生中有人的成绩不如他，他感到学校拒绝录取他是因为他是白人。1974 年巴克再一次提出入学申请，但面试者给了他一个低分，导致了他第二次遭拒。于是，巴克将加州大学告到了加州高级法院。他声称，医学院的特别录取程序违反了民权法中的第 6 条款（该条款规定所有从联邦政府接受资助的研究和教育机构不能采用种族或民族血统优先录用的政策），加州大学侵犯了宪法第 14 条修正案平等法律保护原则保护下的权利和加州宪法。案件上诉到加州最高法院后又上诉到联邦最高法院。1978 年 6 月 28 日，刘易斯·F. 鲍威尔法官宣布了判决结果，有五位法官投票支持加州最高法院的判决。法庭指出医学院的政策是反相歧视，学校的特别入学程序违宪，要求学校录取巴克②。这些案例为我们展示了美国考生在获得高等教育入学机会问题上的一个解决途径。为了维护自身的合法权益，考生不仅可以上诉，而且可以运用宪法诉讼，通过法律的裁决寻找问题的解决。而最高法院根据形势的变化与发展对类似的

① 胡建淼：《外国宪法案例及评述》（上），北京大学出版社，2004 年，第 134 页。

② 参见任东来：《“肯定性行动”与美国政治》，《太平洋学报》1996 年第 1 期。

问题在不同的时代作出了不同的判决，未尝不是美国招生考试实现法治的重要原因。

总的来看，美国招生考试法治模式以非营利考试机构自治与高校自主招生为基本特征，重视单行法规的制定以及专业委员会对自治权与招生权的监督，并积极通过宪法诉讼维护公民的合法权益，同时也实现对招生考试的监督，从而实现招生考试的公平与公正。

第二节　英　　国

英国是一个法治传统深厚的国家。著名法学家戴雪（A. V. Dicey）在其1885年的著作《英宪精义》中提出了“法治”的概念与含义，强调法律至上、法律面前一律平等。社会公民有较强的法律意识与法律信仰，为英国招生考试实现法治打下了良好的社会基础。从英国高校招生考试制度现状来看，整个招考过程井然有序，高校、考试部门等各司其职。这与英国政府实施行业治理并加强对教育考试和高校招生的法律规范密切相关。

一、高校招生考试管理有法可依

虽然英国政府对高校招生考试并不颁布专门的法律法规进行规范与管理，但这并不意味着国家放弃对高校招生考试的管理。事实上，在相当多的法规中，都有专门涉及招生考试的相关规定，不仅有利于实现招生考试管理有法可依，而且有利于加强法律对考试机构与大学招生行为的监督。1985年3月，教育与科学部、威尔士事务部向议会提交的白皮书《把学校办得更好》就指出：政府要推进一种新的考试制度，即高级水平补充考试，以拓宽学习高级水平课程学生的课程范围。考试的设计和组织应当服务于课程，新的中等教育普通证书考试将取代普通水平的普通教育证书考试、中等教育证书考试和16岁后的统考。这种考试由五组考试委员会负责行政管理，并有一项专门的培训计划来帮助所有教师做好实行这一考试办法的准备。对此，政府决定于1989年推行高级补充水平考试，以便在不降低水平的情况下，进一步拓宽高级水平考试课程的广度。政府邀请普通教育证书考试委员会，与中学考试委员会、高等教育委员会及有关方面合作，为这一考试准备教学计划。每一种教学计划的教学时数约等于高级水平课程教学时数的一半。在这一考试中取得的某一等级，其一般质量要求与高级水平课程的质量要求相等①。

对招生考试影响颇为深远的法案是1988年的《教育改革法》，这一法案主张推行国家课程标准，并于7、11、14、16岁分别举行全国性的评量制度，开放入学名额，授予学校财政责任，设立津贴学校，这些措施对招生考试影响颇深。同时，按照《教育改革法》的相关规定设立了国家课程委员会和学校考试和评价委员会，它们是英国政府为在中小学推行国家课程和统一国家考试制度的两个中央机构，直接对教育和科学国务大臣负责②。随后，为了厘清《教育改革法》实施过程中发现的问题和困难，1992年的《教育白皮书》重申执行国家课程标准之决心，并设立中央经费分配机构，加速学校脱离地方教育当局之管辖，鼓励学校选择某些课程领域，以凸显学校特色；并提出在就学方面应考虑国家对具有高学历合格人员的要求，建议扩大招生面，计划增加女性和超龄学生的就学率，使入学考试灵活多样。可以说，招生考试的每一步改革与发展都与相关的法律法规相联系。

二、考试机构自治与法律监督

英国社会在社会管理方面达成了共识：为了维护平等和社会正义，政府仍将保证社会福利事业所需资金，但提供服务的事可以交给行业协会来承担。在这种观念的影响下，强调行业自治是英国法治的重要内容，在大学入学考试方面也是如此。

英国普通教育证书高级水平和高级补充水平考试由专门的具有财团法人资格的非营利性的考试机构承担。目前，英国的考试机构主要包括评价与资格联盟、卓越教育考试中心、牛津剑桥考试中心等。这些考试机构都是独立设置的非营利性服务机构，不是政府机构，也不隶属于教育科学部或地方教育部门。考试机构有权制定相关的管理规则、考试规则等，以实现对考试的

---

① 国家教育发展与政策研究中心：《发达国家教育改革的动向与趋势——美国、苏联、日本、法国、英国1981—1986年期间教育改革文件和报告选编》，人民教育出版社，1986年，第294页。

② 国家教育发展与政策研究中心：《发达国家教育改革的动向与趋势——苏联、日本、法国、英国、美国1988年期间教育改革文件和报告选编（第三集）》，人民教育出版社，1990年，第209～212页。

管理。如对舞弊的考生，考试机构给予取消考试成绩的处罚；对在考试工作中舞弊的教师，考试机构一般不再聘用等。

同时，考试机构的自主权也受到了有效的监控。首先，考试机构必须是经过法律批准成立的。其次，这些考试机构受到专业委员会的监督。1944年，英国成立教育部后，部长成立委员会监管各考试局的工作，包括审批各考试局呈交的考试课程，为政府监察有关机构的运作，确保公开考试的质量，并向教育和劳工大臣提出有关课程、评核及公开考试安排的建议。为统筹各局的考试工作，确保考试的公信力，专门制定了 CSE 及 GCE A/AS 考试守则（GCSE and GCE A/AS Code of Practice），内容包括各考试局的权责、试题及评卷参考的制定步骤、评卷的程序、校内教师评分制度和积分调整、成绩评级的方法、考试局与学校的关系等。就考试收费标准而言，法律规定考试机构在制定考试收费标准问题上有自主权，但必须在政府政策框架内实施。政府有一个“标准和质量调剂委员会”，负责制定有关收费政策标准，考试机构实际执行的标准可以比政策标准提高 5%。此外，国家的教育科学部在这些考试机构内派有代表，代表对考试委员会的工作可提出意见或建议，虽然没有否决权，但也在一定程度上实现了对考试机构的监督①。再次，考试机构还受到相关法案的制约。如 2000 年英国颁布了《信息自由法案》（The Freedom of Information Act 2000），该法案旨在提高公众了解信息的权利与自由，增加公共机构的运行与其他相关信息的透明度。该法案对考试机构及其高校具有同样的约束力。为此，各考试机构都公开 publication scheme。各考试机构还专门指出：社会公众有权对没有公开的信息内容进行质疑和询问，考试机构必须作出解释，而这些解释必须得到相关信息委员会的确认，即这种解释是合理的、正当的。同样，公众如果发现某些信息无法理解，或者对 publication scheme 提出质疑，都可以写信给秘书处。如果考试机构无法解决相关的问题或者抱怨，则公众可以向信息委员会投诉，各考试机构必须提供相关地址、电话和联系方式。不仅如此，英国还专门成立了考试申诉委员会（The Examination Appeals Board，简称 EAB）专门负责保证考试的公正性。这一委员会在接到相关申诉后，会在 10 个星期之内

---

① 国家教育发展与政策研究中心：《发达国家教育改革的动向与趋势——美国、苏联、日本、法国、英国 1981—1986 年期间教育改革文件和报告选编》，人民教育出版社，1986 年，第 300～301 页。

作出相应的判断和裁决，并详细规定了权限、相应的程序、原则等。

三、高校招生自主与法律监督

英国的高校一直拥有较大的自主权，招生权也是自主权的重要内容之一。大学完全有权决定新生入学标准，有权根据自己的条件决定招生人数，教育部无权干涉。英国的高校招生由高校招生服务中心统筹。1961 年，英国联合成立了大学招生中央理事会（UCCA，The Universities Central Council on Admissions）。UCCA 最初并不是一个实体性的协会，1981 年经担保后才注册成为一个公司，性质为教育慈善机构。UCCA 是一个服务机构，其主要任务是使各成员大学的新生录取工作能有条不紊地进行，使申请者能自由地选择大学，使大学能自由地选择新生。1993 年，UCCA 与 PCAS（The Polytechnics Central Admissions System）合并成英国的高校招生服务中心（UCAS，Universities and Colleges Admissions Service），统筹全部录取工作和清理、调剂工作。每个志愿生的情况，每天各大学录取情况都在计算机上反映出来，一分钟内就能一目了然，并可以及时回答中学的询问①。UCCA 既不能干涉申请者的申请和决定入学注册的自由权，也不能影响各大学录取新生的决定权。

英国的高校都设有负责招生的职能机构，一般称为招生办公室或注册办公室，享有充分的自主权，对招生负全责。如牛津大学公开宣布自己的招生理念：招收各种不同背景、毕业于不同类型学校的学生，但不接收申请入剑桥的申请者，欢迎年龄较长的学生，入学时会考虑学术成果、职业训练和工作经验，以学院而非学系为招收学生的单位。招生参考资料包括 UCAS 申请表、牛津大学申请卡、统一考试成绩（包括会考成绩）。基本要求是 GCE 两科均为 A，至于各学科要求的统一考试标准各不相同，如数学系要求至少有一至二门为数学，工程系则要有好的数学成绩等。牛津大学要求考生参加自办的学校入学考试，有的学系还要求在入学前于各高中举行考试。此外还有面试，在面谈前一周通知需要面谈者，面谈工作则由所属学院负责，其目的是让导师有机会了解申请者是否适合该课程，是否具有潜能等。

政府并没有放弃对高校招生的管理，通过立法的形式规定政府对大学拨款的标准与原则，加强对大学拨款中介组织的管理，就是政府对高校招生进

① 贾非：《考试制度研究》，四川教育出版社，1995 年，第 165 页。

行管理的重要手段之一。1991 年的政府白皮书《高等教育：一个新的框架》提出，关于科研经费，科研委员会就具体科研项目按质量拨发，提升竞争。1992 年 3 月 6 日议会通过了《1992 继续教育和高等教育法》（The Further and Higher Education [Scotland] Act 1992)。此法案第 62～94 条对高等教育结构作了很大的变革：在所有高等教育学院完成特定标准的条件下，采用“大学”的称号。政府依据此法案裁撤 1988 年才设立的大学经费委员会及多科技术学院和其他学院基金委员，改按地区设置英格兰、苏格兰和威尔士高等教育基金委员会。三个独立的基金委员会根据学生人数、课程设置、数学和科研水平的质量等与高等学校进行协商，分配资金，其主要目的之一也是“使高等院校在平等的基础上，在资金和生源方向展开竞争”①。由此可见，政府对高校招生的管理主要是通过立法规范中介组织，特别是大学基金委员会来实现对高校招生的管理。

在招生过程中，大学也必须遵守相应的法律规范，如大学必须遵守不同性别、种族和残疾人员的平等原则，并为这些特殊群体提供特殊的服务和优惠。为了充分保护学生的合法权利，英国专门规定了 National Ombudsman 制度，当考生认为个人在大学招生过程中没有得到适当的待遇，如大学延误处理、回答或处理相关问题粗心大意时，考生都可以向国家调查官员舞弊的政府官员上诉，国家调查官员舞弊的政府官员将会根据调查的情况进行处理，并宣布该录取行为合法或非法。

总的来看，英国高校招生考试与美国具有一定的相似性，强调考试机构自治与高校自主招生权是其重要内容。同时，加强社会专业委员会、政府与法律的监督，以维护高校招生的秩序。社会公民具有较强的法律意识和法律信仰也是英国能够实现高校招生考试法治的重要基础。

第三节 德　　国

德国是大陆法系的代表国家之一，习惯用法典的形式对某一法律部门所包含的规范作统一的系统的规定，因此，在高校招生考试领域，相对于美国

---

① 国家教育发展与政策研究中心：《发达国家教育改革的动向与趋势——美国、英国、德国、日本 1988 年期间教育改革文件和报告选编（第六集）》，人民教育出版社，1999 年，第 258～263 页。

与英国而言，有比较多的直接涉及高校招生考试的法律法规。德国公法比较发达。就高校招生考试而言，实施毕业考试的公立中等学校由各级政府举办，其法律关系由公法调整，具有公法机构的性质。公立学校虽然不是严格意义上的公法人，但在学校法的范围内享有一定的自主权，有权决定考生是否具有考试的资格等。由于德国强调公民受教育的自由权，高校有义务接受所有取得完全中学毕业证书资格的年轻人上大学。因此，德国公立大学作为公法人在招生上并不享有真正意义上的自主权。这也是当前德国招生考试改革的一个热点问题。

一、重视制定法对考试、招生的规范作用

德国作为成文法国家，注重法与法律体系的完备。早在 18 世纪，德国就颁布了招生考试的相关法规，加强对大学招生考试的管理。1708 年，普鲁士国王发布了《反对滥用大学学习》的敕令，提出了关于大学入学的标准化和对大学学习进行控制的措施，以实现大学入学前的严格选拔。这是德国历史上关于大学入学问题的第一个法律性文件。1718 年又颁布了《关于青年在中学和大学学习的新规定》，这是一个直接涉及高级教学和大学入学许可的行政条例，共有二十四条，其中大部分是关于大学学习的标准化和教会学校当局候选人员的官方考试问题①。1788 年 12 月 23 日，普鲁士颁布了关于“高级中等学校考试”和“大学考试”的两个条例。条例中指出，“将来所有从国家中学到大学的青年人，在中学毕业后都要进行公开考试，以此获取一个有资格或者不够资格进入大学学习的毕业考试证书”。根据这两个条例，新的大学入学许可标准是：从 1788 年开始，如果大学入学申请者没有通过中学毕业考试，或者没有通过大学入学考试，就再也不应该在普鲁士的大学里注册，即申请者没有获得资格证书就不能进入大学学习，同样也不能得到国家的奖学金。在 1808—1810 年间，当时的教育部长洪堡主持制定了新的《文科中学毕业考试条例》，规定了中学毕业考试的科目、笔试及口试的要求以及评分等级。1834 年，德国实施了新的人文中学毕业考试标准，取消了等级评分，重新以合格、不合格为区分成绩的标准，并将学生的平时成绩包括在毕业考试成绩里，毕业考试合格者可以直接升入大学。这一制度

① 张桂春：《德国大学入学资格模式的历史考察》，《辽宁师范大学学报》（社会科学版）1996 年第 5 期。

沿用至今。1926 年，《高级中学毕业考试条例》的颁布使这一基本制度发展得更为完善。

二战后，德国制定了《德国基本法》、《联邦德国高等教育总法》、《联邦德国高等学校总纲法》，确定了德国招生考试保障公民受教育权、自由选择权等基本原则与内容。根据《德国基本法》第 30 条规定：如果基本法没有其他规定或准许，行使国家职权和完成国家任务属各州事务。此外，该法第 70 条还规定：如果基本法没有授予联邦立法权，则立法权属于各州。由于基本法没有专门授予联邦在文化和教育方面的立法权，因而在事实上确立了各州在文化及教育上的立法权。这些基本原则在各州的宪法与教育法中都得到了明确的体现与延续。

二、法律对考试的监控

1960 年，德国各州教育部长会议通过了《关于完全中学高级阶段教学规定的总纲协议》，成为中学毕业考试规定的基础。为了保证全联邦社会生活状况在某些方面的一致性，统一各州教育上相互承认的标准，使完全中学毕业考试证书具有可比性，联邦主要教育协调机构——州文化教育部长会议 1972 年 7 月 7 日通过《关于改组中等教育第二阶段中完全中学高级阶段的协定》(1988 年 4 月 11 日修订)，1973 年 12 月 13 日通过《关于中等教育第二阶段中完全中学高级阶段毕业考试的协定》（1988 年 12 月 19 日修订)，1979 年 6 月 1 日通过《关于完全中学毕业考试的统一考试要求的协定》(1989 年 12 月 1 日修订)。

根据规定，联邦及各州不举行统一的毕业考试，整个考试工作由每所中学具体组织实施，并成立一个考试委员会（至少三人组成）和一个专业委员会（至少三人组成）负责领导及实施，考试委员会成员应包括一名校长或副校长，考试委员会主席应由教育督导部门的官员或由校长担任①，由主管学校工作的教育督导部门来任命。协定还对考试委员会成员资格作出了规定，即必须通过教师职务的国家考试，并具有中学高级阶段教学的能力。考试委员会对于教育督导部门因违反考试委员会和学科委员会的决定而作出的裁决，考试委员会主席可在州法规定的范围内对教育督导部门提出起诉。而学科委员会主席则由教育督导部门或考试委员会或校长来任命，并且其必须通

① 张桂春：《德国完全中学毕业考试的几个问题》，《教育科学》1996 年第 2 期。

过了这个学科专业的教师职务的国家考试，或者教授过这个专业，才能被任命。考试委员会主席和学科委员会主席的责任与权力很明确，主要是负责对考试规则的解释，特别要负责对考试成绩的统一评定和比较。考试委员会主席有权在考试前干预和提出与考试有关的各种问题，也可接替或兼任学科委员会主席的职务。考试委员会和学科委员会成员对决议进行表决时，实行少数服从多数的原则，但考试委员会必须在 2/3 成员出席的情况下才能作出决定。而学科委员会的决定，则必须由全体成员在场时才能作出，表决时不允许投弃权票。此外，协议还对考试的具体事务，如毕业考试时间的规定(安排在第 13 学级下半年举行)、考试组织机构的设立、毕业总成绩（包括毕业考试成绩和第 12、13 学级的平时成绩两部分）和考试成绩的计分办法及平均成绩的换算方法等，为各州各校具体开展考试工作提供了规范而严格的管理条例，使各州皆有统一的章法可循。

德国高中毕业会考的具体实施根据协议，实行中学自主实施的自主管理模式，联邦政府负责制定命题依据，并对评分标准和试题作最终审查，各州教育行政部门负责考试监督，大学并不参与。对于试题的编制，联邦教育部提出了具体原则，包括三个层次的考核基准：掌握、运用和判断；四个考察目标：再现、组织、迁移和问题解决。试题首先由高中教师编制完成，编出 2 至 3 套试卷，交学科主任审议，再上报国家教育部或州教育委员会，再由经验丰富的专家负责审查，从中选出一套试题密封送回，考试当天启用。

为保证评分标准的公正与统一性，国家专门颁布了统一的评分原则和评分制度，防止个人舞弊，保证评分的客观性。笔试试卷评定的规定与细则由教育督导部门制定，每张试卷首先由主考的专业教师来评分。如果卷面不完整，可将草稿作为判分的依据。每张试卷要求有两位专业教师检查审阅。第二位教师如果不同意第一位教师的评分，可以提出自己评定分数的意见。在出现这种情况时，考试委员会或者教育督导部门再聘请另外一位专业教师来评定分数。教师作为一省的公仆，对其所给分数具有问责性，有必要时甚至须在法庭面对质询①。笔试成绩的最后评分可由考试委员会或者教育督导部门来检查审核，按规定日期将成绩通知给学生②。

① 康乃美，等：《中外考试制度比较研究》，华中师范大学出版社，2002 年，第 92 页。

② 张桂春：《德国完全中学毕业考试的几个问题》，《教育科学》1996 年第 2 期。

此外，针对考试过程中的舞弊行为也有专门的规定：考试试题被提前泄露或考试时给予提示，都将导致这部分考试无效。对于考试中的欺骗舞弊行为，情节严重者将作为整个考试未通过来处理，具体处分由考试委员会或上级督导部门作出决定。情节轻微者，由考试委员会或教育督导部门作出令其补考的决定。如果其舞弊行为在毕业证书颁发后才被发现，那么这个证书由教育督导部门宣布作废。如果考试的一部分不被承认，则这部分成绩按零分计算。考生在考试已宣布开始举行之后不能提出退出考试。如果因疾病或其他重要原因耽误了考试，则由教育督导部门或考试委员会确定重新考试的日期。没有充分理由而缺考，其耽误的考试部分按零分计算。一次考试没通过，只有一次补考机会。已通过的考试不能重考；没有通过毕业考试而要求补考者，至少要在考试后半年或一年才允许登记参加补考。在一个州里因超过了完全中学高级阶段规定的学习时间而必须离校的学生，不允许在其他州再登记参加完全中学毕业考试①。由此可见，德国的中学具有一定的考试权，但这种考试权受法律的监控。

三、法律对大学招生的监控

法律规定，德国大学的社会政治地位相当于州一级的国家机构，是享受自治权的经国家认可的合法团体。大学在州法律监督下，自己负责管理学校的事务。但大学招生的标准、条件、名额、特殊招生等事实上都由相关法律文件专门规定。《联邦德国高等教育总法》（发布于 1976 年 1 月 26 日，修订于 1987 年 4 月 9 日）规定，符合基本法第 116 条规定的每一个德籍公民，若能证明自己已达到在高等学校所要求掌握的知识水平，都有权利选择高等学校进行学习。第 28 条第 5 款规定，如果学生使用暴力，引起暴力，或以暴力相威胁而造成下列后果，妨碍高等学校教育设施的正常运转，妨碍高等学校教学机构的工作，妨碍高等学校教学活动的进行，阻止或企图阻止高等学校教学人员履行自己的权利和义务，则取消其入学注册资格②。此外，法律还规定，在具有同等入学资格条件下，凡服过兵役和公役一年以上者，如支援发展中国家和义务劳动等，高校将优先录取他们。而各州高等学校法对

---

① 张桂春：《德国完全中学的毕业考试》，《中小学管理》1998 年第 2 期。

② 杭州大学中德翻译情报中心译：《联邦德国及巴伐利亚高等教育法规选编》，杭州大学出版社，1991 年，第 30 页。

此还有一些具体规定，如巴伐利亚州宪法规定，每个居住在巴伐利亚州的公民都有权利根据自己的能力和天赋接受相应的教育。必要时还可以用公共资金资助具有天赋的青年学生就读中等和高等学校(《巴伐利亚州宪法》第 128 条)。学校招收学生主要是依据学生的素质、偏好和能力，而不是家长的经济状况和社会地位(《巴伐利亚州宪法》第 132 条)。

按各州达成的协议，高校有义务接受所有取得完全中学毕业证书资格的年轻人上大学，学生可以自由地到任何大学去学习，大学也不能随便拒绝任何学生入学，学生入学后可以自由选择所学专业。后来随着教育的普及和发展，上大学的人数剧增，出现了入学自由和学校承载能力有限的矛盾，这一矛盾尤其在高水平大学和热门专业表现得更为突出。为了解决这一矛盾，1972 年 10 月 20 日，联邦与州之间达成了一项关于高等学校入学名额分配的协议，第一次对高校实行招生限制，规定了各州统一的高校修业申请和录取办法，并在多特蒙德设立了高等学校入学名额分配中心，负责联邦范围内的学额分配工作。1985 年巴登—符腾堡州、巴伐利亚州、西柏林、不来梅、汉堡、黑森州、下萨克森州、北莱茵—威斯特法伦州、莱茵兰—法耳次州、萨尔州、石勒苏益格—荷尔斯泰因州共十一个州达成《关于高等学校入学名额分配的州际协定》，对分配中心的法律地位、招生人数的确定、招生方法、分配方法、择录方法、分配定额、特殊分配方法等作出了专门而具体的规定。这样，即使是受名额限制的热门专业（如心理学、医学、建筑学等），学校也无法自行挑选学生，必须由全国性的机构学习位置分配中心来统一安排。学习位置分配中心将报名学生按照成绩和等待时间进行排队，60%的位置给予成绩好的学生，40%的位置分给等待时间较长的学生。随着形势的变化，处于激烈竞争之中的各高校都希望能自主录取优秀的学生①。1998 年 5 月，德国联邦议院批准通过了新的《高等教育总法》，规定高校有权自行录取受名额限制的热门专业 20%的新生。这样，学习位置分配中心掌握的学习位置数量降至八成，其分配仍按原程序（55%按成绩，25%按等候时间）不变。政府这一旨在增强高校招生自主权的新政策没有引起校方的热烈反应，原因之一是学习位置分配中心依然掌握着 80%热门专业学习位置的分配大权，而且由高校自主录取的 20%的学生是被学习位置分配中心首轮挑选淘

① 杭州大学中德翻译情报中心译：《联邦德国及巴伐利亚高等教育法规选编》，杭州大学出版社，1991 年，第 225～258 页。

汰下来的，并非尖子学生。另外，学校若要通过面试方式录取学生，必须在人力、物力和财力上进行较大的投入。正因为大部分的学校不具备这些条件，所以他们仍按学生的高中成绩择优录取。为了减少自身的工作量，不少学校委托学习位置分配中心代办录取工作。德国高校的招生自主权的缺乏使德国大学的发展面临着种种危机，如何扩大高校自主权是德国教育改革的重要问题，而通过法律的手段来争取自主权的扩大是一个必然的选择。

值得指出的是，德国注重制定法是以社会公民的法律意识和法律信仰为基础的。强调法律至上，强调法律的平等原则，并在法律实践与运行中得到贯彻，是德国法治的基础。法律并不仅仅是国家管理招生考试的手段，同时也是高校与学生维护与争取自身权利的手段。法律保证取得高校入学资格者有自由选择某所高校和系科修业的权利，即使在当前高校容量无法满足入学名额需求的情况下，入学申请者的这种以资格为依据的权利仍然是神圣不可侵犯的。由于高校招生制度中这种重视和尊重资格的传统，保证了招生工作的客观性和公正性。1972 年，德国联邦宪法法院审理的请求入学权的定额案，巴伐利亚、巴登一符腾堡、萨克森、萨克森一安哈特、汉堡以及萨尔六州因为大学入学收费问题向德国宪法法院提起上诉等，都是体现通过法律的手段来保护合法权益的典型案例。

总的来看，德国的招生考试法完备而具体，以社会的法治理念为基础，强调招生考试在法律监督下运行，同时也强调公民受教育权的保护。因此，德国通过法律的制定不仅使整个招生考试过程处于法律的监控之下，也为公民与高校争取合法的权利提供了法律上的支持与依据。

第四节 日 本

日本曾是一个传统的具有君主专制色彩的国家。在明治维新以后，日本选择了适合本国国情的德国法治模式作为自己的范本。二战后，日本吸收了美国法治所遵循的国民主权原则、和平主义和尊重基本人权等基本原则，因此在法治上呈现出既体现本国固有民族传统，又融合两大法系的基本特色。但相对而言，其受大陆法系的影响更为明显。重视招生与考试的法制建设，在相关法律法规形成的过程中注意广泛调查、广泛征求意见，以保证法的针对性与合理性；重视随着时代与情势的变化，加强对相关法规的修改与调整，体现法律法规对招生考试的指导性，是日本招生考试法治的特色。

一、重视法的形成与作用

二次大战结束后，日本高等教育向大众化阶段发展，走上了以社会需求为导向，以多样化的高等教育体系为保障，以发展私立高等教育为主的快速发展道路，逐渐形成了包括大学、短期大学、高等专科学校和专修学校四个层次的高等教育系统结构。这种多层次、多样化的高等教育机构不仅为社会提供了各种不同规格的人才，也满足了人们对高等教育的不同需求。高等教育结构的调整刺激了大学入学制度的改革，改革考试选拔制度成为日本高等教育改革的重点之一。

这一时期也是日本的考试制度变革最为频繁的时期：①1948 年—1954 年，主要引进美国大学入学考试体系 SAT（Scholastic Aptitude Test），日本人称之为进学适性考试。由于美国与日本在教育理念、教学体系、教育方法和内容上差异很大，全盘照搬美国的 SAT 考试体系，不适合日本国情，因此这种考试制度也广受指责，后被终止。②1955 年—1962 年，大学重新恢复单独组织考试的形式。③1963 年—1969 年，这个时期是日本经济高速增长时期，社会上推崇能力主义，认为“人的知识不如人的能力”。日本文部省专门成立了能力开发研究所，力图对学习适应能力、职业适应能力等进行评价，其中包括了新的大学入学考试形式——能研考试。但是大学对此考试反应冷淡，后来又被终止。④1979 年—1989 年，日本国立和公立大学实行了全国统一的 JFAST，日本称之为共通第一次学力考试，前后举行了 11 次。时间之久，影响之广，社会反响之大，在日本历史上少见。后来日本文部省对 JFAST 大学入学考试体系进行了改革，用新的大学入学考试体系取代了 JFAST。⑤1990 年至今，日本一直实行新的考试体系 NCUEE，即大学入学考试中心考试①。

在日本高校招生考试改革过程中，法制在其中起到了重要作用。重视根据社会的发展，广泛征求意见，是相关法规能够实现其功能的重要原因。1969 年日本终止统一的能研考试后，各大学采用单独考试、单独录取的方式，但是，由于各种关系和人情因素的影响，引起了社会对考试制度的诸多不满。为了保证大学入学选拔的基本质量，提供科学的大学入学评价标准和

---

① 何智蕴、鲍健强：《日本大学入学考试体系：从 JFSAT 到 NCUEE》，《比较教育研究》2000 年第 S1 期。

一个公平竞争的舞台，文部省向专门委员会提出咨询要求。1971 年，中央教育审计会提出“今后学校教育综合扩充整顿的基本对策”。1972 年 3 月，大学管理协议会发表《关于大学问题第三次调查研究》。1975 年 4 月，国立大学协会提出《改进大学入学考试制度的最终研究报告》。日本全国国立大学协会提议国立大学实行联合（统一）考试，随后公立大学协会给予了积极响应。1977 年 3 月，日本修订《国立学校设置法》，确定实行统一入学考试，设立大学统一考试的实施机构——具有独立行政法人资格的大学入学考试中心，作为实施和管理国立及公立大学统一考试的机构。1977 年 7 月，文部省公布了统一考试实施大纲，随后，又相继公布了新的大学入学考试方法、日程和有关事项。1979 年，日本正式实施全国统一入学考试。

但 JFAST 在实行的过程中，抹杀了大学的多样性、学科的多样性、教育的多样性、人的多样性。因此，在《日本临时教育审议会关于教育改革的第一次审议报告》(1985 年 6 月 26 日）中，围绕着大学招生问题形成的考试竞争和以偏差值把学生分等级以及把大学分为三六九等的状况，结合偏重学历的社会风气、激烈的考试竞争和一系列教育荒废现象，进行了激烈的辩论，审议会探讨了如何铲除学历社会所带来的弊病等问题，强调应本着给青少年创造和扩大更多的升学机会，放宽大学入学资格，改革大学的招生制度，并以此作为教育制度改革的突破口①，为考试制度的进一步改革打下了基础。

1988 年，日本临时教育审议会提出了新的大学入学考试方案，即以 NCUEE 取代 JFAST。与之相应，大学入学考试中心按 1988 年《国立学校设置法》修正案的规定，承担以下任务：①建立健全日本大学信息库，帮助考生了解所要报考大学的基本情况、考试科目和要求等；②每年 7 月公布各大学第二年入学考试的信息、招生人数、考试方式、不同录取方式的学生配额、不同学部考试的科目组合；③对每年的考试情况进行调查和统计，组织专家分析考试出题情况，改进考试题目的设计工作；④在网络上开设 HEATSYSTEM 信息系统，为社会和考生提供大学入学的各种信息服务；⑤倡导多样化的入学方式等②。

---

① 国家教育发展与政策研究中心：《发达国家教育改革的动向与趋势——美国、苏联、日本、法国、英国 1981—1986 年期间教育改革文件和报告选编》，人民教育出版社，1986 年，第 156～185 页。

② 何智蕴、鲍健强：《日本大学入学考试体系从：JFSAT 到 NCUEE》，《比较教育研究》2000 年第 S1 期。

NCUEE考试体系实施以来，为日本招生考试带来了新的气象。但考试改革的步伐并没有停止，为进一步完善中心考试制度，2000年日本大学审议会发表《关于大学入学考试的改善》的报告，建议推进中心考试的资格化，倡导跨学科、跨科目的综合性试题的导入，主张将听力考试导入到中心考试中，要求增加一年中大学入学考试中心考试的次数，给考生提供更多的考试机会，避免“一考定终身”，并建议设置高中有关人员和大学有关人员协议的场所①。这种强调随着社会和考试改革的发展，加强咨询并逐步上升到法律法规的形式，为日本招生考试法制的完善与运行打下了良好的基础。

二、赋予相关考试机构一定自主权

根据日本行政改革会议提出的《最终报告》(1997年10月)、中央省厅等改革推进本部制定的《关于推进中央省厅等改革的方针》(1999年4月)和日本国会通过的《独立行政法人通则法》(1999年7月)等文件，日本提出实施独立行政法人化的改革行动，其主要内容是政府对于那些已无必要由行政组织直接管理，但又不能完全交由民间机构管理的公共事务和事业，在以立法的方式将其目的、任务和业务范围作出明确规定之后，授予承担这些事务和事业的公共组织以独立的法人资格，使它们在业务经营、资金运用、人事管理等方面享有充分的自主权。尽管独立行政法人机构依然隶属于各个行政省厅，但主管部门和主管大臣今后除了对其事业发展目标给以提示、对其业务发展计划进行必要审查、对其经营绩效作出评估之外，对其通常业务活动则一般不加干预。因此，作为独立行政法人的大学入学考试中心拥有一定的自主权。

在日本，大学入学考试中心必须根据文部省制定的《高中教学大纲》命题，也必须考虑到考生群体的特殊情况，如入学考试中心为具有正当理由缺考者组织补考，时间规定为正式考试日期后的一个周六、周日，并设有特殊考场，各大学录取时都留有名额，以补缺员②。在日本，对于因天灾人祸或父母丧事不能参加考试的学生可以向全国考试中心提出申请，参加补考。在

---

① 崔成学：《日本的大学入学考试中心考试及对我国的启示》，《现代教育科学》2004年第3期。

② 关松林：《日本大学考试制度的历史、现状及未来》，《日本问题研究》1997年第1期。

印刷试卷时，专门为视觉障碍考生提供点字试卷。对于弱视者，通常会放大试题及考试用卷，考试时间也延长1.5倍左右。这是依据残障的不同情形而提供不同的特别措施的做法①。在考试管理中，考场设在全国各大学中，由全国国立大学主持，在同一时间举行。各大学主考中心有包括电传、电话在内的通信设备与国家考试中心直接联系。考试过程按照统一时间表进行，如监考教师集合时间、进入教室时间、考生进入教室时间等。考场监考语都规定得十分清楚，什么时间说什么话，什么时间做什么事，都规定得很死。每位监考教师都发一本监考手册，对考场舞弊行为坚决取缔，但与我国把涉嫌舞弊者、舞弊未遂者均作舞弊处理不同的是，日本讲究证据，规定证据不足时不可取缔，而应让考生先考，考完再做调查②。

三、大学的招生自主权

根据相关规定，日本大学入学考试分两个阶段：第一次为统考(NCUEE)，第二次为各大学自行组织的考试。统考日期全国统一，各大学单独考试日期有先后，有多次选择的机会，并不是一次考试定终身。考试有两种方式，即分离、分割方式和连续考试方式。所谓分离、分割方式，就是一所大学分两次考试，前期日程（A日程）是指日本统一的NCUEE考试，后期日程（B日程）是指各大学单独考试。根据学部（学科专业）不同，考试的方式和科目不一样，但在考试之前学校就确定了入学人数的配额，如前期考试后录取招生人数的3/5，后期考试后录取招生人数的2/5。所谓连续考试方式，即要求考生必须参加两次考试，要有两个成绩，并综合两次考试情况决定录取。考生参加NCUEE考试后，有一部分已被采取分离、分割方式的大学录取了，也有一部分要参加第二次考试。各大学或大学不同的学部可根据自身的学科特点自行决定考生参加几个教科和哪几个科目。如有的大学是5教科，多数大学选择3个或4个教科，最少的选择2个教科。对考试成绩各大学可根据需要进行倾斜式配点，如日本大阪市立大学要求工学部、农学部、经济学部、综合科学部、社会学部的考生都要参加国语、社会、数学、理科、外国语5个教科的考试，但不同学部有不同的分数配点方式③。

---

① 台湾大学入学考试中心研究发展处：《日本大学入学新生之甄选》，《教育资料文摘》1996年第4期。

② 贾非：《考试制度研究》，四川教育出版社，1995年，第122页。

③ 何智蕴、鲍健强：《日本大学入学考试体系：从JFSAT到NCUEE》，《比较教育研究》2000年第3期。

由此可见，大学的招生自主权也在考试中得到体现。但日本大学的系和专业的招生计划，必须报经文部省审查同意，大学自身没有决定权；招生人数的增加、新系科和专业的设置及其招生人数的确定，也必须向文部省申请，经文部省审查同意后，才能安排招生。

第五节　启　　示

不同法系的国家、不同的利益选择、不同的文化传统和政治体制，决定了各国大学招生考试法治的特色与差异。英美法系国家很少直接通过制定法规来规范高校招生考试，而重视分权与自治，高校、考试机构以及中介组织主要承担与实现招生与考试环节的管理。这一基本模式不仅有利于对公权力的制约，有利于防止因权力过于集中而带来的腐败，而且有利于考生与社会参与管理，实现对权力的监督。此外，重视程序、重视法院解决高校招生考试法律纠纷的特殊地位与作用，也是英美法系的重要特点，特别是宪法诉讼对于美国实现高校招生考试法治有着重要的意义。比较而言，大陆法系国家则重视政府在招生考试管理中的地位与作用，倾向于通过成文法实现国家对高校招生考试的管理，强调通过界定高校、政府、考试机构以及考生之间的权利（权力）与义务（责任）来实现法治秩序，因此法律完备而具体。

这种差异与大陆法系、英美法系自身的特点密切相关。英美法系强调经验理性主义，认为社会、语言及法律等不是由任何人设计出来的，不能借助演绎而建构，它们都是经过演化而成的。因此，英美法系注重归纳逻辑，尊重历史经验，强调社会发展的自然演进。而大陆法系则强调建构理性主义，认为社会、经济、法律制度无非是人的创造，因此，人们可以借助一种理性进行演绎推理，并按照推理结果进行设计，乃至重构一种社会制度。因此，注重演绎逻辑，强调对社会发展的观念建构，突出社会追求的价值理性，这种指导思想的差别使得两种法律传统在历史渊源、立法体制、法律理念、司法制度和实践等方面都各自具有鲜明的特征。这种差别不仅表现在实证层面，如程序更重要还是实体更重要，法官立法还是议会立法，遵循判例还是崇尚法典，注重法律原则之归纳还是演绎等，而且表现在法的价值和观念层面，如应突出法的工具价值还是目的价值，应强调法的形式主义还是实质正义，应注重司法的权威还是政府的权威，应首先强调个体自由还是群体秩序等等①。

---

① 参见谢晖：《规范选择与价值重建》，山东人民出版社，1998年，第240页。

应该说，大陆法系与英美法系在高校招生考试法治中的差别正是两种不同指导思想、不同法系特征的具体体现。

值得指出的是，虽然两类法系的差别仍然存在，但英美法系和大陆法系正在日益接近，这也是公认的事实。英美法系与大陆法系在保持各自特色的同时，开始在实质上走向同一，在形式上相互借鉴，“法治的多样性是以某种一致性的共识为前提的，否则，就失去了制度的比较意义”①。这也构成了当前高校招生考试法治的特点与趋势：①普通高校招生考试制度的法制化。虽然英美法系的传统并不重视成文法的制定，但在发展过程中，加强单项法规对招生考试的指导作用与规范作用，同样也成为英美法系招生考试法治的特点之一。高校招生考试法制化意味着招生考试制度的统一性和社会成员享受教育机会的平等性，同时也为招生考试的具体操作提供了法律依据。招生考试法制化使招生考试从报名、考试到招生、管理等都有法可依。从各国的招生法规看，普遍重视招考选拔工作的程序、考试方法、年龄规定及选拔原则中体现受教育机会的平等分配，同时还制定了法律救济措施，纠正考生在考试竞争过程中受到的不公正待遇。在招考选拔的程序方面，许多国家规定考试由专门的考试机构执行。参加考试者，可以要求考试机关提供有关这项考试可靠性的证据，即效度资料。美国许多州的法规都禁止将缺乏效度资料的考试运用于学校的招考选拔②。②法律不仅仅是国家与政府实现管理的工具，也是高校、考生维护与争取自身权益的工具。我国在很大程度上是把法治视为一种富国强民、追赶和实现现代化的工具和手段，较少把法治视为保障公民权利，有效规范和限制政府权力的终极目的。从发达国家的法治来看，法律不仅是实现权力运行的手段，也是维护合法权益的工具。在满足国家与社会的发展需要同保护公民和高校的合法权益之间、在权力与权利之间寻找最佳的平衡点，是任何国家实现招生考试法治的关键问题。正因为如此，一方面加强国家在立法中的作用，保证权力的合法运行，另一方面加强对权力的监督与限制，是国外招生考试法治的经验之一。③重视程序、信息公开。从高校招生考试过程来看，高校招生考试中考试管理权、招生自主权的扩大等，都面临着被滥用和异化的威胁。实行司法审查，加强监督，是保

---

① 罗豪才：《行政法与公法精要》，辽海出版社、春风文艺出版社，1999年，序言。

② 孙霄兵：《受教育权法理学——一种历史哲学的范式》，教育科学出版社，2003年，第305页。

障权力的运行，使之符合公益目的的重要手段。④救济制度的建立。无救济则无权利，无有效救济即无真实权利是法治国家的真谛。通过司法救济等丰富的救济手段保障公民的合法权利，是实现权力监督与制约的重要手段。美国最高法院的宪法诉讼，德国宪法法院的宪法诉讼等，都是维护公民合法权益的重要手段。在我国，高校招生考试的司法救济还刚刚开始，宪法诉讼也仅仅处于讨论阶段。从我国的国情出发，有步骤地借鉴与吸取国外的先进法治经验是重要的途径。

“西方国家的法治经历了漫长的演化历程，在此期间，许多制度理念和制度模式经过了试验和检验，能够保留下来的思想资源和制度形态是有其一定合理性和科学性的，从中选取可资借鉴的内容，可以使我们少走弯路，节省摸索和试验的成本。”[①] 高校招生考试的法治也不例外，尤其对于后发外生型的中国而言，借鉴发达国家高校招生考试法治的经验，有着重要的意义。由于各国政治法律制度、历史文化传统等因素的差异，各国高校招生考试法治在实践中形成了各自的特色，这又导致其在理论观念和制度构架上存在着一定的区别。而法治是整个人类社会数千年文明的共同成果，因此各国高校招生考试法治在深层上也具有某种共性。各国特有的国情决定了各国高校招生考试法治的特色，法治规律的普遍性决定了各国依法行政的深层次共性，这种共性与差异性的共存，也为我国实现高校招生考试法治提供了启示与借鉴。从根本上说，确立法律的最高权威，逐渐实现招生考试制度的法制化，依法治招、依法治考，在实现管理权力与维护权利之间达到平衡，注重招生考试的程序建设，重视对考生权利的法律保障与事后的法律救济，都是我国在实现招生考试法治的过程中必须考虑的问题。

---

① 罗豪才：《行政法与公法精要》序言，辽海出版社、春风文艺出版社，1999 年。

第三章　法治：我国普通高校招生考试发展的目标

随着党的十五大提出依法治国的基本方略，关于依法治国的相关问题得到了热烈而深入的讨论，法治的观念也日渐深入人心，并迅速向社会各个领域推进，依法治教、依法治招、依法治考成为社会各界的普遍共识。但法治对普通高校招生考试领域的价值在哪里？其基本内涵包括哪些内容？依法治招、依法治考的基本原则有哪些？作为普通高校招生考试领域的主体——政府及省级考试管理机构、高校、考生的法律关系如何？各主体应享有哪些权利，承担哪些义务？这些仍是值得进一步探讨的问题。

第一节　法治：普通高校招生考试发展的必然

20 世纪 90 年代中期以来，普通高校招生考试制度一直处于频繁的变动与改革之中，考试内容与形式不断变化；要求扩大高校招生自主权的呼声日益高涨；考试作弊愈演愈烈，招生中的诈骗、勒索等腐败行为引起了公众的不满与愤怒。这些都进一步激发了教育界对教育法规和招生考试法制建设的热情。随着研究的深入，研究者开始注意到“法治”与“法制”的区别和联系，并开始反思高校招生考试法制建设中的不足与缺陷，以寻找合适的法治路径，达到法治的目的。

一、普通高校招生考试与法

法律制度作为由国家制定和执行的社会行为规则，对维持社会秩序、推动社会进步具有重要的作用。社会的发展不是一个自然而然的过程，而是一个对法律依赖程度加深的过程。特别是对社会发展过程中风险的防范，更需要法律的介入。就是说，法律作为人类社会不可剥离的内在特征，不仅是社会存在的必要条件，也是社会发展的必要条件。离开法律，社会的发展虽不能说一定就是乌托邦式的幻想，但利益冲突的破坏作用将给社会带来沉重的代价。利益是社会领域中最普遍、最敏感的问题，同时也是最根本的问题。一个社会里，不同的个体、不同的利益集团、不同的民族和不同的国家之间必然发生不同的利益冲突。在一个超越血缘家族和熟人村落、以社会分工为基础的社会里，秩序的形成需要人类自觉理性的介入①，其结果就是相应制度的形成。从历史的发展进程来看，法律和政策是制度协调中的两种重要手段，法律又是制度协调的核心。法律可以通过制定和实施规则，来抑制和消除利益最大化行为和机会主义行为引起的冲突和对抗，使各利益主体在一定的制度框架内平等有序地实现自己的利益。因此，法律制度对整合利益控制冲突具有至关重要的意义②。

高等教育对社会分层与社会流动的作用与意义是显而易见的。接受高等教育已经成为各个阶层参与社会生活的一张通行证。高考对于大多数人来说，仍然是改变命运的有效途径，广大家长仍然普遍存在望子成龙的心理。与之相对的是，我国高等教育尚未全面进入普及化阶段，优质高等教育资源仍然是相对较为稀缺的资源，能够成为高考中的佼佼者往往意味着名牌大学、名牌专业以及令人羡慕的工作等等。正因为如此，根植于社会背景中的高考，已经成为高中毕业生面临的第一次强制性的“社会（脑体）大分工”，高考的竞争也成为人们一生的政治地位、经济地位等社会竞争在教育领域的缩影③。普通高校招生考试作为对高等教育资源进行分配的重要手段，从来都是利益冲突的焦点，人情关系的困扰，权力的渗透，是当前高校特别是重点高校不得不面对的问题。但这种根植于民族传统与人的本能中的观念与现象，并不意味着恣意妄为。因此，强调法律法规对普通高校招生考试进行规范，以保证人才的选拔是招生考试发展的必然要求。从这方面来说，普通高校招生考试法制本身就承载着对建立普通高校招生考试制度的渴望与追求。但中国招生考试发展的历史表明，并不是有了法制就意味着有了一个体现公正、公平、正义、秩序的招生考试环境；片面地强调法制，并不是治理高校

① 魏宏：《法律的社会学分析》，山东人民出版社，2003年，第90页。

② 陆平辉：《利益冲突的理论与实证分析》，《南京社会科学》2003年第9期。

③ 郑若玲：《试析高考的指挥棒作用》，《厦门大学学报》（哲学社会科学版）2002第2期。

招生考试的万应良药。由此也引发了招生考试研究者对法制有限性的思考。

二、法制与法治

事实上，在招生考试研究者对法制的局限性进行反思的同时，国内法学界早已掀起了法治的思潮。从 20 世纪 70 年代末 80 年代初对法治与人治的探讨，到 90 年代以来法治内涵与法治经济的讨论，再到法制国家向法治国家的转变，在一轮又一轮的法律热中，法治逐渐取代了法制的地位，成为法学界乃至整个社会的主导话语。

法治有广义与狭义之分。广义的法治在古代已经产生，狭义的即现代意义的法治是近代以来的产物①。历史上，现代法治观念与西方自由民主制度的兴起密切相关。对很多人来说，法治就意味着自由民主派法治观。但中国提倡的法治显然与西方的自由民主派法治观有一定的区别，“学者注意到现代法治概念产生于发达的西方自由民主制的背景下，因而对于其是否可以被移植到中国提出质疑。他们怀疑自由民主派法治观无法在中国迥然不同的土壤中生根，于是主张需要一种内生的法治理论——具有中国特色的法治，能够考虑到中国的本土资源、特殊国情、文化传统、历史与意识形态、法律和政治制度的发展现状等制约因素，以及中国仍处于从中央计划经济向以市场为导向的重大转变的过程中这一现实”②。在分析与借鉴西方法治观的同时，研究者注意到了 rule by law（法制）与 rule of law（法治）的区分，于是在中国也相应出现了法制与法治的讨论，出现了“依法治国，建设社会主义法制国家”与“依法治国，建设社会主义法治国家”的争论。

在我国，法制与法治最初是不加区分甚至相互包含的两个词语。20 世纪 80 年代的普遍观念认为，法制与法治都包含了有法可依和依法办事的意思，法治一词可以不用，“根据汉语和英语中法制含义，可以认为法制已经包括了依法治国的意思，没有必要认为法治比法制进步”③。沈宗灵教授在谈到二者的区别时指出：“自八十年代迄今，我国法学界以及社会上，在使用‘法制’一词时，已将它作为一个多义词，大体上包括三种含义。第一种

---

① 于向阳：《法治论》，山东人民出版社，2003 年，第 1 页。

② 裴文睿：《百家争鸣，百花齐放：中国关于法治概念的争论》，梁治平：《法治在中国：制度、话语与实践》，中国政法大学出版社，2002 年，第 35～37 页。

③ 杨宇冠：《谈“法制”和“法治”》，《法学杂志》2001 年第 6 期。

是指法律和制度，或简称法律制度，因为在现代社会中，主要的制度都已成为法律制度，都已法律化。这种法律制度是指静态意义上的法律的总和，例如人们所讲的‘完备的法制’，就是指要有齐全的法律、法规。法制的第二种含义是指动态意义上的法律，即从立法、守法、执法、司法，法律实施的监督一直到法律意识的提高等一系列环节，例如人们在讲‘法制建设’时往往指这种意义上的法制。法制的第三种含义是指‘依法办事’或‘依法治国’的原则和方针。”① 在教育界，也正是在这个意义上来界定法制的概念的：“教育法制一词，主要有两种含义。一种是指国家有关教育的法律制度。凡是一国通过的法律包括宪法、法律、法令等以规范性文件的形式，或以判例法、习惯法等不成文法的形式所确立的有关教育的原则和制度，构成该国的教育法律制度。另一种含义是指一国在实行民主法制的同时，通过立法将其教育事务的管理和教育关系的调整规范化、制度化，并严格地依法治教。其内涵不仅包括通过立法所形成的有关教育的法律制度本身，还包括有关教育的立法、司法、执法、守法、法律监督等全部教育法制活动。”②

随着讨论的深入，有学者注意到二者的区别，强调应当明确区分这两个过去混淆不清的概念，以避免对法治和法制的错误理解，尤其是避免对当代中国法制战略目标的误导；治国的基本方略，应当从“加强法制”转变为“厉行法治”；当然，也有学者认为，法治与法制具有关联性，而且各有不同的含义，因而不能只用“法治”一词而摈弃“法制”③。

1996 年 3 月，第八届全国人民代表大会第四次会议上，“依法治国，建设社会主义法制国家”成为受人关注的重要议题。3 月 5 日，国务院总理李鹏在大会上所做的关于《国民经济和社会发展“九五”计划和 2010 年远景目标纲要》（简称《纲要》）的报告中指出：加强法制建设，依法治国，建设社会主义法制国家，是实现国家长治久安的重要保证。大会批准的《纲要》昭示天下：中国 21 世纪的治国方略，是“依法治国，建设社会主义法制国家”。3 月 17 日通过的大会《决议》更是明确要求：必须把社会主义精神文明和民主法制建设提到更加突出的地位……要坚持和实行依法治国，积极推

---

① 沈宗灵：《再谈“法制”与“法治”二词的词义》，《法学》1996 年第 10 期。

② 郝维谦、李连宁：《各国教育法制比较研究》，人民教育出版社，1999 年，第 1 页。

③ 程燎原：《从法制到法治》，法律出版社，1999 年，第 257 页。

进社会主义法制建设和进程，加强立法，严格执法，不断提高广大干部和人民群众的法律意识和法制观念，努力建设社会主义法制国家①。

中国法学界和法律界，尤其是法理学界，对“社会主义法制国家”的提法迅速作出了积极反应，并进一步激发了关于“法治国家”与“法制国家”的探讨。更多学者力主以“法治”一词代替“法制”一词，认为应当使用“法治国家”而不是“法制国家”。李步云教授指出：把法治与法制视为同义词，甚至主张法治概念可以不用，这是一种误解。实际上，这两个概念虽有联系，但更主要的是具有重大的、原则性的区别②。

在这场讨论中，最终对法治与法制的区别，达成了一定的共识：其一，在内涵上，法制（Legal system）是“法律制度”或“法律和制度”的简称；而法治表达的是法律运行的状态、方式、程度和过程，包括法律的至上权威，法律的公正性、普遍性、公开性等基本要求和法律制约公权力及保障人权等基本原则。其二，在价值取向上，法治强调人民主权（民主精神）、法律平等，反对工具论的法律观，但法制往往不具有这种价值特性。或者说，法制是上位概念，法治是下位概念。即法治是具有特别价值内涵的法制制度，是以自由、平等、人权为精神的法制制度。其三，在与人治的关系上，法治明确地表现出与人治根本对立的立场，这种对立是法治概念具有的鲜明的本质特征。而法制非但不能表明与人治的必然对立，而且可能出现“人治底下的法制”。这种法制正是当今人治的一种形态。可见，法制是可以反法治的。其四，在与市场经济、民主政治的关系上，法治以市场经济和民主政治为基础，是市场经济基础上、民主政治体制中的治国方略。法制则既可以建立在各类经济基础（包括自然经济、计划经济）之上，又可以与各种政治体制（包括专制政体、极权体制）为伴③。由此可见，“法制”与“法治”之争，从表面上看只是名词之争，实际上隐含着观念上的重大差别。

在一系列讨论的推动下，1997 年 9 月，中国共产党第十五次全国代表大会宣告了“依法治国，建设社会主义法治国家”的治国方略和宏图大业；

---

① 《关于国民经济和社会发展“九五”计划和 2010 年远景目标纲要及关于〈纲要〉报告的决议》，《法制日报》1996 年 3 月 18 日。

② 李步云：《实行依法治国，建设社会主义法治国家》，刘海年：《依法治国建设社会主义法治国家》，中国法制出版社，1996 年，第 113 页。

③ 程燎原：《从法制到法治》，法律出版社，1999 年，第 266～267 页。

1999 年 3 月，九届全国人大二次会议向中央建议，采用无记名方式表决通过 1999 年宪法修正案，在宪法第五条增加了“中华人民共和国实行依法治国，建设社会主义法治国家”的内容。这一系列的“法治国家”表述的确认，反映了“法治”与“法制”之争，最终以“法治”的胜利而告终。从“依法治国，建设社会主义法制国家”到“依法治国，建设社会主义法治国家”的转变过程中，我们不仅可以清晰地看到从法制向法治发展的脉络，也可以明了法制与法治的联系与区别：依法治国，建设社会主义法治国家，是社会主义法制建设的目标；法制建设，是依法治国的基础性工程，也是建设社会主义法治国家的基本途径。法制不能替代法治，没有法治目标的引导，法制可能重蹈人治的覆辙；同样，法治也依赖法制，没有法制，法治也就成了无源之水，无本之木。

三、法治：普通高校法制建设发展的必然

法治的讨论在中国引发了一轮又一轮的法律热，并使法治的概念深入社会各界。一时间，社会各个领域掀起了从依法治国到依法治省、依法治市、依法治县、依法治乡等依法治理的热潮，此起彼伏，经久不息。从某种程度而言，依法治招、依法治考也是这场依法治理运动的产物。因此，似乎法治招考一开始就有盲目的情绪和特征，但如果我们考察中国招生考试发展的历史轨迹，分析国外高校招生考试的特征与趋势，联系中国当前高校招生考试改革的现实与问题，就能明了提倡法治对于当前中国高校招生考试法制建设的意义与必然。

（一）法治是我国高校招生法制建设的历史总结

中国的招生考试领域，从不缺少法，也不缺少法制建设，科举时代的末期更是通过种种严刑峻法加强对考试的管理。科举时代、民国时期以及新中国成立后几十年招生考试的历史都表明：虽然法律数量越来越多、应用法律的熟练程度越来越高，但社会对招生考试所期望的公平与公正还远远没有达到。科举时代虽然制定了严密的防范程序与制度，对违反法规的考生与部分官员执行严格的惩罚，但始终无法改变法律因人而设、因人而废的状况，也无法改变特权阶级在法律上享有特权的制度。最终完备的法律成为一纸空文，既无法对作弊者与投机者实现有效的威慑，也无法阻止监督者与执法者贪污、勒索行为的蔓延。民国时期，招生考试法制越来越成为政府控制高等学校的工具。“文革”时期，虽有一定的招生考试法制，但并未有效地实施。

“文革”以后，虽然颁布了一系列法律法规，但招考领域的作弊、索贿受贿、欺蒙诈骗等问题并没有得到很好地解决。总的来看，从科举时代到新中国成立后的相当长一段时期，招生考试法更多的是管理法，是国家管理招生考试的工具，是对违法现象进行惩治却缺乏对权利进行保护的法。这种对公民合法权益的漠视，最终使法制成为“治下不治上、治外不治内、治民不治官”的法①。这些历史的教训表明，法治与法制是不同的概念。漫长的招生考试法制建设的历史构成了我国招生考试领域法治探索的前期，但还不是法治时期。只有在法治的观念下，重视培育公民法律至上、法律面前一律平等的法律意识，树立对权力的制约与维护权利的思想，加强法制建设，严格执法，有效监督，才能达到法治的状态，从而维护招生考试的秩序与公平。

（二）法治是国外高校招生考试的基本特征与共同趋势

法治精神是西方政治法律文化的核心精神，西方社会的发展与法治精神休戚相关。当然，法学界对于法律移植的态度从来都呈现出两种不同的观点：支持者主张加快移植发达国家的法律制度，同国际社会接轨，以实现中国法律制度的转型与现代化；而反对者则强调法律的文化传统与开发本土法律资源的重要性，并从法制史上法律移植失败的例子中寻找佐证②。笔者认为，尽管大陆法系与英美法系在法治的进程、形式与风格上都呈现出一定的差异，但这种根植于各国的文化传统与社会基础之上的差异性也映射出法治的基本规律。在法治精神渗透下的招生考试管理，强调对权力的制约、对权利的保护等，是国外招生考试管理的经验之一。我国深受大陆法系的影响，注重通过制定法以实现法治的目的。但值得指出的是，大陆法系注重制定法的基础在于社会对法律精神的崇尚与遵循，而且法律体系完备而具体，以实现法律对招生考试的监控，同时完备的司法途径和程序也为公民维护自身的合法权益提供了有效的救济方式和途径。

就这个层面而言，中国高校招生考试法治的实现还有很长一段路要走。

---

① 马长山：《社会转型与法治根基的构筑》，《浙江社会科学》2003 年第 4 期。

② 参见王晨光：《不同国家法律间的相互借鉴与吸收——比较法研究中的一项重要课题》，《中国法学》1992 年第 4 期；贺航洲：《论法律移植与经济法制建设》，《中国法学》1992 年第 5 期；苏力：《法治资源及其本土资源》，中国政法大学出版社，1996 年；夏新华：《法治：实践与超越——借鉴外域法律文化研究》，中国政法大学出版社，2004 年。

一方面，我国招生考试法还停留在“管”的层面上，因此在强调管理部门的管理权限的同时，缺乏对权利的保护意识，也缺乏畅通的司法途径与程序维护考生及其他主体的合法权益；另一方面，由于人治思想的根深蒂固，在法律实践与运行中，往往有法不依、执法不严、违法不究，因此社会缺乏法律信仰与法律意识，甚至对司法途径产生了畏惧与怀疑心理。这未尝不是我国普通高校招生考试法治进程中必须关注的问题。此外，英美法系中对程序的尊崇、对非营利组织的重视、对权力的制约机制等也是值得我们借鉴的。当然，借鉴并不是复制与照搬。世界上并不存在绝对完美的制度，只存在最合适的制度。美国的宪法诉讼是美国公民实现自身权利的途径，未尝不是美国种族冲突的部分写照，能否在现阶段移植美国或者德国的宪法诉讼，仍然是一个值得讨论的问题。同样，如何借鉴国外高校招生考试的法治经验，根据社会经济、政治制度的变革趋势，考虑自身的传统，寻找某一时期最合适的法律制度，是当前中国高校招生考试法治进程中值得研究的问题。

（三）法治是当前高校招生考试实践的现实要求

改革开放以来，在反思传统人治观念的基础上，我国逐步确立起核心的法治观念，整个社会在这场普及法治意识的运动中提升了法律意识，社会公民维权意识逐渐复苏与觉醒，行政法的权力结构从重权力、轻权利向权力和权利并重转变。行政诉讼法的颁布，使权力结构的重心开始发生偏转。20 世纪 90 年代颁布的国家赔偿法、行政处罚法、行政复议法促进了这一调整，初步形成了权力和权利良性互动的局面①。在普通高校招生考试的内部，随着对政府与市场关系认识的不断深化，政府开始逐步转变职能，将部分职能让渡于社会，政府职能逐渐从全能型政府向有限型政府、从管制型政府向服务型政府转变。高校在这一行动中获得了更多的自主权，以前属于政府机构的部分省级招办在机构重组中成为事业单位，如何规范它们的行为、加强权力监督仍然是一个不可回避的问题，社会特别是考生与家长更加关注个人受教育权的实现与维护。因此，考生与高校、考生与各级招生考试管理机构、考生与考生之间的法律纠纷日益增多，通过信访、舆论监督、诉讼等方式来维护自己利益的事件也越来越多。现代通信技术被利用为作弊的重要

① 莫于川：《中国行政法治发展进程的回顾与前瞻》，《河南省政法管理干部学院学报》2004 年第 3 期。

手段，行为之恶劣、后果之严重已是有目共睹，但传统的行政干预手段和相关法律在解决此类纠纷时往往捉襟见肘。各种新的问题的出现已经不是《普通高等学校招生暂行条例》所能够囊括与规范得了的。从某种意义而言，《普通高等学校招生暂行条例》已形同虚设，教育部每年重新颁布《普通高校招生考试规定》本身已经说明过去颁布的《普通高等学校招生暂行条例》的局限与不足。

上述高校招生考试面临的新环境、新问题引起了研究者的关注，传统的法制观念已经无法适应高校招生考试改革的需要与变化。在"依法治国，建设社会主义法治国家"上升为治国方略的大背景下，深受行政法影响的招生考试法制建设也从中吸取了许多营养，法治开始成为高校招生考试改革的一个新的方向和亮点。2002 年提出的依法治招就是要依法规范、管理和引导招生工作，包括提出招生工作的实体性要求和程序性要求，把招生工作纳入法制化的轨道，同时要求制定招生章程必须遵循合法性、合理性和公开性的原则①。2003 年，教育部明确提出"依法行政、依法治招是深化高等学校招生管理制度改革的核心"，"要依法规范和完善高等学校招生章程"②。2004 年，在社会各界千呼万唤的情况下，教育部颁布《国家教育考试违规处理办法》，由教育部考试中心和重庆教育考试院联合承担的课题"国家教育考试法"也在酝酿之中。在加强法制建设的同时，在实践中强调考生在招生考试法律关系中的地位、合法权益和权利救济；强调政府、高校以及相关管理部门的权限范围、责任、执法程序，要求改变过去单纯的命令与服从方式，突出其服务与掌舵职能；强调对招生考试过程中权力的监督，特别是考生与社会的权力监督，而不是过去单纯的行政监督。这些成为法治的重要内容，也为当前招生考试改革实践带来了新的变化与气象。

总而言之，进入 20 世纪 90 年代之后，在依法治国确立为治国方略，并且写入宪法的大背景下，依法治教、依法治招成为普遍的共识，虽然在提法上究竟是"依法治招"、"依法治考"或是"法治招考"还存在一定的差异，但法治的理念不仅得到了研究者的认同，也在高校招生考试改革实践中初步

---

① 瞿振元：《深化改革依法治招——高考改革暨 2002 年普通高校招生工作思路》，《中国教育报》2002 年 4 月 17 日。

② 《教育部关于做好 2003 年普通高等学校招生工作的通知》（2003 年 1 月 10 日），http://www.moe.edu.cn/wreports/20030003/06.htm[2004-11-6]。

实现了，并取得了一定的成绩。依法治招、依法治考、法治招考虽然在形式上延续了依法治国、依法治教的脉络，但也蕴含了我国高校招生考试改革的必然。法治不仅是中国高校招生考试法制建设发展的必然，也是当前高校招生考试实践的现实要求。

第二节　普通高校招生考试法治的内涵

法治在高校招生考试领域，通常被概括为依法治招、依法治考①。当依法治国、依法行政、依法治教、依法治招、依法治考已经成为人们耳熟能详的词语时，重新去追问这些词语的内涵，在某些人看来，似乎是一个无聊的文字游戏。但事实上，对于一个似乎不言而喻、不言自明、理所当然的问题，人们在具体的认识上，却充满了矛盾与混乱，而在实践中法治又常常被简单地理解为加大招生考试立法的力度。什么是依法治招、依法治考？其合理内涵是什么？依法治招、依法治考与招生考试法律法规是什么关系？这一系列问题的明确，对于招生考试的法制建设都有着重要的意义。

一、依法治招、依法治考与以法治招、以法治考

依法治招、依法治考、法治招考等词来源于依法治国、依法行政、法治国家的推演，同时也是我国普通高校招生考试实践的现实要求。普通高校招生考试作为分配高等教育资源的重要手段，从来都是利益冲突的焦点，尤其是在优质高等教育资源有限的情况下，高考已经成为高中毕业生面临的第一次强制性的“社会大分工”。在这场众人瞩目的竞争中，如何防止人情关系的困扰和权力的渗透，维护考生和高校的合法权益，维持招考过程中的公平与公正，是国家、社会、个人对招生考试制度建设最根本的要求，法治招考的提出蕴含了我国高校招生考试改革的必然，有其现实性与迫切性。事实上，随着高考舞弊事件以及招生事件日益成为高考的热点话题，早在2001年

---

① 对法治与依法治理的关系，不同的研究者有不同的看法。有些研究者认为，法治就是依法治理，而有些研究者认为两者是不同的概念。就普通高校招生考试而言，笔者认为法治招考与依法治招、依法治考是既有联系又有区别的概念。法治招考更侧重目的，而依法治招、依法治考更侧重于过程与手段。但在使用上，人们习惯于将两者等同起来。

全国普通高校招生工作总结研讨会上，就已经提出了依法治招、依法治考的理念①，其内涵也逐步得到确定与丰富。"'依法治招'就是要依法规范、管理和引导招生考试工作，包括提出招生考试工作的实体性要求和程序性要求，把招生考试工作纳入法制化的轨道"②，它是"使学校、考生等各方面权利得到切实保障，维护高考声誉，使高考改革步入新境界的重要工作。"③

对依法治招、依法治考，人们往往简单地理解为以法治招、以法治考。实际上，两者是既有联系也有区别的不同概念。相通之处在于两者都重视法律在招考过程中的作用意义，不同之处在于两者对行政管理者与法律之间的关系有不同的处理。依法治招、依法治考的含义是依据法律来管理招生考试；而以法治招、以法治考是指运用法律手段来管理招生考试。但是，运用法律手段不能等同于依法办事。同时依法治招、依法治考也绝不仅仅是用单一的法律手段简单地取代过去单一的行政手段，而是综合运用法律手段、经济手段和行政手段及其他手段来管理考试。

以法治招、以法治考意味着法律仅仅是治理招生考试的一种手段，在法的地位之上还有以法律为手段的管理者的权威，这就先决地赋予了政府、教育行政部门绝对的主导地位。在这种理念的指导下，法律必然成为管理的手段和工具，而且是管理考生、高校的工具，而管理者本身却无须受法律的约束。主管部门的行为与现行法律相一致，完全是一个由管理者随时用功利性判断来自由选择的问题。具体而言，当法律能够为自己的管理服务时，管理者把法律挂在嘴边，强调法律应该成为各个主体应严格遵循的行为准则；而当管理的现实目标与既定的法律规则发生冲突，或在具体情境中，管理者所理解的实体正义与程序正义发生冲突，从而约束或阻碍了自己的行为时，则把法律置于一边，法律成为可有可无的摆设，规则和程序便都变成可以被忽略的因素。以此种观念为指导，公权力所作出的任何决策和行为都会被认为具有天然的合法性——如果它们碰巧与既有法律中的普遍标准相一致，则其

---

① 《加强监督　依法治招　把招生管理工作推向新台阶》，《湖南教育》2001年第23期。

② 瞿振元：《深化改革依法治招——高考改革暨2002年普通高校招生工作思路》，《中国教育报》2002年4月17日。

③ 《教育部关于做好2002年普通高等学校招生工作的通知》，http://www.hazcj.cn/CMS/Article/OldData/1704/index.htm[2004-11-6]。

合法性自不待言；如果它们与这些规则和标准相矛盾，则可以取而代之并以自己作为自己的标准①。

法治反对纯粹的法律工具理性主义，但并不排斥法律的工具性。依法治招、依法治考并不排除政府与教育行政管理部门以法律作为治理招生考试的重要手段，但在管理者与法律的关系问题上，强调的是法律的主导地位，强调法律是一种超越任何当事人之上的普遍化的游戏规则。这意味着政府及其教育行政部门必须根据和依照法律所批准的方式来思考和行动。政府与相关教育行政部门固然可以作为治理者向社会发号施令，可以要求受治理的公众与院校服从自己的支配，但是，这要以一种普遍化的平等守法义务为前提。因此，法治并不仅仅针对考生群体，对高校、各级招办及其工作人员、教育行政管理部门以及其他社会成员而言，无论是身居高位或者是平民百姓都共同承担普遍化的平等守法义务，合法享有法律所规定的权利。这样，在法律面前人人平等的原则下，管理者及其权力也被纳入法治的范围。管理者与受治者是否共同承担普遍化的平等守法义务，此种义务在法律的制度设计和实际操作过程中能否得到切实的体现，是区分依法治招与以法治招、依法治考与以法治考最主要的标准。

二、依法治招、依法治考：依据什么法律法规

依据什么法律来治理招生考试，这牵涉到一个法理学的基本问题：法律是什么。对此似乎每个人都可以有很多的感受与说法，但要给出一个精确的定义却又很困难②。从古代的亚里士多德到现代的德沃金、波斯纳等法学大师，从自然法学派、分析法学派、社会法学派到后现代法学派，几千年的智慧都在围绕着这个主题试图得到一个合理的解释。但事实上在人们对法律价值和意义的理解越来越清晰的同时，人们对法律究竟是什么的理解却越来越复杂，越来越多样，也越来越模糊了。

对于法律是什么，不同文化背景下的人们各有不同的理解。在中国传统文化中，法往往被理解为官府制定并向老百姓及社会公布的行为准则，是国王或君主治理国家、控制官吏与民众的工具。而在西方法文化中法有实在法

---

① 郑成良、董进宇、霍存福：《论依法治国之法理要义》，《吉林大学社会科学学报》1996 年第 4 期。

② 参见刘星：《法律是什么》，中国政法大学出版社，1998 年。

与自然法之分，实在法是指世俗社会由国家机关制定的法律，它只有合乎自然法所体现的正义，才被称做法，否则就是“恶法”，而“恶法非法”。这意味着，西方对法的理解，除了实在法之外，还存在超越实在法之上，来自宇宙运行中所遵循的普遍法则，并具有永恒性的自然法。它既是评判实在法善恶的标准，也是指导人类言行的理性光环。实在法从形式上看，是由国家或君主制定的规范人们行为的准则和尺度，具有强制性。但法对社会来说，与其说是强制性的控制，毋宁说是讲究艺术的管理。西方法也强调法的强制性和约束性，但它更强调把法律与权利、自由这些抽象的观念联系在一起。克里西波斯说：“人们必须把法律看成是管理者。”正是从这个层面来看待法律的。由此可见，西方的思想家们从自然、理性、正义、自由的角度思考法，法由单纯的手段变为目的，把法推向了宇宙本体论的高度，从而弘扬了法的无上权威。当西方人用蕴含理性、正义的自然法标准去评判实在法的优劣时，可以感到这种二元分立的法文化理论所具有的内在发展潜力及其开放性价值取向。严格地说，我们所提到的依法治招、依法治考正是从这个角度来理解的。一方面，我们要强调依法治国、依法治教、依法治招、依法治考的必要性与重要性，强调法治的意义；另一方面，我们也要保证法律自身的公正、正义等价值得到彰显，使之成为真正意义上的良法。因此，依法治招、依法治考的“法”不仅包括法律规范，也应包括法律原则、法律目的和法律精神，而不能停留在法律具体条文的理解上。

对于法律是什么，不同的主体也各有不同的理解。法对公民而言，从根本上来说是对自由和权利的保障，是为了保障人民的安全、国家的安宁及促进公共的幸福，而不是束缚。但不同的人在不同的情境下也会有不同的理解。在很多人的观念中，见诸白纸黑字的规定就是法律，根据这样的观念，自然而然就会认为依法治招、依法治考的重点就是要专门制定有关考试招生的法规；有人认为法律就是法庭进行宣判所依据的法条；有人认为法律就是由国家专门机关制定、认可和解释，以权利义务双向规定为调整机制，依靠国家强制力保证实施的行为规范等。可以说，试图界定一个达成共识的法律定义是徒劳的。但可以确定的是，既然法有良法与恶法之分，治理招生考试所应遵循的法律应该是反映社会民主的趋势，反映广大人民的根本利益与要求的法律。当然，从高校招生考试法律体系来看，大量的法规集中在行政规章这一层次（在我国，部门规章只能作为参照而不是办案依据），正因为如此，招生考试领域的部门规章必须符合宪法、法律和行政法规的精神，否则就是无效的。

针对当前招生考试的实际，其中一个突出的问题是，政策应不应该成为依法治招、依法治考的一部分。严格地说，政策与法规是不可以混淆的。教育政策是国家或政党为实现教育目标而制定的行政准则，它是根据教育面临的形势和任务确定的。因此，不同历史时期，有不同的教育政策。中共中央、国务院经常对教育工作联合发布指示、决议、通知，其中关于教育政策方面的内容，既是党的教育政策，也是国家的教育政策。凡经过实践证明是行之有效的、成熟的教育政策，通过一定的法律程序，可以转化为国家的教育法规。教育法规是有关教育方面的法律、法令、条例、规程、规定、决议、决定等规范性文件的总称。教育法规是现代国家管理教育的基本依据和重要手段①。因此，政策与法规有着千丝万缕的联系，也有着本质上的区别②。

---

① 萧宗六：《教育方针、教育政策和教育法规》，《人民教育》1997 年第 11 期。

② 这些区别包括：(1) 教育政策是由党中央、国务院制定的，教育法规是由国家权力机关和国家行政机关按法令程序制定的。(2) 教育政策是制定教育法规的依据，教育法规是教育政策的具体化。(3) 教育政策决定教育法规的性质，教育法规的内容体现党和国家的教育政策。(4) 教育政策多以指示、决议、决定等形式来表现，教育法规则以法律、行政法规、规章等形式来表现。(5) 发布的形式不同。教育政策多数由发文机关用红色字体的标识形式颁发，俗称“红头文件”，有的教育政策仅在一定范围内传达，在有些情况下让部分党员群众知晓便可，不必向全社会发布。教育法规则多数以主席令、国务院令、部（委）令、省（自治区、直辖市）以及省会所在地的市（包括国务院批准的较大的市）人民政府令的形式向全社会发布，俗称“黑头文件”。(6) 执行教育政策，主要靠宣传教育和深入细致的思想工作，执行教育法规则带有强制性，要求人人必须遵守。(7) 一般地说，教育政策比较灵活，适应性强，稳定程度稍差，其制定、修改、废止相对容易，其柔性明显。而教育法规是教育政策的定型化、稳定化，是经过反复调研、论证和审议才颁布的，一经出台施行，在一定时期内就有法律效力，其修改、废止必须要经过较长的时间检验后，再由法定的机关按照相应的权限和程序办理，其刚性较强。(8) 成熟了的教育政策可通过法定程序转化为教育法规，但一旦形成法规之后，教育政策不得与教育法规相抵触。(9) 备案方面的不同。教育政策备案要求不那么严格，没有一整套备案的硬性规定，按照公文处理，可以按照档案管理要求归档即可。而教育法规备案则有法定的一套规定，必须分别按照《中华人民共和国立法法》中的备案专门条款和国务院专门发布的《法规规章备案条例》执行。教育法规与其他部门法规一样，都要经过法定机关进行实质性审查，然后予以备案。参见萧宗六：《教育方针、教育政策和教育法规》，《人民教育》1997 年第 11 期；王颖：《刍议教育政策与法规》，《广西教育》2002 年第 15 期。

法规的因素中包含了政策的因素，法规是政策成熟的标志，但并不是所有的政策都能成为法规，只有经过实践的检验，证明行之有效的政策才能上升为法规。过去由于过分重视政策的作用，片面地变成一个无形的规则：有法规依法规，但还得适合政策；没有法规，依政策，有了政策也就不需要法规。这种思想严重妨碍了中国法制建设的进程。对此，有研究者尖锐地指出：靠政策治理的实质是一种人治。政策如此权威和广泛地运用，是同计划经济体制、政府在计划经济体制下的万能作用和管理者习惯的工作方法紧密联系在一起的。任何社会都需要政策，因为没有政策就没有社会有目的的发展，也就没有法规的适时制定和实施。但政策不能过于膨胀和泛化，充斥整个社会，排斥法规的作用。因此，在计划经济向市场经济的转变过程中，我们也必须实现由依靠政策到依靠法规的转变①。目前，中国招考制度的一个现实是以政策为主，法规相对较少或难以在实践中发挥作用。但如果我们寄希望于政策成熟上升到法规后再依法治招、依法治考，不仅不符合广大群众的利益与社会的要求，还将延误中国高考制度法治的进程。因此，笔者认为，依法治招、依法治考在最初阶段是应该包括政策的，这是在我国高校招生考试法制建设不完善的情况下的一种必然选择。但随着法治理念的推进以及实践的总结与验证，政策与法规的界限将会逐渐区分，法规将成为治招、治考的主要依据。

三、谁来依法治招、依法治考

依法治招、依法治考的主体是谁？这似乎是一个不需要论证的问题，在我国倾向于将管理者定位于主体。在我国，历来就有专门的招生考试管理机构，即教育部及其下设的各级招生考试管理机构。从当前的现状来看，省级招生考试管理机构成为实施招生考试的最直接的部门，同时也是承担着监督院校录取工作的职能部门。因此，教育部以及各级招办自然成为依法治招、依法治考的主体。但教育部与各级招办并不是唯一的主体。

高校是不是依法治招的主体呢？根据我国的高等教育法以及相关高校招生考试条例规定，普通高等学校享有招生自主权。但在实践中，由于考生及其家长往往习惯找省级招办讨个说法，这样做一方面使省级招办在招生过程中面临着巨大的压力，因此要求高校严格按照成绩高低进行录取，高校的招

---

① 蔡定剑，等：《从政策社会到法治社会》，《中外法学》1999 年第 2 期。

生自主权难以真正实现；另一方面，部分高校在招生过程中出现的种种问题，使社会对高校的招生行为持怀疑态度，考生不愿找高校来解决遗留问题，或者由于种种原因，高校也无法真正承担起对考生解释相关遗留问题的责任。笔者认为，随着高校招生权的真正落实，上述问题也会在实践中逐步得到解决。高校依法颁布该校的招生简章，并按照相关法规以及招生简章的规定，实现招生录取的自主权，并对招生过程与结果负责，这是一个必然的趋势。高校应该是依法治招的主体。

考生是不是依法治招、依法治考的主体呢？从传统的观点来看，考生属于被管理的对象，只能服从相关部门的管理与命令，似乎不属于治理的主体。但随着社会权利意识的增强，考生及其家庭维护自身合法权利的意识日益高涨，要求增强招生考试的透明度、实现自身的知情权与参与权成为招生考试领域的新气象。同时，他们也成为监督高校与相关管理部门合法使用权力、揭露与惩治权力腐败、维护招生考试正义与秩序的生力军。因此，考生无疑也应成为依法治招、依法治考的主体，只是这类主体不属于执法的主体而已。因此，依法治招、依法治考的主体不仅包括各级行政机关，即各级人民政府及其教育管理部门和招生考试管理部门，包括各级权力机关、审判机关和检察机关，还包括高校、考生、新闻媒体及社会大众等等，并在依法治招、依法治考中扮演重要的角色。只是不同的主体在不同层面、通过不同的途径和方式实现对普通高校招生考试的监督与管理而已。

四、模式的转变：从管理到合作、服务

随着社会对招考的关注逐渐理性化、考生维权意识以及高校自律意识的增强，政府及其教育行政管理部门应逐渐从管理者向服务者转变。这不仅仅是名称上的变化，更是精神上的再造。服务意味着传统单纯的以层级节制的权力体系和严格缜密的规章制度约束为显著特点的管理不是管理的全部，而是在民主和法制的制度框架内，管理行为更多地强调社会公共利益，强调满足考生与社会大众的信息需求、发展需求与合法利益，保障考生与高校具有相应的知情权、选择权与参与权。同时，服务意味着管理公开、信息公开，管理机构不是管理行为的权威与主宰，必须正视考生、高校、社会在招考过程中的主体地位。把依法治招、依法治考片面地理解为职能部门依法“治”考生，或将依法治招、依法治考曲解为“以罚治考”，把管理仅仅变成“官管”以及相应的惩罚，这些观点显然都是错误的。依法治招、依法治考的

“治”是治理，而非管制，是管理和服务的统一；不是消极地运用法律手段来管束、制服作为应试主体的广大考生，而是旨在考试管理中能动地开展依法管理，充分调动广大考生及考试管理人员的主观能动性，维护考生权益，教育引导全体考试工作人员及考生依据法律法规约束自我行为，形成依法管理的良好氛围，由此维护考试的公正性、权威性。招考管理的基点也不应是管理者内部一厢情愿确定的，仅仅反映管理者的要求和意图，而应充分听取与吸纳招生考试过程中最大的相关者——高校、考生及其家长的参与和建议。此外，服务还意味着积极的管理，我们强调服务，并不是否认管理、否认权力，也不是单纯的限制权力。因此，我们既应关注权力不能做什么，从而避免权力的恶，更应关注权力能够做什么，从而致力于发挥权力的善。积极的管理从本质上而言，意味着在法律的职责范围内积极地、主动地提供公共服务。

与服务相一致的是各主体间的合作与参与。各主体全方位的、多层次的合作，构成了尊重与平等对话的基础。管理机关与考生、高校、社会之间的合作以提供服务而实现，而考生、高校、社会与管理机关的合作则表现为配合、监督与参与。庞德指出：“关于合作的观念远比我们用以衡量事物的竞争性的自由自我主张的观念，更接近于今天的城市生活的现实情况。”[①] 合作事实上已经成为社会发展的主流与共识。“人们之间具有共同的利益关系，因而要求在行动上必须共同协作；人们之间具有不同但却一致的利益关系，因而要求在行动上必须相互合作。”[②] 由此可见，管理机关、高校、考生与社会之间的合作源于法治的根本目的，即维护社会公共利益，维护招生考试改革的公平与秩序；源于社会公共利益一致基础上的各种利益的冲突与平衡。合作不仅是考生与管理者、管理机构的合作，还包括考生与高校、高校与管理机构、高校与各级招办、社会之间的普遍的合作。合作不是单纯地配合、服从管理部门的工作，不仅仅是考生在诚信的基础上参与招生考试，高校在遵守政策法规的前提下履行招生自主权，更为重要的是，各主体合法地享有参与和监督的权利，以防止权力对考生合法受教育权的伤害，监督权力积极履行相应的职责，利用权力更好地为社会和考生、高校服务，维护整个招考过程的秩序与和谐，并以主体的身份对招生考试流程提出合理的意见和

① 庞德：《通过法律的社会控制》，商务印书馆，1984 年，第 67 页。

② 狄骥：《宪法论》，商务印书馆，1962 年，第 64 页。

建议。参与是合作的本质内容，只有积极参与，才能保证人民的意愿能不断传递给领导者[①]。只有在真正的合作、参与的基础上，考生、考生的受教育权、高校的招生自主权以及社会公共利益才能真正成为管理行为的关注点，而不是被边缘化。各级招办不仅是单纯的管理机构，而且是考生与高校之间的中介、沟通者与协调者；不仅是考生利益的代言人，也是高校利益的表达者，为满足双方的共同利益和社会公共利益搭起合作与沟通的桥梁。因此，从根本上说，普通高校招生考试法治秩序的建立是政府、管理者、考生以及社会共同合作促成的道路选择，其所倡导的服务与合作观念和模式的转变，意味着社会公共利益与个人利益的一致，意味着各主体间的相互尊重、信任与支持。

五、依法治招、依法治考中法律的限度

不言而喻，法律具有高度的权威，现行法律规定是衡量人们的行为违法与否的标准。但是，不能把法律的权威性绝对化，因为各种现行法律法规并不都是完全正确的，更不是永远正确的，随着实践的发展有些规定会变得不符合实际。目前法学界对法律自身的作用与价值有了更多的反思。张维迎在《法律与社会规范》一文中指出："法学界、经济学界及其他社会科学界过去十多年的研究表明，法律的作用被人们大大高估了；社会规范，而非法律规则，才是社会秩序的主要支撑力量。特别是，如果法律与人们普遍认可的社会规范不一致的话，法律能起的作用是非常有限的。认识到这一点对正在迈向一个法治国家的中国来说尤为重要。"[②] 这意味着尽管法律是一种必不可少的具有重要作用的社会生活制度，但是，它一样也存在一些弊端。如果我们对这些弊端不给予足够的重视或者完全视而不见，那么它们就可能带来各种各样的问题。法律的这些缺陷，部分源于它所具有的守成取向，部分源于其形式结构中所固有的刚性因素，还有一部分则源于其控制功能相关的限度[③]。认识法律法规在招生考试过程中的限度，对于我们重新认识和界定依法治招、依法治考的内涵，有着重要的意义。

① 阿尔孟德：《比较政治学》，曹沛霖译，上海译文出版社，1987 年，第 183 页。

② 张维迎：《法律与社会规范》，《文汇报》2004 年 4 月 25 日。

③ 博登海默：《法理学：法律哲学与法律方法》，邓正来译，中国政法大学出版社，2004 年，第 419 页。

（1）在现代社会，法律逐渐替代其他治理方式，成为社会重要的治理方式。但法律不是没有边界的，法律能解决的问题，可能在整个社会中只占一部分。社会行为的引导，不仅仅需要法律，还需要道德、规范、习惯、信仰等。同样，招生考试活动中存在种种法律关系和行为，法律只是调整这些行为与关系的方法之一，除了法律以外，参与调整这些关系的还有其他社会规范形式，如道德、习惯、宗教、纪律等。虽然通过法律的手段调节招生考试中的行为关系十分重要，但并不是所有的行为关系都能够用法律来调节的。所以法律控制不可能是全方位的，而是有条件的、部分的。法律手段在招生考试活动中的作用是相对有限的。

（2）招生考试活动复杂而多变，而法律手段作为一种规范体系，其内容必然是抽象的、概括的。现实主义法学指出，法在很大程度上曾经是、现在是而且将来永远是含混和不确定的①。这种论断虽然过于偏激，但未尝不是对法律这种抽象、概括方式的一种担忧与怀疑。因此，法律在处理招生考试领域的诸多问题时，在涵盖性和适应性方面就不可避免地会受到一定限制。亚里士多德曾指出，由于法律影响具有一般性和普遍性，所以就会给解决特殊案件带来困难。从招生考试的实际来看，这一活动本身是一个政策性很强的、变化频繁的、十分复杂的活动，在这一活动中，要处理好高等教育资源有限与广大人民群众需求日益旺盛的矛盾，处理好情、理、法的冲突，维护大多数人的正当利益，必须综合运用多种手段，保证招生考试活动的公平、公正、公开。

（3）如果缺乏具有良好的法律意识和职业道德的工作人员，缺乏必要的物质条件，法制就不可能充分发挥其应有的作用。没有法治的文化环境，法律的作用必然受到限制。这一点，对于正处于社会主义初级阶段的中国来说，更是严峻的挑战。我国招生考试领域的现实是依法治招、依法治考的观念刚刚兴起，立法与执法方面还有很多的不足，有关这方面的研究还远远落后于其他方面的研究，这些都制约着我国招生考试法治的实现。

当前，对于普通高校招生考试法治的实现，学术界和社会民众中有两种情绪：一种是急躁情绪，总盼望在一个短时间内就实现法治，对现实中存在的非法治现象激愤、鞭挞有余，冷静分析、提出建设性意见不足；一种是悲

---

① 张文显：《二十世纪西方法哲学思潮研究》，法律出版社，1996年，第137～138页。

观失望情绪，看不到招生考试法治进程中所取得的成就，对高校招生考试过程中的种种问题过分夸大，认为实现法治遥遥无期，为此抱着无所作为、不求进取的态度①。这两种情绪都源于对法治进程的长期性、复杂性的认识不足，没有把它看作是一个长期、艰巨的实践过程，不利于普通高校招生考试法治的实现。因此，有必要对普通高校招生考试法治的含义作一个总的概括：首先，它是治理招生考试的一种理论或理念、一种思维方式；是市场经济的发展日益深入，竞争、公平等观念日益深入教育管理、招生考试管理的必然趋势；是考生及其家庭群体维权意识的不断增强，社会民主意识、公平意识日益彰显的必然要求；是高等院校自主意识增强，要求实现自我治理、自我发展的必然选择。其次，它是一个长期的过程。从以法治招、以法治考到依法治招、依法治考思维与观念的转变是一个长期的过程，从理念到贯彻实施，也是一个长期的过程，呈现出一个从人治为主到人治、法治并行，再到法治为主、人治为次，最后全面实施法治的漫长转变过程。实事求是地说，当前招生考试管理还处于人治与法治并行的阶段，依法治招、依法治考的理念刚刚走进社会大众的观念之中，人们对依法治招、依法治考的要求与期待正在日益成熟与高涨。以法治招、以法治考与依法治招、依法治考观念的冲突与较量日趋激烈。因此，从理论上分清两种思维范式的区别，并加强有关的宣传工作，仍然是任重而道远的。再次，它是一种目标状态、一种理想，是一个适应市场竞争观念需要，适应考生、院校与招生考试主管部门的权利与义务关系的目标，是全面反映社会民主、公平、公正的目标体系，从而最终实现招生考试活动从法治理念到法治规范再到法治实践的转化。笔者认为，从人治到法治，从强调法制的作用到强调法治的意义，都是值得提倡的，它反映了人们对招生考试领域中人治因素的排斥，以及对法治理念的追求。当然，招生考试有其自身的特点，我们需要选择合适的路径来逐步实现法治。这将是一个长期的、逐步改变的过程，其中特别需要加强相关研究。

第三节　普通高校招生考试法治的基本原则

普通高校招生考试是涵盖报名、考试、录取等诸多环节，涉及考生、高校、教育行政部门、各级招办等多方面利益的复杂系统工程。为实现这一系

① 张春生，等：《准确把握“法治”的含义》，《中国法学》1998年第5期。

统工程的法治，使不同层面的法治工作有机联系，必须确立一系列相关原则，并保证其发挥统领作用。笔者认为，高校招生考试法治应包括法律至上、程序公开、法律责任性、权力监督与权利保障等法治原则①。

一、法律至上原则

法律至上的原则意味着法律具有最高权威，法大于权，当权力与法律相抵触时，权力必须服从法律。在高校招生考试过程中，权力与法律相抵触在很大程度上是由权力凌驾于法律之上引起的，考试集体作弊、招生领域权力的异化事实上都与权力腐败相联系。其最显著的特征就是不依法办事，旨在挣脱法律对于权力的制约，享有法外特权，这无疑是对现行法律制度的一种破坏，是与招生考试本身所追求的公平竞争的原则相违背的。法律至上原则意味着法律并不是只针对考生群体的，“法律必须平等地对待政府和公民”②，

① 法学界对法治原则的概括，并不完全相同。早在19世纪英国的宪法学家戴雪就曾以英国的政治制度和法律传统为基础，从法理学的角度提出了法治的三个著名的原则：(1) 任何人都不应因从事法律不禁止的行为而受罚；(2) 任何人的法律权利和责任都应由普通法院审理；(3) 每个人的个人权利不是宪法的产物而是宪法所赖以建立的基础。第二次世界大战后，美国法学家富勒提出了以法律制度为基础的法治八原则：(1) 法律的一般性；(2) 法律应公布；(3) 法律适用于后来的行为而不是溯及既往的；(4) 法律是明确的；(5) 法律中不应有矛盾；(6) 法律不应要求不可能实现的事；(7) 法律应是稳定的；(8) 官方行为和法律应是一致的。在资本主义国家成立前后，法治原则表述为：(1) 法律目前人人平等；(2) 未经审判不为罪，法律不得溯及既往；(3) 未经正当程序不得剥夺任何人的权利和自由，宪法所未列举的权利应为人民保留；(4) 国家机关不得行使法律所未授予的职权；(5) 司法独立；(6) 宪法是国家的最高法律，任何法律、法令都不得与宪法相抵触；(7) 国家机关之间应严格实行分权。在我国很多学者认为法治原则主要包括民主原则、人权原则、平等原则、法律至上原则、依法行政原则、司法公正原则、权力制约与监督原则、党的领导原则。肖金明认为法治行政原则包括：立法与执法面前人人平等；合法行政与合理行政并行，权力与权利相平衡和统一；公平与效率协调一致。赵肖筠认为，我国要实行法治，法律至上、司法公正和保障人权应是其基本原则等等。本文在借鉴以上原则的基础上，主要是针对招生考试领域比较欠缺的方面展开讨论的。参见肖方扬：《依法治国与法制原则》，《江淮论坛》2001年第2期；牛凯：《论行政法治原则》，《中国青年政治学院学报》1999年第2期；刘海年：《略论社会主义法治原则》，《中国法学》1998年第1期；肖金明：《论行政法制基本原则》，《文史哲》2002年第3期；程燎原：《从法制到法治》，法律出版社，1999年；袁曙宏：《依法治理概论》，法律出版社，2003年。

② 威廉·韦德：《行政法》，徐炳，等译，中国大百科全书出版社，1997年，第27页。

这意味着“法治原则排除官员不遵守一般公民所遵守法律的义务或者不受法院的管辖”①。因此，对高校、各级招办及其工作人员、教育行政管理部门以及其他社会成员而言，无论是身居高位还是平民百姓，法律都具有同样的约束力，要求我们自觉遵守法律，反对以权代法、以权压法、以权废法，对于以身试法的个人或者集体都必须坚决追究其法律责任，维护法律的权威与尊严。当然，法律至上的原则从前提上要求招生考试必须建立起能够真正反映社会公共意志的健全的法规体系，使招生考试运行过程有法可依。就这点而言，招生考试的法规建设还刚刚开始，如何摆脱招生考试管理部门的部门利益，使考生及其家庭参与到涉及自身利益的法规制定过程中，如何克服立法中的原则性立法倾向，使招生考试管理的法律条款具体而有针对性，从而真正实现有法可依，是目前招生考试法规建设的关键性问题。同样，如何在招生考试法规的运行过程中，加强新闻媒体、社会大众及其法律的监督，使法律能够有效地监督权力的运行，惩治招生考试过程中的违法现象，也是实现法律至上原则的重点与难点。

二、程序公开原则

程序在控制权力滥用和实现人权方面具有枢纽和基石的意义②。法治离不开一定的程序，法治最终表现为一种按照严格的法律程序建立起来的公正合理的秩序，任何社会关系的主体，不仅做什么都要有法律依据，而且怎么做也必须符合法律的规定，最重要的常常不是做什么，而是怎么做。罗尔斯曾指出：公正的法治秩序是正义的基本要求，而法治取决于一定形式的正当过程，正当过程又主要通过程序来体现③。程序公开本身就是实现法治的基本内容之一。程序公开包括两个方面的内容：一是所有涉及社会公共利益的招生考试活动与过程。如分数线的划定，高校与招办之间投档、审核、退档的程序等招生考试过程的各个环节，除了法律规定的不能公开的以外，均应为公众知悉并接受社会与个人的监督。二是涉及招生考试过程中的文件、资料、信息情报的公开。在国外，信息公开法或者情报自由法已经成为社会监督政府、体现公民基本权利的基本法律之一，并已经成为高校招生考试管理

---

① 王名扬：《美国行政法》，中国政法大学出版社，1995 年，第 111 页。

② 孙莉：《程序·程序研究与法治》，《法学》1998 年第 9 期。

③ 季卫东：《法治秩序的建构》，中国政法大学出版社，1999 年，第 13～14 页。

的依据之一。在高校招生考试过程中，考生不仅有权利了解与个人利益休戚相关的规定性文件与信息，而且有权监督招生考试过程，维护自身权利。因此，将这部分信息公开，并利用媒体加以宣传，使考生真正了解相关事务的依据与缘由，是招生考试法治的应有之义。

三、法律责任性原则

法律责任性原则是依法治招、依法治考原则的当然组成部分。如果招生考试行政管理部门、高校以及考生可以在招生考试过程中随意而为，招生考试秩序必然大乱，法治就不可能真正实现。从我国相关的法律规范文件来看，对招生考试过程中的法律责任的规定越来越倾向于具体而严格，这未尝不是值得肯定的。但需要强调的是，在招生考试过程中，我们往往强调考生在招考过程中违规的法律责任，对考生的法律责任规定得特别细致而具体，而对管理部门特别是管理者违规的法律责任规定得不明确。虽然在相关的法规文件中也有部分规定，但这些规定在实践中却有意或无意地被忽视了。这也是造成招考过程中出现大量违法现象的重要原因之一。如对于管理部门造成考生失去入学机会时，应该如何赔偿、承担何种法律责任等这些在招考实践中出现的常见问题，相关法规并没有专门规定。因此，我们强调责任性原则，不仅意味着考生在招生考试过程中出现违规行为必然受到法律法规的制裁，也意味着教育行政部门、高校的工作人员，特别是管理者必须承担相应的法律责任。

四、权力监督与权利保障原则

个人权利的最大威胁始终是权力，权利宣言与其说是法律告知公众有多少权利，不如说是法律在告知权力有多大限度。权力受到多大限制，权利便会得到多大实现。“在权力问题上，不要谈论对人的信任，而是要用锁链限制他们，防止他们做出伤害人的事情，因为对任何人来讲，只要有机会，就都可能滥用权力。正是针对人性这种弱点，思想家设计了理想法治原则。也是从这个角度，人们认为，法治的实质是防止滥用自由裁量权的一整套规则。”① 在涉及招生考试的诉讼案件中，往往是高校、管理部门及其权力拥有者对考生合法权利的侵犯居多，而常见的招生权力的腐败实际上是招生权

① 威廉·韦德：《行政法》，徐炳，等译，中国大百科全书出版社，1997 年，第 26 页。

力主体人为地混淆公权力与私权利的界限，权力被权利化，成为谋求私利的工具，这必将侵犯考生的正常权利。正因为如此，加强对权力的监督一直是西方法学家关注的一个焦点。在招生考试领域，要实现对招生腐败、考试腐败的遏制，维护社会公众的合法权益，维护招生考试公平与公正，必须加强对权力的制约，这不仅需要通过立法使这一基本原则得到真实的体现，也需要通过媒体、社会公众的监督来实现。当然，权利保护的实现意味着国家必须运用权力的力量来保护权利，因此加强对权力的监督并不意味着对权力运行的粗暴干涉，而是在保证权力正常运行的同时，防止权力的异化。

权利保障与权力监督是一个问题的两个方面。控权是法治的基本精神，它使得权力成为合法的权力，而合法的权力源于权利，权利乃权力之本，权力服务于权利，权力应以权利为界限①。因此，控权的根本目的在于维护公民的合法权利。权利保障意味着公众享有法律规定的知情权、参与权，能够了解与自己利益相关的信息，并参与到相关法规的制定与管理中来；意味着法律应该赋予高校、管理部门及考生以各种权利（权力）和义务（职责），使之成为各自行为的依据；同时也意味着当权力突破界限，侵犯到考生的合法权益时必须提供相应的救济方式，并获得相应的补偿。

法治是人类社会对法律的一种价值追求，追求普通高校招生考试法治的目的是创设一种良好的法律秩序，维护招生考试的正义与秩序，从而促进招生考试制度的和谐发展。因此，法治既是我国普通高校招生考试活动的根本目标，也是我国高校招生考试活动的基本要求。当然，法治招考是一项内容浩瀚的系统工程。它既包括立法、执法、司法等方面的内容，包括对招生、考试等环节的治理，也包括对考生、高校等主体的管理，包括对考生、高校以及招生考试管理机构管理者与工作人员法律意识与法律信仰的培育等等。从招生考试法治的基本原则来看，普通高校招生考试法治的重点和难点表现在：能否制定出真正体现法治精神的普通高校招生考试法；能否建立严格执法的机制和体制；能否建立严格执法的正当程序；能否保证制定的法律得到切实的遵守；能否在全社会树立崇尚法律的普遍心理等。而是否能够真正达到治权（力）和保障公民合法权利的目的，主要取决于整个国家实施法治的决心和能力。

---

① 张文显：《法哲学范畴研究》，中国政法大学出版社，2001 年，第 396 页。

第四节 普通高校招生考试法律关系与法律责任

法律关系是社会生活关系的法律形式，是法律所确认和调整的社会生活关系，是法律关系主体或法律人格之间基于一定的法律事实而形成的法律上的权利和义务关系，一般由主体、客体、内容三要素构成①。对普通高校招生考试法治的研究，必须从普通高校招生考试法律关系出发，分析法律关系中形成的各主体的法律地位，探讨实现权力制约与权利保障的途径。因此，有必要对普通高校招生考试法律关系进行总的归纳与概括。

一、普通高校招生考试法律关系主体

招生考试过程中法律关系的主体，简单地说是指在招生考试法律关系中享有权利和承担义务的人或组织②。和任何法律关系一样，招生考试法律关系必须由两个以上的当事人参加才能构成完整意义上的招生考试法律关系。招生考试法律关系的主体必须具备考试法律关系的主体资格，即具备能够享有参加考试活动权利和承担考试活动义务的资格。我国普通高校招生考试法律关系的主体主要有以下三类：

（一）教育部及其招生考试行政管理部门

教育部负责各类高等学校的招生及全国统一考试工作。《中华人民共和国教育法》规定："国家实行国家教育考试制度。国家教育考试由国务院教育行政部门确定种类，并由国家批准的实施教育考试的机构承办。"于1987年成立的中华人民共和国教育部考试中心是中华人民共和国教育部指定承担教育考试专项职责任务，并具有部分行政管理职能的直属单位。因此，考试业务主要由教育部考试中心管理，而招生业务则主要由教育部学生司管理。

省级招生考试管理机构在整个管理系统中处于重要地位，而且任务复杂多样。它不仅是招生行为的监督者、服务者，还通过区、县级招办安排考生报名、考试、填报志愿，并负责对该地区的违规行为进行处理，维护该地区

① 李步云：《法理学》，经济科学出版社，2000年，第183页。

② 公丕祥：《法理学》，复旦大学出版社，2002年，第450页。

招生考试环境的公平与公正，同时也是招生考试相关信息发布的中心。虽然教育部对招生与考试的业务实行分别的、专门的管理，但从省一级开始，考试与招生合二为一，既管考试，也管招生。其中招生委员会主要是一个协调和决策部门，一般组成人员十分复杂，由保密局、纪律检查委员会、公安厅、教育厅、宣传部、组织部以及本省的中等学校和高校的代表等构成。

教育部以及省级招生考试管理机构，构成了招生考试法律关系中的重要组成部分，他们是掌握考试权的主要部门。考试权是指考试过程中的支配力量，包括考试的决定权、执行权、监督权等，属于国家权力的组成部分，它的授予应由国家法律规定。所谓考试的决定权，是国家法律规定的部门才能具有的决定考试有关事项的权力，包括决定是否需要考试，以及考试的科目、时间、地点，报名参加考试的人员的条件。考试的执行权，是指由法定的部门或法定部门委托的部门组织考试，负责开展考试活动并保障考试顺利进行的权力，包括命题、印卷、指定考场、聘用工作人员、监考、收卷、阅卷评分、颁布成绩等各项活动的实施权力。考试的监督权，是法律规定对考试的全部活动进行监督，保证考试公开、公正、公平的原则得以贯彻，并对徇私舞弊行为进行揭露和追究法律责任的权力①。从考试权的分配来看，教育部考试中心主要是享有考试的决定权、考试执行权中的部分命题权以及监督权，而省级招生考试管理机构主要是享有执行权。2004 年以来，高考的命题权下放到部分省、自治区和直辖市，因此以前主要由考试中心掌握的命题权也相应地下放。

（二）高等学校

《中华人民共和国高等教育法》第三十条规定：高等学校自批准设立之日起取得法人资格。高等学校在民事活动中依法享有民事权利，承担民事责任。法人制度是民法中的一项重要制度。取得法人资格就意味着高等学校能够根据有关的法律的规定，主动地行使法律所赋予的民事权利，自觉地履行自己的民事义务，并以独立法人的身份承担相应的法律责任。高等学校属于比较特殊的法人，即事业单位法人。作为事业单位法人的高等学校与政府以及其他管理部门形成管理与被管理的教育行政关系，处于行政相对人的法律

① 李长城：《我国考试立法刍议》，《徐州师范学院学报》（哲学社会科学版）1995 年第 1 期。

地位；在管理校内事务的过程中，与被管理的对象之间形成管理与被管理的教育行政关系，处于事实上的行政主体的法律地位；在与其他社会组织与公民的关系中，享有法人资格，与其他民事主体一样享有相同的民事权利，承担民事责任。

普通高等学校在招生考试过程中有着重要的地位。从考试的流程来看，目前我国的普通高等学校基本上不参与考试的管理、命题等工作。这与国外的高等学校有很大的区别。但在招生过程中，普通高等学校是招生录取的主体，简单地说就是能以自己的名义从事招生考试录取活动，并独立承担由此而产生的法律责任。当然，并不是所有的高校都可以行使招生录取权，都能成为招生录取的主体。按照国家的规定，连续三年被确定为“黄牌”的学校原则上应暂停招生，相应地也就没有招生资格①。

《中华人民共和国高等教育法》第三十二条规定：高等学校根据社会需求、办学条件和国家核定的办学规模，制定招生方案，自主调节系科招生比例。这是从法律上赋予高校招生自主权，但从当前的实际来看，离高等学校的招生自主权的落实还有很长的距离。在实践中，我国实行“学校负责，招办监督”的录取体制，但在具体操作的过程中，招办与高校的关系可以说是千头万绪，地区差异很大。在某些省（自治区、直辖市），由于信访压力非常大，招办的监督职能在某种程度上变成了严格要求高校按照分数录取，监督权变成了实际上的变相的操纵权，有的省（自治区、直辖市）则给予高校相当大的自主空间，监督职能又流于形式。如何处理好高校与省级招生机构的关系，在监督与执行之间找到合理的界限仍然是一个很大的难题。

（三）考生

考生是整个招生考试过程中的重要参与者，也构成了招生考试法律关系主体的重要组成部分。根据每年的《普通高等学校招生工作规定》，只有符合下列三项基本要求的考生才具有报名资格：①遵守中华人民共和国宪法和法律；②高级中等教育学校毕业或具有同等学力；③身体健康。一般而言，有下列情况之一的，不得报名参加高考：①具有高等学历教育资格的高等学

① 郭志成：《普通高等学校招生录取权的司法制约问题》，劳凯声：《中国教育法制评论（第1辑）》，教育科学出版社，2002年，第124页。

校的在校生；②高级中等教育学校应届毕业生之外的在校生；③因触犯刑律已被有关部门采取强制措施或正在服刑者；④被高等学校开除学籍或勒令退学到报名结束之日不满一年者。近年来，大众对考生报名资格的讨论越来越频繁，对于少数学校因为考生没有交学费而取消考试资格以及少数学校拒收残疾考生的现象表现出强烈的不满。这推动了招生考试报名资格的进一步讨论，如：对考生的身体条件要求是否合理？既然学校已经不再包办学生的工作分配等问题，那么，因为身体的原因而被拒绝入学的学生希望满足受教育的愿望是否合理？这一系列问题值得进一步研究与探讨。

总体来看，考生属于相对弱势的群体，在招生考试过程中，考生与各级招生考试管理机构以及高等学校之间的地位都是不对等的，属于具有纵向隶属型特征的教育行政关系。正因为如此，尊重和保护考生的基本权利应该成为依法治考、依法治招的重要课题。但是，直到目前为止，相当一部分招考机关的工作人员在对待考生管理问题上，往往将考生当成被管理的对象，有意或无意地漠视考生的权利与人格，正是从这个角度来说，依法治招、依法治考的核心应该是规范处于管理地位的各级招生考试行政管理机关以及加强高等学校的自律行为。

二、招生考试法律关系的客体

法律关系的客体是指法律关系主体的权利义务所指向的对象，它是满足主体（权利人）利益需要的物质和非物质财富①。一般认为，法律关系的客体包括物、行为、精神产品和其他智力成果等。招生考试法律关系的客体包含以下几种：

（一）物

物是招生考试法律关系中的第一种客体。在民法中，物是指在法律关系中可以作为财产权利对象的物品和一切物质财富。在招生考试法律关系中，物必须是和招生考试活动相关的物品和物质财富。招生考试行为必须借助一定的物质工具才能实现。如在招生行为中，实行网上录取以后，必须有电脑、传真机等作为招生信息的载体；在考试行为中，必须在一定的建筑物内，有基本的考试工具。

---

① 公丕祥：《法理学》，复旦大学出版社，2002年，第458页。

（二）行为

行为是招生考试法律关系中的第二种客体。民法意义上的行为是指具有法律意义的人的活动。在招生考试法律关系中，这种行为必须是发生在招生考试活动中的行为。作为招生考试法律关系客体的行为，是招生考试法律关系主体实现权利义务的作为与不作为，按其性质可分为：

（1）行政行为。这是国家行政机关为实现国家对招生考试事业的行政管理权而依法实施的、直接或间接产生行政法律后果的行为。行政行为包括行政立法行为和行政执法行为。在招生考试法律关系中行政行为的表现形式有行政命令、行政许可、行政认可、行政证明等。如考生收到参加高考的准考证、高等学校发出录取通知书就分别属于行政认可行为和行政许可行为。

（2）管理行为。这是招生考试管理机构或高等学校为了招生考试的正常运行对考生及其下属机构进行的组织管理行为。如教育部要求各省、市、县各级教育招生考试管理机构和有关高等学校必须加强安全保密设施建设，完善安全保密规章制度，加强监督和检查，并建立应急反应机制和第一时间报告制度；又如在考场内，监考人员加强管理。这些行为都属于管理行为。

（3）招生考试行为。这是招生考试过程中最基本的行为。如考生参加考试、高等学校与招生考试管理机构参与招生等都属于招生考试行为。

（三）精神产品和其他智力成果

精神产品和其他智力成果是人类脑力劳动的结晶，属于一种非物质的财富。招生考试活动的信息载体主要是通过考生的答卷以及招生信息程序系统等完成的。这些都属于精神产品和智力成果。

三、法律关系主体的权利与义务

权利与义务是法律规范的核心和实质，是法学范畴体系的逻辑起点。因此，权利（权力）与义务（责任）不仅是法律关系的核心内容，而且是整个法律的核心内容[①]。为了文章结构的完整性，本章仅对招生考试的法律关系作基本论述，对招生考试中的考试管理权、招生权以及受教育权，后面各章作专门的具体论述。

---

① 沈宗灵：《法理学》，北京大学出版社，2003 年，第 345 页。

招生考试法律关系的内容也就是招生考试法律关系的主体在依法成立的关系中所享有的权利和应承担的义务。

（一）权利方面

法律上的权利是指法律所允许的权利人为满足自己的利益而采取的，由其他人的法律义务所保证的法律手段。权利与利益有着密切的联系，权利人实现自己利益的行为是法律权利的社会内容，而权利则是这一内容的法律形式①。

在招生考试法律关系中，各主体之间形成了错综复杂的法律关系（见下图）。当然，由于普通高等学校分为教育部直属高校、地方高校以及民办高校，因此，还存在普通高等学校与地方政府之间的交叉关系。根据规定，省级教育行政部门负责汇总、核定本省（自治区、直辖市）所属高等学校编制的招生来源计划。省（自治区、直辖市）属高等学校拟跨省安排的招生计划，应由高等学校所属省级教育行政部门负责统一与有关省级教育行政部门协商并经其认可。但为了简便，这一环节被简化。

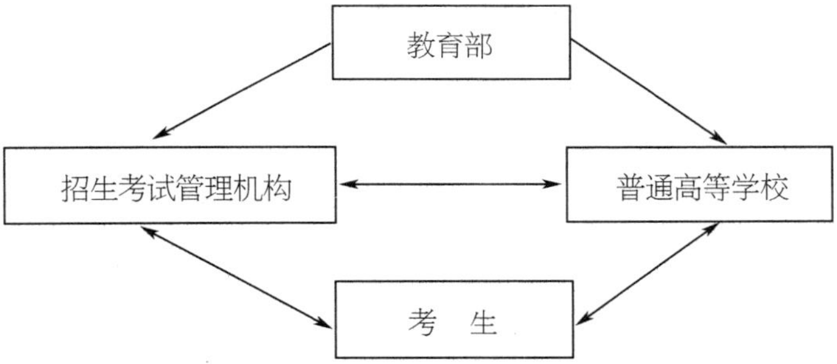

具体而言，教育部的考试中心和学生司主管招生考试，享有招生考试的管理权、决定权和部分命题权。省级招生考试管理机构享有考试的命题权、执行权、考试过程中的管理权以及招生行为中的监督权。招生考试管理机构一般行政上隶属于当地教育行政部门，同时受当地政府、招生委员会以及上一级教育行政部门的管理。这样，省级招生机构与教育部之间的关系属于隶属关系。但随着招生考试管理机构的变革，省级招生机构的事业单位性质也将会发生变化。从国外的经验来看，招考分离，考试机构成为独立财团法人，成为考试的中介机构未尝不是一个发展方向。

---

① 孙国华：《法理学》，中国人民大学出版社，1994 年，第 177 页。

在高度集中的计划体制下，高等学校虽名为事业单位，实为政府部门的附属单位。高等学校与政府的关系只能是内部行政法律关系。高等学校作为内部行政法律关系中的内部行政相对人，对政府的命令只能是服从与执行。政府对高等学校所采取的命令或其他处分措施，属于内部行政行为，高等学校如果不服，不能对之提出复议或诉讼。自改革开放以来，政府下放权力与转变政府职能成为中国行政改革的一个重点。1995 年出台的《中华人民共和国教育法》以及 1998 出台的《中华人民共和国高等教育法》，用法律的形式赋予高等学校法人资格，并专门规定高等学校在招生方面的自主权。

考生在招生考试过程中的权利一直没有引起足够的重视，在有关招生考试的法律规定中，都没有专门规定考生的权利。这不能不说是我国招生考试法规建设的一个遗憾。笔者认为，考生的基本权利至少包括①：

（1）参与招生考试管理的权利。主要包括：①批评、建议权，指对招生考试管理机构、高校等，以各种方式直接提出，或者通过有关的组织、团体以及新闻媒体反映批评、意见、建议的权利；②控告、检举权，即对招生考试机关及其公务人员的违法失职行为提出控告或检举的权利；③协助公务权，指协助实施公务活动的权利，如当场检举有关作弊的行为；④知情权，即考生依法享有对招生考试活动有关内容、资料及其他信息的了解权，而招生考试管理机构及高校则有依法向社会公开自身行政活动的义务。值得强调的是，这里的考生或学生是以行政相对人的身份参与到与他们的切身利益相关联的招生考试活动中来，而不是仅仅以一个普通公民的身份或以过去大家心目中的被管理对象的身份参与其中的。

（2）受平等对待的权利是指行政相对人个体在招生考试活动中应当得到有关管理者的平等对待。而作为行政主体的有关机构及人员则有对每一个考生个体平等对待的义务，如高校招生章程不能规定男女生的录取比例，除特殊专业的特殊规定外不得因为考生个体的外貌、体重、身高、残疾情况、嗜好等拒绝录取。

（3）受益权利。指考生通过招生考试管理部门的积极行为而获得各种利

① 对考生权利的研究还刚刚起步。具体可参见吴容靖：《增强法制意识，提高依法办考的自觉性》，《湖北招生考试》（理论版）2002 年第 8 期；万丹：《高考招生制度的法律思考》，《湖北招生考试》（理论版）2002 年第 12 期；余睿：《尊重考生权利　促进依法治考》，《湖北招生考试》（理论版）2004 年第 8 期。

益及利益保障的权利。如在考试中，考生有权要求监考老师制止作弊行为，从而保障自己的合法权益。

（4）自由权利。其核心是考生的一切合法权益和自由排除行政主体的妨碍，不受非法侵害。主要包括：①各种合法权益和自由的自主享有，如考生可以自由填报自己想要填报的学校，学校及其教师或其他部门都无权干涉；②抵制行政主体非法侵害的权利，如抵制高校录取中额外收费、侵害受教育权的权利；③合法权益受侵害后获得赔偿的权利等。

（5）程序权利。主要是行政程序中的权利和事后救济程序中的权利。行政程序中的权利主要包括：①在某一具体行政程序中，特定的行政相对人为了自身的利益，向行政主体要求了解与本人有关的档案资料和其他相关信息的权利，如考生有权了解自己的卷面分值的情况，有权复查分数；②提出申请的权利，如在考试过程中，考生因为卷面的原因，有申请监考者确认的权利；③得到通知的权利，指特定的行政相对人在行政主体制定涉及他的权益的法规、规章或作出具体处理决定前，有得到行政主体告知有关内容、理由、依据等相关情况的权利，如对作弊考生的处理，主管机关必须予以告知；④评论权；⑤申请回避的权利；⑥举证的权利；⑦辩论权等。

（6）事后救济程序中的权利，包括：①被主要行政主体告知救济途径和方法的权利；②提出申诉、复议和诉讼的权利；③委托代理人的权利；④申请回避的权利；⑤陈述和辩论的权利；⑥上诉的权利；⑦申请执行的权利等。

另外，还有一些权利是值得讨论的，例如隐私权。近年来，高考成绩查询服务如雨后春笋般迅速发展，考生只要输入相应的准考证号，就可以查询自己的成绩，这给广大考生带来了便利。但其负面影响不可低估，如有些教育行政部门出于牟利的目的，擅自将考生成绩出售给电信部门，供其经营查询业务。很明显，考生的成绩属于考生个人信息范畴。上述做法构成了对考生个人信息的滥用，明显是对考生个人隐私权的侵犯。但为了加强对高校招生行为的监督，要求高校将录取学生的名单与成绩公布张贴是否也构成对这部分学生隐私权的侵害呢？如果不公开，是不是又构成对社会要求的知情权的侵害呢？两种权利之间，哪一种应该摆在首位呢？两种权利权衡得失，笔者认为，在缺乏法治文化的今天，强调信息公开与知情权是更重要的，其作用与意义在后文中将进行具体的分析①。

（二）义务或职责方面

教育部负责各类高等学校的招生及全国统一考试工作，其职责是：①领导全国高等学校招生工作；②制定有关招生工作的规章；③确定高等学校招生考试种类，审批各省（自治区、直辖市）高等学校招生考试科目设置方案以及有关招生改革方案；④有关部门（单位）、省级教育行政部门和高等学校编制招生来源计划，将汇总备案的招生来源计划统一分送各省（自治区、直辖市）招生委员会；⑤指导、检查各省（自治区、直辖市）高等学校招生工作；⑥组织开展招生工作的科学研究，培训有关人员，开展宣传工作；⑦保护考生和招生工作人员的正当权益；⑧组织或督促有关部门调查处理招生工作中发生的重大问题。

省（自治区、直辖市）、市（地区、盟、州）、县（市、区、旗）人民政府分别成立普通高等学校招生委员会，各级招生委员会在本级人民政府和上一级招生委员会（或教育部）的双重领导下负责本地区招生工作。招生委员会主任委员由本级人民政府负责人兼任，副主任委员、委员由教育行政部门及其他有关部门、高等学校的负责人兼任。招生办公室是招生委员会的常设机构，代表招生委员会行使职权，处理招生日常工作。市（地区、盟、州）、县（市、区、旗）招生委员会的职责由省级招生委员会作出相应的规定。省级招生委员会的职责主要是执行教育部有关高等学校招生工作的规章，汇总并公布高等学校在本省（自治区、直辖市）的分专业招生计划和有关招生章程，指导、监督高等学校执行国家招生政策及本校招生章程，委托调查处理或协助有关部门调查本地区招生工作中发生的重大问题等。

省级教育行政部门负责汇总、核定本省（自治区、直辖市）所属高等学校编制的招生来源计划。省（自治区、直辖市）属高等学校拟跨省安排的招生计划，应由高等学校所属省级教育行政部门与有关省级教育行政部门协商并经其认可。省级教育行政部门对在本地安排的分学校分专业招生计划进行汇总后，须及时径送本省级招办；对跨省（自治区、直辖市）安排的分学校分专业招生计划进行汇总后，须按时报送教育部。

高等学校应成立校长和校内有关部门负责人组成的招生工作领导机构，

---

① 参见本书第四章。

负责本校招生工作，并设立招生办公室，配备专职工作人员。其职责是：①执行教育部有关招生工作的规章及主管部门和有关省级招生委员会的补充规定或实施细则；②根据国家核准的年度招生规模及有关规定编制并报送本校分省分专业招生计划；③制定并向社会公布本校招生章程；④实事求是地开展招生宣传工作；⑤组织实施本校录取工作，负责协调和处理本校录取工作中的有关问题；⑥对录取的新生进行复查；⑦支持有关招生管理部门完成招生方面的其他工作。

考生在享有权利的同时，也应当在招生考试法律关系中承担一定的义务。如在强调公平竞争的环境下，无论谁舞弊都必须承担受处罚的后果等。当前，部分考生被高校录取以后，放弃了就读的机会，引起了相当的争议①。部分高校认为，根据宪法和有关法律条文，考生有选择高校的权利和自由，但是，这个选择权应该充分体现在填报志愿前，考生一旦作出了选择，填报了志愿，就应该履行相应的责任②。笔者认为，这种观点是值得商榷的。因为考生在信息获得方面事实上处于弱势地位，学生在填写志愿时，往往是在对高校的有关情况并不完全了解的情况下作出的选择，而高校为了获得充足的生源，往往夸大院校的办学条件，因此学生应该拥有充分的选择权。教育部在《普通高等学校招生暂行条例》及以后相关的文件中曾经一度宣布上一年已被普通高等学校录取而不报到的考生，将无法享有该年的报名资格，但却在随后的文件中取消。可见，考生的这种权利已经得到了相关法规的认可。当然，这是一个值得讨论的问题。站在高校的立场，学生被录取而不报到必然造成高校资源的浪费，也在一定程度上损害了某些希望进入该校学习的考生的权利。特别是在保送问题上，学生被保送后，由于同时被更好的大学录取，使许多大学以及其他考生面临损失。对此，许多大学建议通过制定法律来规范这种不诚信的行为。笔者认为，英国的相关措施是值得借鉴的。在英国，如果一个学生同时被多所大学初审合格，那么学生必须在这些大学中选择两所大学为正式申请的学校，其中一所为主，另一所为辅。如

① 参见刘士平：《普通高校录取新生不报到率逐年升高问题及对策的思考》，《淮北煤师院学报》（哲学社会科学版）2002 年第 1 期；黄燕飞：《关于高校录取考生不报到入学问题的思考》，《南通职业大学学报》2003 年第 4 期；李洪云，等：《如何看待高考中的“取而不上”》，《教学与管理》2003 年第 7 期。

② 王晓琼：《“依法”治招　重在落实》，《高校招生》2004 年第 11 期。

果申请者达到条件，大学方面必须接受其入学，双方均不得后悔。如果申请人反悔，就等于自动放弃本年度申请权。在上述模式中，学生既可以获得一定的选择权，同时也必须承担一定的风险，而高校也可以在学生放弃保送的情况下，选择其他的学生。

四、法律责任

普通高校招生考试的主体根据法律规定不仅享有一定的权利或权力、承担相应的义务与责任，而且任何主体违反招生考试法律法规所规定的义务，都必须承担相应的法律后果。“法律责任的目的不是废除或绝对限制主体权利，而是为了保护和扩大权利。”① 从这个意义而言，强调普通高校招生考试的法律责任本身就是与法治的基本精神相一致的。根据宪法的规定，“一切违反宪法和法律的行为，必须予以追究。任何组织或者个人都不得超越宪法和法律的特权”，这意味着招生考试法律关系的主体违反招生考试法规时，必然受到法律的制裁。在招生考试法规的相关规定中，一般都专门规定对违规行为的处理及其程序，违规者轻则受到行政处罚、行政处分，或者承担民事责任，重则受到刑事制裁。招生考试法律责任按照法律关系的主体划分，主要有以下几种法律责任：

（一）考生的法律责任

根据《2004 年普通高等学校招生工作规定》以及《教育部国家教育考试违规处理办法》的相关规定，考生在招生考试中的违规行为将负以下法律责任：当以虚报、隐瞒或伪造、涂改有关材料及其他欺诈手段，或者因招生工作人员或其他人员的徇私舞弊行为而取得考试资格或录取资格的考生，由违规行为发生地的省级教育行政部门或经省级教育行政部门授权的招生考试管理机构，取消其当年的考试资格或录取资格；已经被录取或取得学籍的，由高等学校取消其入学资格或学籍，并将其退回户口所在地。

在考试中，考生以作弊行为获得考试成绩并由此取得相应的学位证书、学历证书及其他学业证书、资格资质证书或者入学资格的，由证书颁发机关宣布证书无效，责令收回证书或者予以没收；已经被录取或者入学的，由录

① 公丕祥：《法制现代化的理论逻辑》，中国政法大学出版社，1999 年，第 277 页。

取学校取消录取资格或者其学籍。具体包括以下违规行为及其相应的处理方式：

考生不遵守考场纪律、不服从考试工作人员的安排与要求的违规行为主要包括：携带规定以外的物品进入考场或者未放在指定位置；未在规定的座位参加考试；考试开始信号发出前答题或者考试结束信号发出后继续答题；在考试过程中旁窥、交头接耳、互打暗号或者手势；在考场或者教育考试机构禁止的范围内喧哗、吸烟或者实施其他影响考场秩序的行为；未经考试工作人员同意在考试过程中擅自离开考场；将试卷、答卷（含答题卡、答题纸等，下同）、草稿纸等考试用纸带出考场；用规定以外的笔或者纸答题或者在试卷规定以外的地方书写姓名、考号或者以其他方式在答卷上标记信息；其他违反考场规则但尚未构成作弊的行为。有以上违规行为者，将取消该科目的考试成绩。

考生违背考试公平、公正原则，以不正当手段获得或者试图获得试题答案、考试成绩的违规行为主要包括：携带与考试内容相关的文字材料或者存储有与考试内容相关资料的电子设备参加考试；抄袭或者协助他人抄袭试题答案或者与考试内容相关的资料；抢夺、窃取他人试卷、答卷或者强迫他人为自己抄袭提供方便；在考试过程中使用通信设备；由他人冒名代替参加考试；故意销毁试卷、答卷或者考试材料；在答卷上填写与本人身份不符的姓名、考号等信息；传、接物品或者交换试卷、答卷、草稿纸；通过伪造证件、证明、档案及其他材料获得考试资格和考试成绩；其他作弊行为。有以上违规行为者，将被认定为考试作弊，其当次报名参加考试的各科成绩无效。

其他违规行为：考生故意扰乱考点、考场、评卷场所等考试工作场所秩序；拒绝、妨碍考试工作人员履行管理职责；威胁、侮辱、诽谤、诬陷考试工作人员或其他考生；其他扰乱考试管理秩序的行为。有以上违规行为者，将终止其继续参加本科目考试，其当次报名参加考试的各科成绩无效；考生及其他人员的行为违反《治安管理处罚条例》的，由公安机关进行处理；构成犯罪的，由司法机关依法追究刑事责任。

（二）招生与考试中工作人员及其他有关人员的法律责任

在招生工作中，在出具、审定考生的报名资格证件、证明、体检材料、档案材料（包括有关政策性加分所需的证明材料等）中弄虚作假，徇私舞弊；在招生工作中偷换、涂改考生志愿及其他有关材料（包括计算机记载的考生信息），指使、纵容、协助、伙同他人舞弊；在招生工作中徇私舞弊，不按录取规定招收学生，或擅自招收不达录取标准的学生；在招生工作中滥用职权或玩忽职守，致使招生工作受到重大损失；其他破坏招生工作的行为。有以上违规行为者，由违规行为人员所在单位撤销其招生工作职务，取消工作人员资格或给予行政处分。

盗窃或泄露在保密期限内的试题、答案、评分参考（含评分细则）及答卷；故意扰乱考点、考场、评卷场所及录取场所秩序，威胁工作人员人身安全；在招生工作中行贿受贿、敲诈勒索；招生录取期间利用计算机网络恶意攻击省级招办或高等学校招生录取系统、信息系统及有关网络、设备；其他徇私舞弊情节严重的行为。有以上违规行为者，由司法机关根据情节轻重，依据计算机信息系统安全保护条例、治安管理处罚条例、保密法、刑法等给予处罚。

应回避考试工作却隐瞒不报；擅自变更考试时间、地点或者考试安排；提示或暗示考生答题；擅自将试题、答卷或者有关内容带出考场或者传递给他人；在评卷、统分中严重失职，造成明显的错评、漏评或者积分误差；在评卷中擅自更改评分细则或者不按评分细则进行评卷；未认真履行职责，造成所负责考场出现雷同卷；擅自泄露评卷、统分等应予保密的情况；其他违反监考、评卷等管理规定的行为。有以上违规行为者，将停止其参加当年及下一年度的国家教育考试工作，并由教育考试机构或者建议其所在单位视情节轻重分别给予相应的行政处分。

考试工作人员在考试过程中，为不具备参加国家教育考试条件的人员提供假证明、证件、档案，使其取得考试资格或者考试工作人员资格；玩忽职守，致使考生未能如期参加考试或者使考试工作遭受重大损失；利用监考或者从事考试工作之便，为考生作弊提供条件；伪造、变造考生档案（含电子档案）；在场外组织答卷、为考生提供答案；指使、纵容或者伙同他人作弊；偷换、涂改考生答卷、考试成绩或者考场原始记录材料；擅自更改或者编造、虚报考试数据、信息；利用考试工作之便，索贿、受贿、以权谋私；诬陷、打击报复考生。有以上违规行为者，将停止其参加国家教育考试工作，由教育考试机构或者其所在单位视情节轻重分别给予相应的行政处分，并调离考试工作岗位；情节严重，构成犯罪的，由司法机关依法追究刑事责任。

违反保密规定，造成国家教育考试的试题、答案及评分参考（包括副题及其答案及评分参考，下同）丢失、泄密，或者使考生答卷在保密期限内发生重大事故的，由有关部门视情节轻重，分别给予责任人和有关负责人行政处分；构成犯罪的，由司法机关依法追究刑事责任。盗窃、损毁、传播在保密期限内的国家教育考试试题、答案及评分参考、考生答卷、考试成绩的，由有关部门依法追究有关人员的责任；构成犯罪的，由司法机关依法追究刑事责任。

（三）高校的法律责任

对严重违规招生的学校，由教育部或经教育部授权的有关省级教育行政部门，依据《教育行政处罚暂行实施办法》、《普通高等学校设置暂行条例》等给予停止其下一年度参加招生工作等处罚；对严重违规招生的学校负责人将追究其领导责任。教育考试机构管理混乱、考试工作人员玩忽职守，造成考点或者考场纪律混乱，作弊现象严重的，或者同一考点同一时间的考试有五分之一（含五分之一）以上考场存在雷同卷的，由教育行政部门取消该考点当年及下一年度承办国家教育考试的资格。高等教育自学考试考区内一个或者一个以上专业考试纪律混乱，作弊现象严重的，由高等教育自学考试管理机构给予该考区警告或者停考该考区相应专业一至三年的处理。对出现大规模作弊情况的考场、考点的相关责任人、负责人及所属考区的负责人，有关部门应当分别给予相应的行政处分；情节严重，构成犯罪的，由司法机关依法追究刑事责任。

（四）其他在职人员或相关人员的法律责任

指使、纵容、授意考试工作人员放松考试纪律，致使考场秩序混乱、作弊严重；代替他人或者由他人代替参加国家教育考试；参与或者组织他人进行考试作弊；利用职权，包庇、掩盖作弊行为或者胁迫他人作弊；以打击、报复、诬陷、威胁等手段侵犯考试工作人员、考生人身权利；向考试工作人员行贿；故意损坏考试设施；扰乱、妨害考场、评卷点及有关考试工作场所秩序。有以上违规行为者，将由教育考试机构建议其所在单位给予行政处分或者由有关部门处理，情节严重，构成犯罪的，由司法机关依法追究刑事责任。

当然，以上仅笼统分析了普通高校招生考试的法律关系主体、客体、权利义务关系以及法律责任，普通高校招生考试法治研究还需要在招生考试实践中，具体分析不同主体的法律地位与特点，结合具体的事务与管理，分析如何达到对权力的制约，以维护各主体的合法权利，实现普通高校招生考试的公平与正义。

第四章　高等学校与招生自主权

高等学校在普通高校招生考试过程中占有重要的地位，但同时又处于尴尬与矛盾之中。一方面，根据法律的规定，高等学校享有自主招生的权力，这一权力直接关系到考生受教育权的实现；另一方面，高等学校在法律关系中的法律地位含混不清，特别是高等学校与考生法律关系的不明朗，使考生的合法权益得不到有效的保障，而在招生实践中屡屡爆发的招生丑闻也阻碍了高等学校招生自主权的真正实现。因此，要实现普通高等学校招生考试法治，必须从高等学校开始，明确高等学校的法律地位，特别是高等学校与考生之间的法律关系，并监督招生权的运行，防止招生权力的异化与腐败。

第一节　普通高等学校的法律地位

高等学校的法律地位是一个关键性问题，它直接决定了高等学校在不同情况下的权利和义务关系，也决定了招生考试过程中，高等学校与教育部、高等学校与省级招生考试管理机构、高等学校与学生的法律关系，因此，有必要从理论上加以廓清。本节主要以公立高等学校为主要研究对象，考查高等学校法律地位的变迁、特点与面临的主要问题。

一、法律地位的内涵

查阅有关高等学校法律地位的文献，我们很难把握“法律地位”这一术语的准确内涵，不少界定相互抵牾，莫衷一是。譬如，有人主张“所谓高校的法律地位，主要是指高校在教育活动中的资格和身份”①；有人认为“所

---

① 陈太红：《高校法律地位探析》，《重庆师院学报》（哲学社会科学版）2002 年第 2 期。

谓高等学校法律地位，实质上就是研究高等学校在我国法律框架中属于某类，以及它属于此类的权利、责任、能力和无能力是什么"[①]；也有人认为"高等学校的法律地位，主要是指高等学校在法律上所享有的权利能力、行为能力及责任能力"[②]；还有人将高等学校的法人地位与法律地位相提并论，认为"高等学校的法律地位问题，其实就是高校的法人地位问题"[③] 等等，不一而足[④]。在这些颇为眼花缭乱的界定中，法律地位这一术语所承载的应有内涵却越发模糊了。那么，法律地位究竟指什么?

法律地位（status）在英语中与法律身份是同一词语。根据《元照英美法辞典》的解释，"法律地位是法律人格的属性之一，尤指自然人的人格。特指一个人在法律上所处的地位，而这又决定其在特定法律关系中的权利和义务"[⑤]。根据《法学大辞典》的解释，"法律地位，即法律规定的法律关系主体的权利与义务的实际状态"[⑥]。美国权威的《布莱克法律辞典》把 status 解释为：①地位、状态或者条件、社会地位；②个体与团体其他成员的法律关系；③决定个体属于某类的权利、责任、能力和无能力；④本质上非临时性的也非当事方单纯意志所能终止的个体之间的法律关系，这关系与第三方和国家有关[⑦]。从三种辞典不同的解释来看，法律地位本身是一个比较含混的术语，它强调特定情境下与某类标准或参照物相比较所体现出的身份和地位。因此，只有在一定的法律关系中，才能体现出相应的法律地位，

① 申素平：《中国公立高等学校法律地位研究》，北京师范大学博士学位论文，2001 年。

② 刘冬梅：《试论高等学校的法律地位》，《教育评论》1998 年第 1 期。

③ 郭志成：《普通高等学校招生录取权的司法制约问题》，劳凯声：《中国教育法制评论（第 1 辑）》，教育科学出版社，2002 年，第 126 页。

④ 此外，胡建华认为，"在西方国家，大学的法律地位主要是指'在与权力关系中的大学的存在形式'，是关于大学与政府关系、大学自治的法律解释与规定"；马慧娟认为，"所谓高等院校的法律地位是指高等院校作为一种社会组织，与它所处的内、外环境所构成的一系列社会关系"。参见胡建华：《大学的法律地位分析——研究大学与政府关系的一种视角》，《南京师大学报》（社会科学版）2002 年第 5 期；马慧娟，等：《高等院校的法律地位及其责任分析》，《云南师范大学学报》2003 年第 3 期。

⑤ 薛波：《元照英美法辞典》，法律出版社，2003 年，第 1288 页。

⑥ 邹瑜，等：《法学大辞典》，中国政法大学出版社，1991 年，第 1040 页。

⑦ 参见劳凯声：《变革社会中的教育权与受教育权：教育法学基本问题研究》，教育科学出版社，2003 年，第 241 页。

从而形成相应的权利与义务关系。普通高等学校作为教学科研的社会组织机构，它的法律地位体现在高等学校与其他法律关系主体形成的法律关系中，在不同法律关系中，其法律地位是不同的。

二、高等学校法律地位现状

综合考察公立高等学校的法律地位，可以认为其法律地位包括以下三个方面：

（一）公立高等学校在与其他社会组织、公民形成相应法律关系时的法律地位

《中华人民共和国高等教育法》第三十条规定："高等学校自批准设立之日起取得法人资格。高等学校在民事活动中依法享有民事权利，承担民事责任。"法人制度是民法中的一项重要制度，取得法人资格就意味着高等学校能够根据有关法律法规的规定，独立行使法律所赋予的权利、履行法律规定的义务并独立承担相应的法律责任。但高等学校属于比较特殊的法人，即事业单位法人①。作为事业单位法人的高等学校参与民事活动时，与其他社会组织或公民形成民事法律关系，与其他民事主体一样，享有相同的民事权利，承担民事责任。在这一类型的法律关系中，高等学校的法律地位与其他社会组织、公民的法律地位是平等的。但作为事业单位的高等学校，一般是由国家举办的，经费来源主要依靠国家财政拨款，高等学校并不享有完全的财产所有权，其财产权一般只包括财产的占有、使用、收益和法律规定的处分权。而在法律上，我国并没有将高等学校的所有权与经营权进行区分，因此，高等学校参与民事活动的法律地位并不受重视，相应地，高等学校能否在民事活动中独立承担民事责任，法律也没有作详细的规定。

（二）公立高等学校与主管部门之间的法律关系以及相应的法律地位

在传统的高度集中的计划经济体制之下，国家与社会是合一的，国家对社会实行单向度、全方位的控制，国家权力的触角伸向社会的各个层面。在

① 根据法人所从事的业务活动，我国民法通则将法人分为企业法人与非企业法人，其中非企业法人又分为机关、事业单位和社会团体法人。

高等教育领域，集中表现为权力高度集中，高等学校的举办权、办学权以及管理权都由政府部门掌控。在全能政府的理念下，高等教育的方方面面，大到高等教育的办学方向，小到课程的设置都由国家决定。这一时期，高等学校虽名为事业单位，实为政府部门的附属单位。以招生考试为例，最初高等学校在招生考试过程中，并不存在任何的权力，从考生到招生，从招生来源计划到招生名额以及录取标准等都是由政府包办的，高等学校与政府的关系是内部行政法律关系。高等学校作为内部行政法律关系中的内部行政相对人，只能是服从与执行。政府对高等学校所采取的命令或其他处分措施，属于内部行政行为，高等学校如果不服，不能对之提出复议或诉讼①。

改革开放以来，政府下放权力与转变政府职能成为中国行政改革的一个重点，这也为重构政府管理部门与高等学校之间的法律关系提供了一个契机。1985 年，《中共中央关于教育体制改革的决定》明确提出："当前高等教育体制改革的关键，就是改变政府对高等学校统得过多的管理体制，在国家统一的教育方针和计划的指导下，扩大高等学校的办学自主权，加强高等学校同生产、科研和社会其他各方面的联系，使高等学校具有主动适应经济社会发展需要的积极性和能力。"随后，1995 年出台的《中华人民共和国教育法》以及 1998 年出台的《中华人民共和国高等教育法》，用法律的形式赋予高等学校法人资格，并专门规定高等学校在招生、专业设置等方面的自主权。《中华人民共和国教育法》第十四条规定："高等教育由国务院和省、自治区、直辖市人民政府管理。"《中华人民共和国高等教育法》第十三条规定："国务院统一领导和管理全国高等教育事业。省、自治区、直辖市人民政府统筹协调本行政区内的高等教育事业，管理主要为地方培养人才和国务院授权管理的高等学校。"由此可见，政府主管部门与高等学校之间的关系是一种管理与被管理的关系。由于受传统思维习惯方式的影响，虽然法律规定了高等学校享有一定的自主权，但在实践中，政府与高等学校之间管理的边界在哪里，高等学校的办学自主权（包括招生自主权）如何得到真正的落实，仍然是困扰政府与高等学校之间关系的一个症结。这也是目前高等教育研究的一个热点问题。

值得指出的是，省级招生考试管理机构与高校之间的法律关系是一个十

① 参见劳凯声：《变革社会中的教育权与受教育权：教育法学基本问题研究》，教育科学出版社，2003 年，第 257 页。

分复杂的关系。最初，省级招生考试管理机构对招生考试有管理权，与高校事实上形成了管理与被管理的关系，但随着高校招生自主权的扩大，以及省级招生考试管理机构机职能的转换，两者之间已经逐渐从管理与被管理的关系向监督与被监督的关系转变。如何界定高校与省级招生考试管理机构在招生考试过程中的法律地位与法律关系，仍是一个颇有难度的问题。这一问题，将在后面的章节中讨论。

（三）公立高等学校与教师、学生之间形成一定法律关系时相应的法律地位

高等学校与学生、教师之间的关系如同政府与高等学校之间关系的一个缩影。在我国，高等学校与学生、教师之间的关系虽无特别权力关系之名，却有特别权力关系之实。特别权力关系理论产生于19世纪的德国，当时的德国学者为了说明官吏与国家之间的法律关系，受中古封建社会身份关系的启示而提出了这一理论①。这一理论学说认为，国家与公民的关系可分为普通的权力关系和特别的权力关系。前者是普遍适用的权利义务关系；后者则是国家或团体等行政主体，基于特别的法律原因，在一定范围内，对相对人有概括的命令强制的权力，而相对人只有服从的义务。在特别权力关系中，无论该关系是强制形成，或者当事人自愿选择，当事人均不享受公民的基本权利，不实行法律保留原则，当事人也不得利用普通的法律救济渠道寻求法律救济。行政机关可以在没有法律授权的情况下，直接根据自己管理的需要，颁布规章或指示命令，安排或规范这种关系，而不受法律的约束。20世纪以来，由于特别权力关系排除了法治行政原理的适用，因而受到现代行政法学的全面批判。

在招生考试领域，从1995年陈海云诉外交学院案开始，围绕招生问题产生的法律纠纷逐渐增多，这也反映了处于弱势地位的考生对“特别权力关系理论”的反叛与对抗。从最初的“学生参加高考，录取与否，由学校有关政策决定，原被告之间不构成民事赔偿的权利义务关系”，法院认为上诉主张不成立，驳回上诉，到“在我国目前的情况下，某些事业单位、社会团体，虽然不具有行政机关的资格，但是法律赋予它行使一定的行政管理权。

① 石佑启：《论公共行政与行政法学范式转换》，北京大学出版社，2003年，第236页。

这些单位、团体与管理相对人之间不存在平等的民事关系，而是特殊的行政管理关系”①，高等学校在招生考试过程中的行政主体地位逐渐确立。但仍然存在很大的分歧，“学校与教师、学校与学生的关系是管理与被管理的关系，那么，能否据此认为，学校就是行政主体呢？不能。因为任何一个社会组织或法人的存在和维护，都必须伴随着内部管理行为，在这一点上，学校与医院、公司等没有什么区别，这种管理行为属于内部管理行为，绝非管理社会公共事务的对外管理行为，行政法学上的行政职权是指后者而非前者。否则，所有的法人组织就都成为行政主体了”②。另外，受日本法学界“在学契约说”的影响，我国也有部分研究者认为，高等学校与学生的法律关系，包括招生考试过程中高等学校与学生的法律关系，为民法中的契约关系，即高等学校与学生之间地位完全平等，是基于双方意愿缔结的、为实现教育目的而订立的一种契约③。这种观点对于确立高等学校与教师、学生的法律关系和法律地位也有一定的影响，由此引发的学生、教师以及其他人员的合法权益如何保护，高等学校的自由裁量权如何界定等问题也更加突出。

三、公立高等学校当前的法律地位定位特点与面临的挑战

通过以上分析，我们可以看出当前公立高等学校的法律地位呈现以下特点：

第一，社会生活中角色的多重性决定了高等学校在不同方面形成不同的法律关系和法律地位。从当前看，传统教育领域内的社会关系，依据主体地位的不同以及相互关系内容的不同，正逐步分化为两类关系：一类是以权力服从为基本原则，以对学校的行政管理为主要内容的教育行政关系；另一类是以平等有偿为基本原则，以财产所有和流转为主要内容的教育民事关系④。

---

① 《中华人民共和国最高人民法院公报》1999 年第 4 期。

② 褚宏启：《关于教育法地位的法理学分析》，《教育研究》2000 年第 4 期。

③ 参见吴高程：《受教育权的民事救济》，郑贤君：《公民受教育权的法律保护》，人民法院出版社，2004 年；白呈明：《高校与学生合同关系探讨》，《复旦教育论坛》2003 年第 6 期；张弛：《学校法律治理研究》，上海交通大学出版社，2005 年。

④ 劳凯声：《中国教育法制评论（第 1 辑）》，教育科学出版社，2002 年，第 21 页。

具体而言，政府以及其他管理部门与高等学校形成管理与被管理的教育行政关系，处于行政相对人的法律地位；高等学校在与其他社会组织或公民的关系中，享有法人资格，与其他民事主体一样享有相同的民事权利，承担民事责任，在管理校内事务的过程中，与被管理的对象之间形成管理与被管理的教育行政关系，处于事实上的行政主体的法律地位。

第二，从以往的研究来看，研究者往往强调普通高校法律地位中高校与政府的法律地位，并予以关注。这不仅体现在研究的广度与深度上，也反映出只有真正理清了政府与高等学校的法律关系，才能真正实现高等学校的法人资格，真正地落实办学自主权，从而真正维护广大学生群体与教师群体的利益。从某种意义上说，当前高等学校法律地位是以高等学校与政府的关系为主导的。

近年来，由于高等学校与学生、教师的关系日益受到广大媒体和社会大众的关注，高等学校处理学校内部事务所形成的法律关系与法律地位也逐渐被纳入研究者的视野。总的来看，由于我国的法制还不健全，高等学校的法律地位还没有得到充分的确认。在民法中，高等学校的法人资格不受重视，对高等学校参与民事关系中的权利义务关系的研究还很不够；在行政法中，高等学校的行政主体地位还没有得到相关法律的认可。事实上，高等学校在不同法律关系中形成的法律地位是紧密联系、相互影响的。如果我们不能有效地实现普通高等学校在民事法律关系中所有权与经营权的区分，就无法真正界定政府与高等学校在管理行为中的临界点，普通高等学校的法人资格、法律地位也无法真正得以确认。同样，普通高等学校行政主体地位的确立也关系到高等学校与政府关系的发展与变迁。正因如此，加强高等学校在管理校内事务中的法律地位、在与其他社会组织与公民的关系中的法律地位的研究，就显得十分重要。

第三，高等学校事业单位的性质决定了当前高等学校法律地位的现状。首先，普通高等学校的事业单位法人性质决定了我国高等学校与政府之间千丝万缕的联系。所谓事业单位，是指受国家行政机关领导，没有生产收入，所需经费由国库支出，不实行经济核算，提供非物质生产和劳务服务的社会组织①。但事业单位本身是一个不断发展的概念。它的形成与我国的计划经

① 黄恒学：《我国事业单位管理体制改革研究》，黑龙江人民出版社，2000 年，第 2 页。

济体制有着不可分割的联系，甚至可以说是计划经济体制的产物。20 世纪 80 年代以来，随着经济体制改革的深入，事业单位的内涵发生了很大的变化。1998 年 4 月，为适应事业单位在社会主义市场经济体制下的变化和发展，国务院颁布了《事业单位登记管理暂行条例》，对事业单位作出了以下界定："本条例所称的事业单位，是指国家为了社会公益目的，由国家机关举办或者其他组织利用国有资产举办的，从事教育、科技、文化、卫生等活动的社会服务组织。"事业单位表面上是一个独立的实体组织，各事业单位接受行政机关的管理，与行政机关并不存在隶属关系①，但在实践中却无法摆脱政府部门的控制与命令式的管理。目前，虽然政府部门在大力提倡"有限有效政府"的理念，但一方面因为高等学校长期以来形成的对政府部门的依赖性，另一方面也因为政府部门长期以来对高等学校的习惯性的管理方式，作为事业单位的高等学校虽然在法律上获得了法人资格，但在落实上，却远远没有摆脱习惯思维与固有模式，所谓"放权"也变成了各级政府部门之间的权力分配，而不是实质上的高等学校获得权力。其次，高等学校属于事业单位法人，事业单位属于由国家举办、主要由国家财政拨款的组织，因此并不享有完全的财政所有权。而我国的法律又没有对高等学校的所有者、经营者与管理者进行区分，这就使得高等学校在参与民事活动时，无法独立地承担民事责任。最后，在管理学校内部事务上，作为事业单位的高等学校的自主权无法真正落实，这也导致在行政法中高等学校的行政主体地位难以确立，学生和教师的合法权益也无法通过法律诉讼的方式得到有效的保障。

综上所述可以看出，高等学校的事业单位性质以及事业单位法人的定位面临着愈来愈大的身份危机与挑战，这主要表现在以下几个方面：

首先，事业单位的含混性、模糊性以及不确定性，影响了大众对事业单位本身的理解。作为事业单位和事业单位法人的高等学校，面临着同样的问题。高等学校与政府之间应该是何种关系一直是困扰高等教育改革的一个重要问题，高等学校事业单位的性质在法律上到底处于什么地位？它是何种法律主体？这些一直是悬而未决的问题，给我国高等学校的发展以及司法审查带来了很多麻烦。作为事业单位的高等学校能否成为真正的行政主体，能否成为法庭上的被告？高等学校应该保持多大的自主性或独立性？如何在所谓的自由裁量权与保护广大学生、教师以及工作人员的权利之间寻找最佳的平

① 宋大涵：《事业单位改革与发展》，中国法制出版社，2003 年，第 6 页。

衡点？这些问题在法学界与教育界引起了很大的争论，但至今仍然没有得到很好的解决。

其次，从事业单位内部的分化来看，随着事业单位改革的进行，事业单位的经费来源已经多样化，这表明事业单位已经分化成不同类型的社会组织。它们有的已经由原来的国家核拨经费转制为自主经营、自负盈亏的独立法人；有的已经逐步转制为企业，尽管事业单位的身份没有改变，但可以同时申请企业法人的营业执照；有的已经摆脱了对行政机构的附属地位，成为相对独立的事业单位等。由此可见，事业单位这个概念本身是属于过渡时期的一个过渡概念，随着社会的发展，事业单位将逐步演变成两类不同性质的社会组织：一类是市场化、企业化、以营利为目的的组织，它们不具有公共管理职能；另一类则是非营利组织，它们具有一定的社会公益性职能，其中的一部分担负着某种社会管理职能①。以往事业单位的公益性、非营利性、服务性等特征已经不能反映当前事业单位的性质与特征。事业单位的改革与分化给高等学校带来了很大的冲击。高等学校是否应该逐步市场化、产业化，或者只是成为相对独立的法人？从长远来看，事业单位的概念会逐步被取消②。事业单位一旦被取消，必然带来高等学校自身的身份危机，高等学校在法律上应该处于什么样的法律地位将是一个难题。

再次，从高等学校自身的改革与实践来看，人们通常将行政等同于国家行政，认为只有国家行政才属于行政法调整的范围，这种观念导致高等学校法律身份与法律地位的偏差。一方面，作为事业单位的高等学校与政府的关系十分密切，往往导致政府把高等学校视为自己的附属机关，两者之间的法律关系能不能适用于行政法的调整范围引起了很多的争议；另一方面，既然只有国家行政才属于行政法的调整范围，作为事业单位的高等学校显然不属于行政法的调整范围，这也导致与学生、教师、工作人员切身利益相关的活动，无法寻找有效的法律途径来保护其合法权益。这一现象已经带来诸多的法律问题与纠纷，引起了广大师生的不满。总而言之，事业单位的性质使高等学校面临着实践与理论上的难题，同时也激发了学者们对高等学校性质的

① 吴刚：《类行政组织发展与行政体制改革》，《国家行政学院学报》2000 年第 3 期。

② 任进：《政府组织与非政府组织——法律实证和比较分析的视角》，山东人民出版社，2003 年，第 307 页。

重新思考。摆脱高等学校的事业单位的模糊状态，合理界定高等学校的法律地位和法律身份，就成为一个不可回避的问题。

四、几点思考

针对上述问题，理论界进行了广泛的探讨。一时间，第三部门、非营利组织已经成为许多理论研究者十分推崇的取代高等学校事业单位性质的代名词。“在新的社会条件下，教育应当归属于第三部门，学校及其他教育机构是介于政府和企业之间的非营利性组织；教育产品应当是非垄断性的公共产品。”[①] 笔者认为，从法理学的角度反思高校法律地位，应该是值得研究者关注的问题，其中有两个问题值得思考。

在名称上，高等学校不再是事业单位法人，但其准确定位还需要进一步研究。从国外的情况来看，公立高等学校的法律定位都是从公法着眼的。在法国是科学文化和职业公务法人，在德国则称为公法人，即使在英美等普通法国家，对高等学校的法律性质定位仍然是公共机构或公法人，在日本则称为公益法人。在我国，有学者提出“第三部门视野中的高等教育的关键词应是‘非营利组织’与‘社团法人’”，即“将非营利组织与社团法人加以合并，即第三部门视野中的高等教育机构应是一个非营利性社团法人”[②]，更多的学者则倾向于将高等学校的法律性质定位于“公法人中的特别法人”[③]。值得关注的是，在法学界，学者针对公法与私法的两分法，提出了介于公法与私法之间的社会法，以维护社团权益，并认为教育法就属于社会法中的部门法[④]。这对于介于政府部门与企业部门之间的高等学校的法律定位将带来新的启示。但社会法的概念和思想还很不成熟，因此，我们也只能期待和关注这一思想的进一步发展。笔者认为，无论高等学校采用什么样的名称，有两点是值得考虑的：一是中国的非营利组织与国外的非营利组织有很大的区别，正因为如此，在比较了中国与国外的非营利组织以后，有人指出，如果严格按照非营利组织的标准，中国不存在真正的非营利组织。中国的非营利

① 劳凯声：《中国教育法制评论（第1辑）》，教育科学出版社，2002年，第6页。

② 邬大光，等：《第三部门视野中的高等教育》，《高等教育研究》2002年第2期。

③ 申素平：《中国公立高等学校法律地位研究》，北京师范大学博士学位论文，2001年。

④ 徐科雷：《从社会法的视角看经济法的独立性》，《前沿》2003年第10期。

组织往往是政府培育的结果，大部分由政府创建并受政府主导，表现在组织对政府的依附性、部分履行政府职能的非自治性、名义上的非营利性与实际的营利性等①。因此在法律地位上，将政府与高等学校的法律关系逐步明确界定，是发展的必然趋势。二是高等学校与其他的非营利组织有很大的区别，高等教育提供的是准公共产品，是为公益目的而存在的。我们需要在法律上将高等学校与一般的非营利组织作区分，从而有效地防止高等学校的公益性变成营利性。

从法律地位的核心内容来看，重新界定高等学校与其他法人、政府以及学生的关系是关键性问题。

第一，传统的观点认为，主要从事民事活动的企业法人，才是法人中最主要的部分，不以民事活动为主的非企业法人，则在民事主体中居于次要的地位，因此作为事业单位的高等学校不是民法研究的重点。但随着高等学校的举办者、办学者和管理者的进一步区分，高等学校的财产所有权与经营权将得到有效分离。高等学校以民事主体的身份服务社会，积极参与各项社会活动，与之相伴随的则是针对民事主体的高等学校在民法和民事诉讼法中的独立法人地位的真正确立。高等学校与其他社团或组织以及公民之间的民事关系中，由于高等学校一方的过错造成的伤害或者其他事故，高等学校将相应承担民事赔偿责任。总的来说，随着高等学校从社会边缘走向中心，高等学校以民事主体的身份参与民事活动的机会将大大增加，高等学校在民法上的法律地位与法人资格将越来越重要。民法中，关于高等学校的权利与义务、赔偿责任等方面的相关法律法规也将不断完善与成熟。

第二，长期以来，政府与高等学校的关系是以政府为中心，以便于管理为原则，以命令为主要手段。但政府与高等学校之间的关系应当不是简单的管理与被管理的关系，而是行政法上的权利义务关系。这种关系的类型是多样的，既包括管理关系，又包含服务关系、合作关系等。但如何划清政府与高等学校的活动界限，却始终是一个难以找到最终答案的话题。政府的管理活动应该到哪里为限？高等学校的自治应从哪里开始？拓展到哪里？这与政府的管理能力、高等学校的自治能力以及其他各种客观因素的影响和制约有关。一般来说，宏观方面的管理职能或全局性的关键事务的管理，主要由政府来承担，而微观方面的管理权力将更多地交还给学校自己。政府以行政指

① 宋大涵：《事业单位改革与发展》，中国法制出版社，2003 年，第 332 页。

导和行政服务为主要特征，通过立法、财政拨款、引进中介组织等多种手段对高等学校进行间接管理与宏观管理，形成政府与高等学校之间新型的教育行政关系。当然，高等学校不能单纯等待政府的“还权”与“主动放权”；高等学校应在力所能及的范围内，尝试着去实现自治与自主，在组织内部形成有秩序、自律以及和谐的权利与义务关系，也是能有效划分政府与高等学校之间管理权限的途径。从长远来看，政府职能的转变与高等学校的自治与成熟都是长期的，操之过急或徘徊观望的态度都不利于高等学校与政府间良性关系的发展。

第三，认为高等学校与学生、教师的关系是一种纯粹的命令与服从关系的传统观点必将被抛弃。从民事关系来重构高等学校与学生关系的理论，从表面上看，学生与高等学校成为平等的民事主体，似乎提高了学生的法律地位；但表面的平等却掩盖不了事实上的不平等，不利于学生、教师等群体合法利益的保护。当然，高等学校与学生之间也存在着民事法律关系，在齐凯利诉北京科技大学人身损害赔偿案中，这一法律关系也得到了法律的确认。事实上，高等学校与学生、教师的法律关系是复杂的，因此，在法律上确认民事法律关系与行政法律关系的范围应该成为确立高等学校法律地位的重要内容之一。从高等教育的特点来看，高等学校与学生的法律关系主要是行政法律关系。高等学校在处理管理事务的过程中，呈现如下特点：一是高等学校将获得真正的行政主体资格①。过去，行政法强调其自身是关于国家行政或政府行政的法，以至于行政主体的范围也仅仅限于行政机关和法律法规授权的组织。随着行政法学研究范围的拓展以及高等学校自治权的实现，高等学校将成为真正的行政主体。有人认为，学校管理学生、教师的行为属于内部管理行为，而不能成为行政法调整的对象，否则公司、工厂都可以成为行政主体。这种担心无疑是多余的，因为这样的观点混淆了公共行政与私行政的区别。成为真正的行政主体意味着高等学校在获得更多权利（权力）的同时，也必须承担更多的责任与义务。当高等学校在处理某些内部事务时，被管理对象可以提起行政诉讼，维护自身的合法权益。二是高等学校在处理学校内部事务时，行使自主权，但仍适用法律保留原则。随着政府从“全能无

① 行政主体是指依法拥有行政职权并以自己的名义行使职权、能独立承担自己行为所产生的法律责任的组织。行政主体能以自己的名义参加行政诉讼并能成为行政诉讼的被告。

限政府”向“有限有效政府”的转变，向高等学校放权是必然的，而且会越来越多。但高等学校并不是完美的化身，高等学校在获得更多权力的同时，也面临着滥用权力的危险。孟德斯鸠曾指出：“一切有权力的人都容易滥用权力，这是万古不易的一条经验。有权力的人们使用权力一直遇到有界限的地方休止。”① 因此，高等教育领域同样需要法律的监督与司法的介入，仍然适用法律保留原则，即宪法关于人民基本权利的限制等专属立法事项，必须由立法机关通过法律规定，行政机关未经法律授权不得代为规定的原则。这意味着高等学校在行使自主权的同时，将受到法律的监督与约束。在自主权与司法介入的边界，则是保障与维护被管理者的基本权利。

第二节　在公法与私法之间：招生考试领域高校与学生的法律关系

高校的法律地位是招生考试关系中高校与省级招生考试管理机构、高校与学生法律关系的一个基础。其中，最为关键的问题就是高校与学生的法律关系问题。随着高校自主权的落实以及省级招生考试管理机构在招生考试过程中职能的转换，高校与学生成为招生考试过程中最直接的参与者，两者的关系问题不仅关系到整个招生考试过程的法律性质，也关系到调节高校与学生之间的法律手段以及考生的法律救济等问题。不同研究者从不同的角度出发得出了截然不同的结论，使这一问题更趋于复杂化。那么，在招生考试领域中，高校与学生之间究竟是一种什么样的法律关系，这个问题应该借助公法还是私法加以解决呢？

一、截然不同的观点

在招生考试过程中，高校与考生之间的法律关系的性质一直存在针锋相对的不同观点。一种观点认为：由于教育资源短缺与受教育权中的平等机会之间存在矛盾，所以才有招生政策。而每个考生的志愿填写，正是民法中的意思自愿原则的体现。从高校招生来看，意思自愿原则虽然受到招生政策的限制，随着高校自主权的落实，意思自愿原则将会得到很好的体现。任何民事活动都要受到法律政策的制约，不能因此而否定有关权利的民事性质。招

① 孟德斯鸠：《论法的精神》（上），张雁深译，商务印书馆，1982 年，第 154 页。

生实际上是特殊的要约和承诺的过程。既然是合同关系，那么就应该遵守合同法和消费者权益保护法的规定。……虽然学校在招生工作中享有自主权，但并不因此而表明学校和考生为非平等主体。殊不知考生在是否报考该校以及接到录取通知书后是否到该校就读方面也享有自主权。从这个意义上说，学校发放录取通知书构成要约，考生报到构成承诺。学校的录取工作表明学校和考生已经进入缔约阶段。在此阶段，学校根据自身特点制定统一录取标准，从上线考生中择优录取。除此之外，如学校另立标准导致某些原本应当录取的考生未能被录取，有违诚实信用原则，则应当允许考生以缔约过失为由要求学校承担民事责任①。

这一观点得到了部分学者的赞同。“办学属民事活动范畴，招生与报考均为学校和学生的民事法律行为……从高校、学生关系形成的过程来看，招生、报考、录取、注册，这是一个达成合意的过程，亦即订立合同的过程。这一过程充分体现了高校与学生的意思自治性。”高校与学生订立合同（这里仅就入学合同而言）的中间环节较多，周期较长，其中有些环节还有政府的介入（如招生人数、专业、条件，提档分数线的确定、调整）。学校的表意行为通常由公布招生信息、招生录取（签发录取通知书）、注册三部分组成；学生的表意行为则由报考行为和报到注册两部分组成。可见，双方达成合意的过程为：学校公布招生信息，考生报考，学校招生录取，被录取新生报到注册。至此，学校与学生合同关系依法成立，产生法律效力②。“毫无疑问，在招生录取过程中，学校和学生是两个独立的民事主体，其法律地位应是平等的。招生录取活动，完全可看做是学校和学生订立以教育和教学为内容的合同的活动。”③ 这种观点我们也可以称为招生考试法律关系合同论或契约论或私法论。

另一种观点则认为：高校具有双重主体的身份，在录取过程中，高校是以一个行政主体的身份出现的，行使的是公权力，高校与学生之间的关系具有不对等性，不是横向平等的教育民事关系，而是具有纵向隶属型特征的教育行政关系④。申素平将高校与学生的关系分为入学关系与在学关系，并认

---

① 吴高程：《受教育权的民事救济》，郑贤君：《公民受教育权的法律保护》，人民法院出版社，2004 年，第 275 页。

② 白呈明：《高校与学生合同关系探讨》，《复旦教育论坛》2003 年第 6 期。

③ 张弛：《学校法律治理研究》，上海交通大学出版社，2005 年，第 67 页。

④ 郭志成：《普通高等学校招生录取权的司法制约问题》，劳凯声：《中国教育法制评论（第 1 辑）》，教育科学出版社，2002 年，第 130 页。

为“入学关系属于行政关系。这一关系的双方主体一方是学生，另一方则包括高等学校及其相应的教育行政关系”①。冯娜在《高校权力的法律规制》中也认为：“从公立高校的招生来看，教育行政部门的强力介入，政府也历来将考试、招生作为一项行政工作，其性质是显而易见的，不能被解释为受限制的契约自由。毕竟，契约自由受限制的理念是不能包括政府权力直接参与契约签订过程的意思的。”② 这种观点，我们姑且称为招生考试法律关系行政论或公法论。

北京大学的沈岿教授从教育行政部门与公立高等学校在招生中的作用出发，将当前的招生模式分为教育行政部门与公立高等学校分工合作的模式，教育行政部门宏观管理、公立高等学校高度自主的模式，以及公立高等学校的市场化运作模式，并认为全国统一考试的本（专）科生招生属于教育行政部门与公立高等学校分工合作的模式。在这一模式下的招生具有非常强烈的公共行政性质，教育行政部门也始终将其作为一项行政工作来抓，因此这类招生是一种公共行政活动。当公立高等学校违反国家有关规定录取学生时，学生可以向教育行政部门提出进行监督的请求，或者直接以公立高等学校为被告，提起行政诉讼。但沈岿教授也指出，有些类别的学生录取是通过签订合同的形式最终完成的，如签订定向培养协议书、委托培养协议书。这就意味着整体上属于行政公务活动的招生并不完全排斥适用合同法规则。这些协议书一般是学校方给出的格式合同，对于参加了统一考试、不想轻易放弃既有成绩和入学机会的学生而言，即便其认为合同条款存在违反国家有关规定、违反学校招生简章或者其他有失公平的问题，为了首先保证入学，往往会先行签下协议，事后才提出异议。因此，以签订协议方式入学的学生，可能在事后仅就协议本身的合法性问题提出诉讼。若如此，通过民事诉讼途径加以解决是合适的，毕竟协议本身的合法性争议可以归属于私法争议③。这种观点，我们称为招生考试法律关系多样论。值得指出的是，在普通高等学

① 申素平：《中国公立高等学校法律地位研究》，北京师范大学博士学位论文，2001年。

② 冯娜：《高校权力的法律规制》，邓正来：《法律与中国》，中国政法大学出版社，2005年，第391～405页。

③ 沈岿：《公立高等学校如何走出法治真空》，郑贤君：《公民受教育权的法律保护》，人民法院出版社，2004年，第204～209页。

校招生考试中，定向培养招生只是在少数特殊行业的特殊专业还少量存在，只占整个招生的极小部分，而委培招生随着并轨的实现以及扩招政策的实施，已经逐渐被取消。因此，多样论事实上与公法论相一致。

二、几个关键问题的分析

无论是招生考试法律关系私法论、公法论还是多样论，有几个关键性的问题无法回避，这几个问题同时也是关系到招生考试领域法律关系定性的关键性问题：一是判断招生考试领域高校与学生法律关系的标准究竟是什么？二是作为支持私法论的关键性指标的高考志愿表在招生考试过程中的法律性质究竟如何？三是在招生考试过程中，高校的招生简章的法律地位如何？笔者拟就这三个问题来厘清招生考试过程中高校与学生的法律关系。

（一）公法与私法的判断标准

或许有人会认为，招生领域的公法与私法之争实际上并无实际意义：无论公法还是私法属性，只要立法机关或司法机关以某种权威的形式宣告因招生考试发生的争议通过民事或行政诉讼加以解决，以保证合法权利得到有效的维护与救济不就可以了吗？对此，沈岿教授指出："公法与'有限政府'理念是彼此勾连的，私法则建立在'契约自由'、'财产权神圣'的理念基础之上。二者都出于个人主义、自由主义的关怀，但公法为保障个人权利而对政府进行约束，私法为实现个人权利而放任平等主体基于意思自治的交往自由。"① 从这个意义而言，招生考试领域的公法与私法之争，实质上在于解答这样一个问题：把高校与考生之间的关系视为公法关系，通过相对比较严格的公法规则对高校的招生权加以控制，或者把高校与考生之间的关系视为私法关系，在放任自由的基础上加以适度限制，看哪一种更有利于保障学校和考生各自应该享有的正当权益②。事实上，这一点正是公法论者坚持的观点，他们认为："即使法院作为民事诉讼案件受理，学生也仅能获得金钱赔偿，却并不能获得重新入学的机会，这样的结果也许并不是每一个学生都想要的。甚至可以说，在获得金钱赔偿与入学机会之间，也许会有更多的学生

---

① 沈岿：《公立高等学校如何走出法治真空》，郑贤君：《公民受教育权的法律保护》，人民法院出版社，2004 年，第 214 页。

② 沈岿：《公立高等学校如何走出法治真空》，郑贤君：《公民受教育权的法律保护》，人民法院出版社，2004 年，第 215 页。

选择后者。对于这样一个对学生如此重要的权益，如果因为高等学校的违法或错误行为受到侵害，却并不能获得他期望获得的救济，不能不说是一个缺憾。”① 这样的说法虽然充满了对权利的终极关怀，但似乎更倾向于从应然的目标出发来试图解释实然的状态。因此，我们有必要从划分公法与私法的标准出发，来具体分析当前招生考试过程中高校与考生之间的法律关系。

公法与私法的划分是西方法制与法学的一个重要问题，也是当代中国法学研究的重要内容之一。我国法学界对公法与私法的划分素有争论。公法与私法的划分最早起源于古代罗马法，后逐步发展定型为公法和私法，并被延续下来。公法与私法的划分标准在国外有过许多种，主要包括主体说、意思说、利益说和社会说等。所谓主体说，就是按照法关系的主体来划分公法和私法。一方或者双方为国家或者公共团体的为公法，一方或者双方为私人或者私人团体的为私法。意思说是凡法关系的形成是通过权力者和服从者的意思表示的是公法，反之，法关系的形成是通过关系主体对等的意思表示的是私法。利益说则认为，凡确认以公益为目的，或者关于国家制度方面的法是公法，而以追求个人利益为目的的法则为私法。所谓社会说，是指以国家或者以其他社会组织为对象的法为社会法或者公法，以个人为主要对象的法为个人法或者私法②。

新中国成立以后，受苏联法学的影响，我国一直否定将法律区分为公法与私法的分类方法。随着改革开放的深入，社会主义存不存在划分公法与私法的基础，有没有必要区分公法与私法，这些问题在法学界逐渐引起重视，并得到了深入的研究。有学者反对公法与私法的划分，认为应该“与我国国情相适应，是什么法就称什么法，不再作公法和私法的归类，建立起有中国特色的法体系”③。但更多的学者对公法与私法的划分还是表示了支持，认为从法律实践的角度来看，现代法治的各国都存在着划分公法与私法的现象，尤其是在欧洲大陆法系国家，如何区分公法与私法更是一个实际的法律任务。有学者认为：从理论上说，私法以个人的意思自治与私权为出发点，其任务是规范平等主体之间法律行为的实施，调整私人之间潜在的或者现实

---

① 申素平：《中国公立高等学校法律地位研究》，北京师范大学博士学位论文，2001 年。

② 甄士明：《公法与私法问答录》，《当代法学》1997 年第 4 期。

③ 甄士明：《公法与私法问答录》，《当代法学》1997 年第 4 期。

的利益冲突；而公法尤其是其中最为重要的宪法和行政法，是以作为主权者的国家、国家权力中的行政权力为调整对象的，其目的是确定国家权力运作的基础与界限①。随着社会多元化和国家民主化的推进，管理公共事务的权力不断从政府向社会转移。公法中行政法调整的对象也不再仅仅限于国家行政，它还开始对社会组织行使公权力的行为（即公共行政）进行规范和约束。虽然有学者对高等学校行政主体的身份持质疑态度，认为如果高校与学生的管理关系属于内部行政管理，那么任何一个组织或法人的存在和维护都必然伴随着内部管理行为②。如果高校能够成为行政主体，则公司、工厂也可以成为行政主体。因此，我们有必要对公共行政与私行政作区分。一般而言，公共行政以公权力为基石，所指向的是公共事务，其目的是实现公共利益的非营利性和服务性活动③。笔者认为，这在某种意义上也构成了区分公法与私法的标准。

具体到招生考试领域，高校与学生之间的法律关系属于私法还是公法调整的标准在于，高校与考生之间的法律地位是否平等，是否存在公权力的行使，是否管理公共事务，是否为了维护公共利益等。那么高校与考生之间的法律地位是否平等呢？事实上高校在招生考试过程中，在法律规定的范围和颁布的招生章程内拥有招生自主权，具体表现为：高等学校根据我国经济社会发展的需要，在国家核定的年度招生计划内，结合近年来毕业生就业情况和各省（自治区、直辖市）的生源情况，做好招生专业结构、层次结构、区域结构的调整，自主、合理地安排招生来源计划；高等学校可安排面向艰苦地区、艰苦行业以及军工、国防等国家重点建设项目的定向就业招生计划；安排跨省（自治区、直辖市）招生的高等学校，在国家核定的年度招生规模内，可以预留少量计划，用于调节各地统考上线生源不平衡问题，高等学校调阅考生档案的比例可以在120%以内，省级招生考试管理机构按高等学校的有关要求向其投放考生电子档案；特殊加分的考生或者降分投档的考生，由学校审查决定是否录取，等等。可见，高校在招生考试过程中与考生之间

① 杨寅：《从对峙走向合作：公私法关系的新境遇》，《政治与法律》2003 年第 1 期。

② 褚宏启：《关于教育法地位的法理学分析》，《教育研究》2000 年第 4 期。

③ 石佑启：《论公共行政与行政法学范式转换》，北京大学出版社，2003 年，第 21～24 页。

的法律地位并不是平等的。其公权力来源于法律的授权，即通过高等教育法和招生考试法规的“授权”获得招生权，其目的是实现国家和社会的公共利益（当然其中也包含考生个人利益的实现）。关于招生过程中形成的考生与学校之间的纠纷是否可以借助私法进行保护，早在1995年发生的我国首例高校招生纠纷案就已经把这一问题提出来了。当时一审和二审法院均认为，学生参加高考，是否录取由学校依据有关政策决定，学生与学校之间不构成民事权利义务关系①。因此，从法理和法律实践来看，笔者认为，高校与考生的关系是受公法调整的教育行政关系。

（二）志愿申请与招生简章

坚持招生考试领域的高校与学生之间的关系属于民法调整范围的观点，强调招生考试过程是高校与学生达成合意的过程，而志愿申请与招生简章则成为高校与学生之间合同的构成部分。因此，有必要对志愿申请与招生简章的性质进行探讨。

《中华人民共和国合同法》第一章第二条明确规定，“本法所称合同是平等主体的自然人、法人、其他组织之间设立、变更、终止民事权利义务关系的协议”；并列举了重要合同形式，即买卖合同，供用电、水、气、热合同，赠与合同，借款合同，租赁合同，融资租赁合同，承揽合同，建设工程合同，运输合同，技术合同，保管合同，仓储合同，委托合同以及居间合同等；并规定（第一百二十四条），本法分则或者其他法律没有明文规定的合同，适用本法总则的规定，并可以参照本法分则或者其他法律最相类似的规定。很显然，合同属于平等主体之间的民事法律行为，必须遵从民事法律中关于民事法律行为的一般规定，在合同当事人所作的意思表示符合法律规定的前提下，合同方具有法律约束力，受到法律的保护②。从前面的分析我们知道，事实上在招生考试过程中，高校与考生之间就录取而言，并不处于平等的法律地位。试图用合同论去解释两者之间的法律关系是不恰当的。但在合同法中，有一种特殊的合同形式即供用电、水、气、热合同。供用电合同的订立程序包括了用电人首先向订立部门办理用电申请手续以及电力部门批准的程序，与招生考试的程序有一定的相似性。需要指出的是，供用电合同事实上是平等主体之间的合同。尽管电力部门作为行政部门具有监督管理电力的职能，但当它与用电人签订供用电合同时，则是民事主体的身份，与用

---

① 珊珍：《全国首例高校招生纠纷案》，《法律与生活》1997年第1期。

② 李开国：《合同法》，法律出版社，2002年，第36页。

电人处于平等地位。这类合同本质上是一种买卖合同，与买卖合同一样是诺成、双务、有偿合同[①]。因此，这类合同虽然在形式上与高校招生考试有一定的相似性，但在实质上却有很大的差别。

在高校与学生之间的法律关系中，志愿申请的定性是一个难题。从学生的角度看，学生有选择学校的自由，可以选择服从或不服从专业和学校的调配，似乎有学校和学生达成合议的空间，但在民法理论上很难将其定性。因此，沈岿教授建议不如将尊重学生的报考志愿视为学校在实行公务时必须遵循的一个规则，把由此产生的纠纷作为行政争议处理，更有利于保障学生的正当权益[②]。笔者认为，学生的志愿申请似乎更接近于行政许可制度中的申请，而高校则按照教育部颁布的有关招生考试法规和本校制定的招生章程，对学生的申请进行受理和审查，对合格者颁发入学通知书。

同样，高校的招生章程也不能简单地定义为学校表意的行为。事实上，根据教育部发布的《2004 年普通高等学校招生工作规定》，高等学校依据《中华人民共和国教育法》、《中华人民共和国高等教育法》以及教育部有关规定制定本校的招生章程，并指出高等学校的招生章程是高等学校向社会公布招生信息的主要形式，是其开展招生工作、录取新生的重要依据。招生章程由高等学校的主管部门依据国家有关法律和招生规定进行审核。高等学校应于 5 月 1 日之前在本校网站以适当方式向社会公布本校招生章程。招生章程的主要内容包括：高等学校的全称、校址、层次、办学类型、在有关省（自治区、直辖市）的分专业招生人数及有关说明，专业培养对外语语种的要求，男女生招生比例及身体健康状况要求，录取规则，学费标准，颁发学历证书的学校名称及证书种类，联系电话和网址以及其他须知等，高等学校在新生录取期间不得更改在招生章程中向社会公布的录取规则。由此可见，招生章程实际上是具有法律效力的章程性文件，它是具有行政主体地位的高校在行使招生权的管理原则和标准。但由于对高校招生章程的重视才刚刚开始，对高校招生章程的管理也还刚刚起步，因此，当前高校颁布的招生章程还存在很多的不足，如自行设定学校级差、专业级差，有些甚至高达 50 分左右，有的自行设定男女生比例或者身体状况要求等。笔者认为，这些具体规定造成的对考生受教育权的侵害，都是可以通过行政诉讼来解决的。

---

① 隋彭生：《合同法要义》，中国政法大学出版社，2003 年，第 496 页。

② 沈岿：《公立高等学校如何走出法治真空》，郑贤君：《公民受教育权的法律保护》，人民法院出版社，2004 年，第 208 页。

总的来看，在招生考试领域，高校与考生的法律关系是行政法调整的行政关系。虽然“公私合作”以及“以私法完成公法任务”的提法已经表明公法与私法之间的界线并非牢不可破①，但就我国的普通高校招生考试而言，“以私法完成公法任务”，实现各类主体平等合作，还有很长一段路要走。从目前的现实出发，将高校与学生之间的招生考试法律纠纷纳入公法调整的范围更有利于保证学生的权利。当然，从法学的视角审视招生考试领域还刚刚开始，许多问题还有待进一步研究，笔者所做的也仅仅是研究的初步尝试。

第三节　作为一种公权力的招生自主权

自1978年苏步青先生等提出给予大学办学自主权以来，政府与高校之间的关系就开始进入了一个新的历史时期。根据《中华人民共和国高等教育法》的规定，高等学校拥有一定的办学自主权，其中就包括招生自主权。具体而言，高等学校有根据社会需求、办学条件和国家核定的办学规模，制定招生方案，决定招生的具体数量和人员，确定招生范围和来源，自主调节系、科招生比例等方面的权力。就当前有关研究的现状来看，大量的研究集中于高校招生制度的改革，而高校招生自主权的研究还刚刚开始，主要集中在对招生自主权意义的认识以及对自主招生制度的探索等方面②，表现出对

① 参见王维达：《以私法完成公关任务》，百家出版社，2003年。

② 相关文献大概有30多篇，其中有代表性的论文包括：徐瑞英：《试论自主招生模式》，《苏州大学学报》（哲学社会科学版）1996年第4期；初育国，等：《论扩大高校招生工作自主权与完善自我约束机制》，《中国高教研究》2002年第9期；杨学为：《关于扩大普通高校录取新生自主权问题》，《中国考试改革研究》，北京大学出版社，2001年；徐建春：《高校招生制度改革的思考》，《教育发展研究》2003年第Z1期；郭晓萍：《试论扩大高校招生自主权》，《中国高教研究》2003年第2期；左治兴、王丽萍：《进一步完善监督机制　不断扩大高校招生自主权》，《大学教育科学》2003年第3期；刘光余：《高校自主招生考试制度改革的思考》，《教育发展研究》2003年第10期；欧阳宏斌、徐颖峻：《对当前高考模式下自主招生的分析与思考》，《江苏高教》2004年第4期；张宝昆，等：《从统一招考到自主招考：中国大学招生入学考试之重大变革》，《湖北招生考试》（理论版）2004年第12期；张亚群：《高校自主招生考试的认识误区》，《考试研究》2004年第2期；郭宇宽：《“中国国情”下的高校招生自主权》，《中国教师》2004年第7期；王铮：《高校5%招生自主权置疑》，《中国教师》2004年第7期；郭志成：《谁在为大学招生?》，《中国教师》2004年第7期；许杰：《对高校招生自主权性质的再认识》，《中国教师》2004年第7期；王均：《自主招生改革的探索与实践》，《中国教师》2004年第7期；等等。

当前实行自主招生制度意义的描述以及对其实行过程中可能产生的问题的忧虑与反思。具体而言，大多研究者认为，扩大高校招生自主权是扩大高校办学自主权的重要内容，是高校自身发展的需要，是学生健康发展的需要，是普通中学教育正确发展的需要，同时也是社会经济和文化发展的需要。一方面，自主招生对素质教育、扩大高等院校自主权的意义重大，有助于破除现行高考制度的弊端，促进素质教育，有利于扩大高校自主权，培养专业优势和保持学术优势，保持高校的独立性；另一方面，自主招生也存在着教育公平和如何有效监督的问题，自主招生具有明显的城市价值取向，客观上存在着不利于农村学生等弱势群体的因素，这使他们在竞争中处于不利的位置。特别是针对自主招生，许多研究者认为，高校自主权力的扩大，会为各种腐败现象的产生提供更多的机会："各级领导随便批条子"的现象可能会更加严重；高校为了创收，会以各种各样的方式向学生收取不合理的费用，甚至钱权交易等行为也会愈演愈烈。因此，研究者对自主招生制度的发展表示担忧并提出了许多建议。笔者认为，招生自主权不仅对于高考制度改革具有重要意义，而且对于高校自身实现依法治校，将招生考试领域纳入法治的体系，从而有效维护高校、考生等主体的合法权益具有重要意义。因此，有必要从法学的角度对招生自主权进行专门论述。

一、权力、公权力与招生权

从已有的研究来看，对招生自主权的定义主要是从招生自主权包含的内容和范围入手来界定的。如有人认为："招生自主权可以分为三个部分：第一部分是高校规划布局、专业设置及招生人数（或在校人数）；第二部分是招生组织，高校入学考试组织及命题；第三部分是录取标准。"① 也有学者认为："从宏观上看，高校在国家对人才培养的宏观规划、人才市场的变化以及高校自身的实际条件范围内，决定其招生方面的基本方针、政策以及采取的具体措施的权利，即是高校招生工作的自主权。从微观上看，招生工作的自主权应包括以下几个基本内容：第一，自主决定学校招生计划和来源计划，即学校根据自身的发展规模确定招生总人数以及在不同地区的招生人数；第二，自主决定录取方式，可以通过统考的形式录取，也可以通过单独

① 徐瑞英：《试论自主招生模式》，《苏州大学学报》（哲学社会科学版）1996 年第 4 期。

考试、免试等方式录取；第三，自主决定录取标准，何种水平的考生可以录取以及录取到何种专业由高校自主判定；第四，自主决定收费标准。从理论上讲，这些权利属于高校办学自主权的范畴。”① 也有研究者从录取的过程来定义招生录取权，如招生录取权是高等学校招生自主权的组成部分，是高等学校根据国家的教育法规、政策，按照一定的标准，遵循一定的程序和原则，选拔合格新生的权力②。笔者认为，仅仅通过高校以及招生两方面来界定招生自主权并不足以揭示招生权的内涵与实质，也不足以厘清当前对招生自主权的种种误解。我们有必要从权力的角度来解释招生权的内涵。

权力是“在本质上有争议的概念”，不同学科的研究者从不同角度对权力的解释也不尽相同。《简明不列颠百科全书》把权力定义为：一个人或许多人的行为使另一个人或其他许多人的行为发生改变的一种关系。美国著名的未来学家阿尔温·托夫勒认为：权力是一种有目的的支配他人的力量。韦伯则提出一个常被引用的权力定义，“权力意味着在一种社会关系中，自己的意志即使遇到反对也能贯彻的任何机会，而不管这些机会建立在什么基础上”③。罗素认为“权力的含义与物理学的基本概念能量相同……从它极广的意义上来说，是一种希望能对外界（无论是人的或是非人的）产生预期影响的欲望，这种欲望是人性的主要组成部分”④。福柯视权力“是对各种可能行动产生影响的行动的总体结构”。法学家在权力的概念上虽未提出过经典的定义，但一般都将其与强制、服从及惩罚相联系，即“以合法的强制力作为后盾的一个行为主体支配其他行为主体的能力”⑤。由此可见，“大多数分析家还是承认，‘权力’基本上是指一个行为者或机构影响其他行为者或机构的态度和行为的能力”⑥。权力本身是与影响其他认定行为或机构的强

---

① 初育国，等：《论扩大高校招生工作自主权与完善自我约束机制》，《中国高教研究》2002 年第 9 期。

② 郭志成：《普通高等学校招生录取权的司法制约问题》，劳凯声：《中国教育法制评论（第 1 辑）》，教育科学出版社，2002 年，第 125 页。

③ 马克斯·韦伯：《社会学的基本概念》，胡景北译，上海人民出版社，2000 年，第 85 页。

④ 罗素：《权力论》，靳建国译，台北远流出版有限公司，1989 年，第 4、240 页。

⑤ 喻中：《法律文化视野中的权力》，山东人民出版社，2004 年，第 41 页。

⑥ 戴维·米勒、韦农·波格丹诺编：《布莱克维尔政治学百科全书》，邓正来译，中国政法大学出版社，1992 年，第 594～595 页。

制力而同时存在的，这种特性使权力本身具有一种潜在的侵犯性，“权力，就其本身而论，并不是一个令人愤慨的主题。权力的运用，某些人对别人意志的服从在现代社会是不可避免的，没有它，任何事情都不可能完成。这一主题不仅把人们导向怀疑论，而且使人们认为权力是邪恶的根源。权力可能是社会的罪恶，也是社会的基础”①。的确，权力虽然导致罪恶，却也是社会所必需的。

权力有公权力与私权力之分。公权力是一种特殊的权力形式，是近现代社会中，在一定的公共范围内，受公众委托而行使的权力。它包括以下几个要点：公权力在当代中国主流意识形态中，只存在于近现代，且与主权在民的政治原则相关联。因此，公权力的存在是需要一定的历史条件的。公权力应该是受公众委托，为公共利益而行使的权力。从程序上看，公权力来自公众的授予，行使权力是为了公共利益；公权力并不等同于国家权力，二者之间形成的是交叉而不是重合的关系。因此，很多非国家机关的主体也是公权力的拥有者和行使者②。招生权无疑首先是一种权力，而且属于公权力的范畴，即它是高校以及相关机构根据法律的规定对考生能否进入高等教育阶段学习的能力，是对高等教育这一社会稀缺资源进行分配的行为能力，这一权力的存在，在资源有限的情况下，必然导致有部分学生被淘汰。因此，其对考生、家庭乃至整个社会都具有重要的影响。从招生的权力来源看，招生权是由法律授予的，为保障高校选拔合格新生、维护社会公平的一种权力。其权力来源于国家教育权，但教育权作为一种国家权力，不是自发地生长出来的，它是一种继受性权力。其权力性质是一种受委托的权力，其权力源泉是人民主权和宪法制定权；国家教育权是社会教育权在逻辑发展过程中的一种权能分解，是社会教育权的分解物③。可以说，招生权本质上属于社会与公众的委托与授予，其目的是保证国家和社会的公共利益的公权力，并突出地表现为维持招生考试领域的公平、公正与正义，实现考生的受教育机会均等，并保证有能力的人实现受教育权。

---

① 约翰·肯尼斯·加尔布雷斯：《权力的分析》，陶远华译，河北人民出版社，1988 年，第 11 页。

② 喻中：《法律文化视野中的权力》，山东人民出版社，2004 年，第 46 页。

③ 秦惠民：《走入教育法制的深处——论教育权的演变》，中国人民公安大学出版社，1998 年，第 176 页。

二、谁拥有招生权

谁是招生权的拥有者？从表面上看，招生自主权似乎意味着在招生考试过程中，从考试到招生，从招生方式、录取标准到录取决定，都由学校自行决定。有研究者也对这种完全自主的招生模式持拥护的态度，实际上这既不现实，也无必要，还可能造成资源的浪费与混乱。有研究者认为，“高校的自主招生权是由招生办工作人员在招生办公室主任指挥下，在主管副校长的指导下，按照校长的指示或者校长办公室的决议来运作的。而中国高校的大多数校长的进退是由上级主管部门决定的，远没有实现‘自主权’”①。这种观念无疑是将高校招生自主权绝对化了，并将国家对招生权的控制与管理同高校的招生自主权对立起来。招生承载着高校通过招生考试选拔适合高等院校质量要求的新生的目的，因此高校招生自主权应该是高校的一部分自主权力，并为高校服务，这是毫无疑义的。但高校招生不仅仅是高校的事情，也关系到国家与社会的发展，政府必然会参与其中，成为招生权的分享者。政府加强对高校录取名额的审批、对部分高校亮起招生“黄牌”，也未尝不是通过对高校的监控来维护考生利益，维护国家与社会的发展。从世界范围来看，无论是集权制国家还是标榜自由的民主国家，都采取各种手段或方式对高校的招生进行适当的干预与管理，即使美国也不例外。虽然美国的公立高校和私立高校都拥有很大的高校自主权，表现在对招生名额、招生录取等行为的决定权，但联邦政府与州立政府并没有放弃对招生权的干预，并通过《平权法案》等立法的方式以及资助入学学生等方式来加强对高校招生权的管理。从招生权的来源看，招生权源于国家教育权，因此，国家必然拥有对招生的管理权。

在我国，事实上还存在招生办公室（以下简称招办）对招生权的监督以及部分权力的分享。招办拥有一定的招生权，源于招办是以政府机构的身份来管理招生，随着我国高考制度与招生制度的改革，招办的权力逐渐转移给高校，形成“学校负责，招办监督”的录取体制，招办主要享有监督权。从分权的角度来讲，这也有利于对绝对权力的控制与监督，抑制权力腐败。有人认为，由省级招生委员会和行政部门划定各层次高校录取分数线的办法，是对高校招生自主权的侵犯。事实上，多数高校的实际录取分数线并非省级

① 郭宇宽：《“中国国情”下的高校招生自主权》，《中国教师》2004年第7期。

招办越俎代庖划定的，而是由各高校自身的学术声望和报考人数，尤其是做第一志愿报考的人数所决定的。其所划定的录取分数线对于大部分高校而言，很大程度上只是最低分数线或参考分数线，对于防止不正之风的泛滥、保证学生质量的基本水准有重要作用①。正因为如此，招生权本身并不意味着只有高校才拥有这一权力，它本身涉及的利益群体非常广泛，必然受到社会和国家的介入、管理与监督。将高校招生自主权绝对化，不仅无益于保持整个招生考试系统的运行秩序，而且必然导致权力的泛滥，从而使高校最终丧失招生权。

当然，在不同的国家，高校所拥有的招生权是不一样的。在美国，高校对其教职工、校友子女等有特殊的标准，并理所当然地被视为招生自主权的一部分，而在我国，则会被视为特权；在美国、英国，招生权主要是高校拥有，而政府则主要履行管理与监督的职能，间接分享招生权；在德国、法国，政府对高校招生权的控制则严格得多，不仅通过法律来对招生权进行管理与限制，政府还直接参与招生，对招生名额、录取标准等内容进行干预。在我国，新中国成立之初，高校招生完全由中央和地方的各级招办主持，高校在招生上几乎不存在权力。一直到 20 世纪 80 年代以后，才逐渐形成“学校负责，招办监督”的录取体制，高校才逐渐获得部分招生权。但种种原因导致的招生腐败使高校在招生自主权的扩大上存在很大的争议，赞同者从高校的利益出发，希望高校能够获得更多的自主权，而反对者则从维护社会公平、维护高考权威出发，对 5%的招生自主权也持怀疑与不满的态度。可见，招生自主权本身是一个不断发展的概念，在不同社会、不同时代、不同国家有不同的内涵和体现，这与不同国家、不同社会的文化传统、公众的接受度、政府的管理能力以及大学自身的自治传统与能力等因素相关。当前，我们所提倡的招生自主权并不意味着只有高校才是招生权的唯一合法的拥有者，“自主”主要强调的是高校从“无权”到“有权”、从“权力的范围较小”到“权力的范围逐渐扩大”的过程，而并不排斥国家与社会的管理与监督。高校的招生自主权只能是国家管理与社会监督下的招生自主权，如何在国家、省级招办、高校以及社会之间寻找各种权力的界限，仍是高校落实招生自主权的重要课题。

---

① 刘海峰：《高考改革何去何从》，《教育研究》2005 年第 3 期。

三、招生权力的分配

国家、省级招办以及高校都是招生权的拥有者，但三者的权力范围与内容并不相同。这主要是通过教育法、高等教育法以及相关法律来规定的。教育部主要拥有招生与考试工作的管理权，而省级招办主要行使监督权。

《中华人民共和国教育法》第二十八条规定学校享有招收学生或者其他受教育者的权利，而在《中华人民共和国高等教育法》第三十二条到第三十八条有关权利的表述中，都出现“自主”的字样，暗示大学所拥有的自主权，其中第三十二条关于招生自主权的表述为“高等学校根据社会需求、办学条件和国家核定的办学规模，制定招生方案，自主调节系科招生比例”。但法律规定的权利往往具有概括性和一般性，高校的招生权的具体范围可以从教育部的行政规章《2010 年普通高等学校招生工作规定》以及高校颁布的招生章程来确定其具体行使的自主权限范围：1. 高校在《普通高等学校招生体检工作指导意见》的基础上，可根据本校的办学条件和专业培养要求，提出对考生身体健康状况的补充要求。2. 高校依据《中华人民共和国教育法》、《中华人民共和国高等教育法》和教育部有关规定制定本校的招生章程。3. 经教育部批准（或备案）的具有普通高等学历教育招生资格的高校在国家核定的普通高等教育年度招生规模内，可按有关计划编制工作要求编制本校的分省（区、市）分专业招生计划（即招生来源计划）。4. 部分高校向其主管部门申请，并经教育部核准备案，可面向部分国家重点建设项目用人单位安排少量定向就业招生计划。5. 安排跨省（区、市）招生的本科高校，在国家核定的年度招生规模内，可以预留少量计划，用于调节各地统考上线生源的不平衡。6. 在投档成绩达到同批录取控制分数线的考生中，高校一般应在本校招生计划数的 120%以内，确定调阅考生档案的比例，对思想政治品德考核合格、身体状况符合相关专业培养要求、投档成绩达到同批录取控制分数线并符合学校调档要求的考生，是否录取以及所录取的专业由高校自行确定，高校负责对已投档但未被录取考生的解释。7. 特殊加分与降分投档的考生由高校审查决定是否录取。8. 部分高校有单独招生权、自主选拔录取权，但需按教育部有关规定执行。如果我们进一步研究，就会发现这些自主权并不是完全的自主，对考生身体健康状况的补充要求必须合法、合理，有详细的说明和解释，并在招生章程中向社会公布；招生章程必须经高校的主管部门依据国家有关法律和招生政策规定进行审核备案；招生来源计划、定向就业招生计划必须经教育部批准，而预留计划数须报其主管部门审核，汇总后报教育部备案。

自教育部《关于做好2002年普通高等学校招生工作的通知》文件中规定“今年招生工作中，高等学校除了要向考生和社会公布招生计划外，还必须同时公布招生章程”以来，招生章程不仅成为高等学校向社会公布招生信息的主要形式，也成为体现高校招生自主权、开展招生工作、录取新生的重要依据与载体。我们不妨深入不同高等学校的招生章程探讨高校实际拥有的招生自主权。一般而言招生章程主要内容包括：高校全称、校址（分校、校区等须注明），层次（本科、高职或专科），办学类型（如普通或成人高校、公办或民办高校或独立学院、高等专科学校或高等职业技术学校等），在有关省（区、市）分专业招生人数及有关说明，专业培养对外语的要求，经批准的招收男女生比例，身体健康状况要求，录取规则（如有无相关科目成绩或加试要求、对加分或降低分数要求投档及投档成绩相同考生的处理、进档考生的专业安排办法等），学费标准，颁发学历证书的学校名称及证书种类，联系电话、网址，以及其他须知事项。其中最核心的是录取规则，考察北京大学、清华大学、浙江大学、复旦大学、上海交通大学2015年的招生章程，我们可以发现其不同的差异（见下表），而这种差异正是高校根据自身的办学宗旨、办学特色、人才培养模式所体现出的高校招生自主权的核心内容。

北京大学等5所高校招生章程比较表

	专业志愿差	单科成绩	加分政策	语言要求	投档成绩相同考生的处理
北京大学	原则上在5分以内	应达到及格水平	符合多项增加分数条件，只取其中最高一项分值，且增加分数不得超过20分	外语类专业只招收英语语种考生	参考相关科目成绩
清华大学	一般在1～5分之间	应达到及格水平	同上	国防生原则上只招生英语语种考生	分数相同且当清华大学计划余额不足时，按照各省级招生主管部门确定的顺序细则进行录取

续表

	专业志愿差	单科成绩	加分政策	语言要求	投档成绩相同考生的处理
浙江大学	不设专业间分数级差	无	按各考区招生工作组的规定加分投档，但在专业（大类）录取时以实考分为准	非英语语种的考生填报志愿时应慎重	优先录取加分考生
复旦大学	专业级差分1分、1分、1分、0分、0分	无	原则上认可各省级教委（或招办）有关加分投档的政策，并可与校优惠录取政策叠加	无	无
上海交通大学	级差为2分、1分；级差计算2次后，不再累计。从2015年开始不再设专业级差	无	原则上认可考生具备的所有加分项目中最高一项加分，且最高不超过20分	无限制，但学生入校后，除卓越工程师学院所属专业、日语、德语、临床医学八年制（法语班）等专业外，全部学习英语	以数学、英语成绩的高低决定取舍

由此可见高校招生自主权是高校根据相关法律、法规以及高校招生章程所规定的招生权限，其主要内容包括制定高校招生章程、编制招生来源计划、定向招生计划、预留计划以及自主招生，其核心内容则是高校制定招生章程，确定招生规则并按照招生章程负责录取的权利。

当然，高校在实践中是否拥有自主权，在多大程度上拥有自主权，是一个具体而复杂的问题。即使根据有关法规规定高校拥有一定的招生自主权，但在实际操作中，可能每个省（自治区、直辖市）在招办与高校的具体行为中也会有差别。在投档、退档、审批等环节上，某些省（自治区、直辖市）在程序上履行相关手续后，会比较尊重高校招生的选择，允许高校根据自己的情况录取学生或退档；而有些省（自治区、直辖市）可能会比较严格，对高校实行的专业级差、学校级差采取不认可的态度，而要求高校按照分数优先的原则录取，而且不轻易退档。这与各省（自治区、直辖市）多年形成的高考文化、对监督权的理解等因素密切相关。但从总的发展趋势来看，高校获得招生自主权不是能不能的问题，而是多大范围内、多大程度上获得招生自主权，以及如何行使招生自主权的问题。而这两个问题又是相互关联的，即高校招生自主权行使得好，得到社会的认同，则有可能在更大的范围内获得更多的自主权；相反，如果招生自主权行使得不好，得不到社会的认同，则自主权的范围也可能相应地萎缩。

第四节　高校招生权力的异化及其规制

落实高校招生自主权无疑是当前招生考试改革的重点与热点问题之一。虽然进一步扩大高校招生自主权已经成为高校招生考试改革的突破口，但在实践中，高校招生领域出现的权力异化、权力腐败等众多问题，已经引起了社会对高校招生自主权的疑惑与不满。因此，如何对高校的招生权力进行有效的监督与约束，维护招生领域的公平与公正，不仅是关系到高校招生自主权能否真正实现与进一步扩大的关键，也是实现普通高校招生考试法治的重要问题。

一、招生腐败的症结与权力本身的特性有关

在一般人的印象中，发生在招生领域中的腐败现象，只是近年来才有的，而且总是与高校相联系，与高校招生自主权相联系。保送生制度、定向生制度、120%的调档权、预留计划、点招制度、5%自主选拔录取等，这些体现招生自主权的制度往往成为招生腐败的源泉。事实上，招生领域中的腐败问题并非与高校有必然联系，也不一定是招生自主权的必然产物。在高校没有获得招生自主权的时代，招生中或明或暗的腐败，几乎成了众所周知的秘密①。笔者认为，招生领域中的潜规则与腐败现象，是与权力的特性相关联的。而高校在拥有招生自主权的同时缺乏严格的规制以防范权力异化，也是问题的关键所在。

招生权是一种公权力，是维护公益的工具，但招生权在运行的过程中却总是以机构或个人的身份来实现的。招生权表现为一系列的职位、责任，但是这些职位和责任的最终载体是参与招生工作的成员。这就使招生权本身具

① 《北航高招索贿事件：招生腐败危害教育公平》，《中国青年报》2004年8月17日。

有内在的矛盾性：一方面，招生权与公众利益相关联，权力的公共性要求其行使者必须运用手中掌握的权力维持社会的公平与公正，保证真正有能力的人获得接受高等教育的机会；另一方面，招生权又同具体行使者的个人利益及其所属集团的利益相联系，这就使一个被授予招生权的团体或个人，总是面临着滥用权力、谋取私利的诱惑，博登海默称之为“附着在权力上的咒语——它是不可抵抗的”①。招生权的内在特质要求对招生权的规制必然是刚性而具体的。但中国招生考试领域的管理的现实是：一方面，在管理上片面强调道德和纪律的神圣性，要求参与招生考试过程中的工作者是道德的楷模，要以老百姓的利益为最高出发点，以维持社会公正与公平为己任，对招生过程中的利益问题采取回避或忽视的态度；另一方面，利益问题始终是无法回避的，它是一个生活在社会中的人首先要考虑和希望合理解决的问题。我们毕竟生活于物质世界，人们的生存和发展都离不开特定利益的获取。公共权力人虽然是代表公意的公权的行使者，但他首先是一个活生生的自然人。人都有求生的欲望和趋利避害的本能，这是人作为生物体的一种天性，也是一种自然而真实的存在。对招生领域的利益问题采取忽视与回避的态度必然导致对公共利益个人化的可能性缺乏刚性的制约，缺乏监督与节制的权力本身会鼓励招生权的拥有者在录取中扮演经济人的角色，谋求私利。这使整顿招生考试腐败问题的出发点和结果之间存在巨大的反差。这一矛盾使得权力异化具体发生在某个人身上的形式和程度是偶然的，但其普遍发生却是必然的。

事实正是如此，缺乏有效的制约，加上招生考试过程中比比皆是的制度性漏洞，以及对高校一厢情愿的净土假设，使得招生权力的异化更加严重，具体表现为：招生权私有化，即把招生权当作个人财产支配，作为个人谋私利的行为；招生权商品化，即把招生权力异化为私人商品，当作私人交易中的筹码；招生权庸俗化，即利用招生权大搞任人唯亲、拉帮结派，编织裙带关系，非法为家属、子女、亲戚、朋友等谋取私利。这种权力的滥用不仅削弱了社会对招生考试制度的信任度，损害了弱势群体的合法权益，破坏了社会公平，也使高校难以获得社会的信任，使高校的法律地位和招生自主权难以真正实现。

---

① 博登海默：《法理学：法律哲学与法律方法》，邓正来译，中国政法大学出版社，2004 年，第 376 页。

二、招生权力制约的模式

阿克顿勋爵曾指出："权力导致腐败，绝对权力导致绝对腐败。"[①] 加强对权力的制约与监督是全世界的普遍现象。但在招生过程中，把对招生权的制约寄托在个人的道德素质上已经使高校遭遇了严重的信任危机。把管束和限制本身就有着扩张倾向且对道德有着腐蚀性的权力诉诸个人的道德自律，未免过于天真；把事关人民地位和公民权益保障的问题诉诸可以伪装又会发生变化的个人德性，更是过于冒险[②]。我们有必要摆脱招生考试管理的传统模式，寻找更为合理、更为有效的途径对招生权力进行制约。

一般认为对权力的监督与制约主要包括以下机制与模式[③]：

权力制约权力。即指公权力的不同主体之间的相互制约，主要通过两种方式来实现：一是由高级的权力监督低级的权力；二是平行权力层级之间的相互监督与制约。具体而言，按照这种模式，对招生权力的制约主要是通过招生考试管理部门（主要是教育部以及其他上级管理部门）的监督与管理以及招生委员会及相关机构的监督来实现的。但这种模式在运行过程中可能出现这样的问题，即各级权力部门执行者为了各自的私人利益达成妥协，共同导致了招生权力的异化。由于普通高校招生考试制度的重要性以及招生考试本身涉及的利益群体十分广泛，这有可能导致权力部门变成利益的相关者，并左右高校与招办的招生行为，使其本身无法有效地进行权力监督与制约，事实上，这类问题也构成了规制招生行为的难点。

法律制约权力。即指法律作为一种特殊的社会规范，一种非人格化的制度，通过建立一定的规则来指引人们的行为方向，提供评价人的行为的标准和准绳，教育人们依法行使权力，使易于越轨的公共权力在立法、行政、司法、守法的各个运行环节上都受到法律的制约，一旦行为脱轨，便有法律制裁。这种模式符合当前依法治招、依法治考的理念，但由于我国招生考试法

---

① 阿克顿：《自由与权力》，侯健、范亚峰译，商务印书馆，2001 年，第 342 页。

② 萧雪慧：《不可回避的权力制衡》，董郁玉、施滨海：《中国政治——面向新体制选择的时代》，今日中国出版社，1998 年，第 69 页。

③ 参见侯健：《三种权力制约机制及其比较》，《复旦学报》（社会科学版）2002 年第 3 期；何永红，等：《权力制约的机制及其在我国的应用》，《行政论坛》2004 年第 2 期；等等。

律法规体系不健全，通过这种方式来达到制约招生权力的目的在短期内还难以实现。

道德制约权力。这一机制的含义是通过学习和教育的方法使社会或统治阶级对权力执行者与拥有者的要求内化为他们的道德信念，帮助他们树立正确的权力观，培养他们勤政廉政，为国家利益或公共利益服务的意识和品质，使他们能够自觉地以内心的道德力量抵制外在的不良诱惑，自觉地严格要求自己，行使好手中的权力。这是传统招生领域的权力制约模式，但实践证明，单纯地依靠这种模式对招生权的制约是不够的。

权利制约权力。即以公民权利制约权力，从而使公民成为监督权力的力量。主要是通过参与权、知情权，对政府机构或官员滥用权力等不当行为进行举报、检举和控告的权利，以及在遭受来自公权力的侵害时获得法律救济的权利（例如申诉的权利、申请行政复议和提起行政诉讼的权利），来实现对权力的制约。

社会制约权力。这是指在市民社会与政治国家分离且市民社会发展程度较高的情形下，通过中介组织、大众传媒以及其他社会群体来进行监督的模式。从其表现形式上看，来自公共组织外部的制约力量，大多数以权利为手段，是依据宪法和法律赋予公民和社会组织的权力，对公共管理部门及其工作人员的权力行为进行监控制约。常见的权力形式包括知情权、申诉权、控告权、游行示威权、言论自由权以及新闻自由权等，从而形成具有丰富内容的公众权利制约公权力的制度。可见，这一类型事实上还是属于权利制约权力的模式。但权利制约权力的模式需要公民具有较高的权利意识与法律意识，需要市民社会的充分发展，对于当前的中国来说，在短期内还难以实现。值得肯定的是，在招生考试过程中，大众传媒以及公民的权利意识、法律意识以及监督意识正在发展中，这几年大众传媒对招生考试制度的监督发挥了重要作用，而公民通过法律手段维护自身的合法权益也逐渐成为普遍现象。

笔者认为，无论是权力制约权力模式、法律制约权力模式、道德制约权力模式抑或权利制约权力模式都存在一定的合理性，但单纯依靠一种模式是不够的，我们需要结合当前依法治国的实践，强化法治观念，综合运用多种模式来制约招生权力。

三、招生权力的制约与监督

具体而言，对招生权力的制约与监督可以从以下几方面来实现：

（一）高校在行使招生权力时必须坚持法治的原则

招生权力主体产生方式法定。谁有权参与到招生过程中来？相关法规以及高校或省级招办在实施过程中，并没有专门的规定。事实上，由于招生过程中工作量大、任务繁重、时间紧迫，对招生工作人员的选拔多少带有一定的随意性。标准的随意性使一部分利益相关者成为招生过程中的执行者，这也成为招生权力异化的一个重要原因。因此，有必要制定相关的程序与制度，依法选拔招生人员，切实保证招生人员通过法定的程序、标准和途径选拔合适的人选，这是依法行政、防止权力滥用的首要一环。

招生职权法定。高校的招生自主权是法律所赋予的，这意味着高校在行使招生自主权的同时不能超越法律的有关规定。例如，高校有权制定相关的招生简章，规定相关的招生规则、程序以及专业的特殊要求，但这些规则不能超越法律允许的范围，不能与相关的招生法规相违背，否则就是无效的。

招生职责法定。高校在行使高校自主权的同时，必须履行相应的职责，必须有效保障公共利益，维护社会的公正与公平。职责法定是对职权法定的补充。以法律形式规定行政机关的义务，强调了法对招生权力的严厉要求。滥用职权、以权谋私都应追究相应的法律责任。在这个问题上应特别强调的是，不能以党内处分或行政处分代替或弱化法律惩治效能。

招生过程的程序守法。招生应依法定程序进行，程序中的公正一定程度上能防止结果的不公正。讲求程序守法，要求招生运作增加透明度，按法定步骤办事，不得省略法定程序或另行一套。如在招生过程中，究竟应该如何退档，招办应如何行使监督权，都应按照一定的程序进行，而不是各省自行其是。程序守法是招生过程中防止招生权异化的重要保证。

招生权力运行的司法审查。“为使法治在社会中得到维护，行政自由裁量权就必须受到合理的限制。然而，究竟在何处划定行政自由裁量权与法律限制之间的界线，显然不是用一个简单的公式加以确定就行的。对于有效地实现某个重要的社会目的来讲，为自由裁量权留出相当的余地也许是至关重要的。另一方面，通过法规或行政规则而预先规定实施行政目的的方式方法，将该机构的典型运作方式公之于众，在许多情形中也都是可能的。再者，无论赋予该机构的非限制性的自由裁量权有多大，一般来讲，一旦这种自由裁量权被肆意滥用，受这种行为侵害的个人就应当以某种方式求助于公正的法庭。我们不能把治理效率本身视为一个终极的目的，而应当把实现保护人权的适当措施视为开明进步的行政司法的一个基本条件。”① 博登海默的这段话为我们很好地理解司法审查招生权力的运行提供了合理的解释与依据。事实上，由于长期受到各种因素的困扰，研究者更多地关注高校应该如何获得自主权，而忽略了究竟应该如何行使自主权。相当多的研究者仍然认为，招生权属于高校办学自主权的一部分，应该属于高校自由裁量权的范畴，司法审查应该就此止步。应该说，这种说法是有一定的合理性的。高校根据自身发展或专业的要求选择合适的学生是高校发展的必然选择，也是法律赋予高校的职权所在。招生权在行使过程中虽然存在一定的制约机制，但并不足以保证权力的公正行使，而招生权本身涉及公民基本权利，因此司法审查的介入是十分必要的。关键是司法审查的界限是什么？司法审查与高校招生自主权的临界点在哪里？笔者认为，其界限在于受教育者的合法权益，凡是有损于受教育者受教育权的招生行为都可以纳入司法审查的范围。但这需要一个长期的发展过程，这是与社会权利意识的觉醒、司法实践的推动以及社会的发展相关联的。值得指出的是，考生的合法权益为司法介入高校招生行为提供了合理的理由，但并不意味着司法要无限制地介入，如高校根据招生章程公布的专业的特殊要求，对考生进行选择，只要这类要求是合理的，那么司法审查也不能改变高校的选择。综上所述，我们可以看到，依法行政的重要意义在于以制度化、法治化的模式全方位地约束和评价权力，真正地实现权力的行使不以领导人的更换、好恶而转移。

（二）加强相关的法律与制度建设

“法律的基本作用之一乃是约束和限制权力。”② 从上面的分析来看，我国在招生过程中的法律与制度建设还远远不能适应招生考试法治的要求，在招生人员的选拔标准、招生过程的程序、高校与招办的招生自主权与监督权的具体原则与操作程序、信息公开的具体原则与要求等方面都缺乏相应的规则与规定，这也是导致招生中出现种种问题的原因之一。加强招生考试过程

① 博登海默：《法理学：法律哲学与法律方法》，邓正来译，中国政法大学出版社，2004 年，第 385～386 页。

② 博登海默：《法理学：法律哲学与法律方法》，邓正来译，中国政法大学出版社，2004 年，第 371 页。

中的法制建设，使高校招生有法可依、有法必依、执法必严、违法必究，应是当前加强招生考试法治的重要步骤。

其中加强相关法律法规以及招生章程的具体化与操作性是值得关注的问题。可操作性是法律法规的基本要求，不具有操作性的法规难以从文本上的法律转变为行动中的法律。考察我国当前的招生考试立法可以发现，诸多的立法文件对于不同的立体拥有什么样的权利以及负有什么样的义务作了大量规定。然而令人遗憾的是，这些规定却缺少详细的、带有较强操作性的细则。许多立法文件在赋予某一主体以一定的管理职权时，对于该主体应在多大范围内行使该项职权，以及应该按照什么样的程序行使职权等更具操作性的问题，却缺乏相应的具体规定。以高校在招生中的作用来看，高校在120％的投档范围内，有权决定录取与否，地方行政部门只履行监督的职责。但对于地方行政部门如何监督，却缺乏有效的规定。对于招生遗留问题，相关规章规定有关省级招办和高校应通过协商妥善解决，但如何协商解决，解决的标准如何，如果无法达到解决的目标，后续的行为应该如何进行等问题，却采取了回避态度。同样，从高校招生章程的内容来看，其主要围绕着教育部相关管理规定进行规范，但表述仍充满了模糊性，如“专业志愿差原则上在5分以内”、“参考相关科目成绩”。但究竟如何设置专业级差的区间，参考哪些科目成绩，其顺序如何却缺乏明确的规定。高校对于在招生实践中可能遇到的特殊性问题往往采取回避态度，这也使得面临具体的招生情境问题时缺乏有效的依据。鉴于此，针对招生考试中的具体问题，应该采取更加具体的规则，特别是对于高校章程而言，高校应该进一步细化招生规则，并针对后续行为进行专门的规定，从而保证高校招生自主权的进一步明确化和执行的可能性。加强招生考试过程中的法律、法规与制度建设，使高校招生有法可依、有法必依、执法必严、违法必究应是当前加强招生考试法治的重要步骤。

（三）坚持信息公开，加强社会监督

把权力分散或尽可能实现权力的权利化是规制权力滥用的有效途径①。我国的法律监督体系由国家监督和社会监督构成，前者包括国家立法、行政、司法机关的监督，后者包括党的监督、社会组织的监督和人民群众的监

① 张文显：《法哲学范畴研究》，中国政法大学出版社，2001年，第398页。

督等。信息公开，对于加强社会监督有着重要的意义。“阳光是最好的防腐剂。”信息要在公众广为所知的媒体上提前、定期、周期性公开，让每一个利益相关者查询到相关信息，以接受公众的广泛监督。但也有人提出，个人的信息属于个人隐私权，高校或招办都无权公开。因此，属于考生个人信息及有关录取过程中需要保密的工作内容，任何单位和个人不得擅自公开。笔者认为，隐私一般是指仅与特定人的利益或者人身发生联系且权利人不愿为他人所知晓的私人生活和私人信息。隐私权一般是指自然人享有的对自己的个人秘密和个人私生活进行支配并排除他人干涉的一种人格权①。因此，考生对自己的个人信息有权要求加以保密，有权禁止他人非法公布和利用其个人信息。广大考生作为民事主体，对其个人信息特别是高考成绩享有要求加以保密的权利，任何人未经其允许，不得擅自加以公开和非法利用。但个人隐私权主要是针对个人利益而言的，也就是说，这种个人利益在不影响其他利益与社会公众利益的前提下而存在。由高校公开录取考生的名单与成绩信息，并非用作私人用途或谋取暴利，而是实现考生、家长乃至社会监督的有效方式，是考生实现其知情权的途径。当然，为了避免知情权的滥用，相关法律应该明确规定哪些属于不得公开的个人信息与需要保密的工作内容，哪些是应该公开的信息，以加强社会的监督，维护招生考试的公平、公正与公开。

---

① 魏振瀛：《民法》，北京大学出版社、高等教育出版社，2000 年，第 611 页。

第五章　招生考试管理机构与考试管理

在招生考试管理机构中，省级招生委员会及其办公室具有重要的地位：它不仅在招生过程中构成了高校与学生的中介，在相当长一段时间内，事实上也是招生权的真正拥有者与执行者；同时在考试环节中承载着考试实施与部分管理的重要职能。普通高校招生考试法治研究，离不开对省级招生委员会及其办公室相关理论问题的研究与探讨。

第一节　省级招生考试管理机构的历史、职责与特点

自 1952 年中国实行普通高校统一招生考试以来，各省市成立招生委员会及其办公室，专司高校招生考试与录取工作，60 多年来，招生考试管理机构与中国的统一招生考试制度一起经历了不断的变革与发展。特别是近 30 年来，中国经济体制改革给中国社会带来了巨大的震动，并促成了整体社会结构的剧烈变迁。曾被称为“中国实行中央集权和计划管理的最后一块坚强阵地”① 的招生考试管理机构也随着这场整体性的社会改革开始了自我反思，并主动寻求变革之路。这对于中国高校招生考试制度的改革无疑是一个有力的促进与推动，对于招生考试管理机构的法律地位也必将产生重大影响。值得指出的是，这场改革才刚刚开始，甚至可以说，它还仅仅停留在一种萌芽阶段，是来源于招生考试实践中的一种经验性的总结与尝试。正因为如此，从学理上阐释其合法性与合理性，并揭示其发展的趋势将是一项重要的研究工作。

---

① 张宝昆：《大规模教育考试的社会控制功能研究》，云南大学出版社，1999 年，第 30 页。

一、省级招生考试管理机构的历史与职能变迁①

新中国成立后，根据1949年政务院《大行政区人民政府委员会组织通则》规定，各大行政区设立文教委员会或文教部，对中央教育部负责，统管本辖区的文教事务。此后，省、县两级地方政府也陆续建立了管理教育事务的专门职能机构。在招生事务上，《关于高等学校1950年暑期招考新生的规定》指出，1950年各大行政区教育部负责组织领导该地区各地招生委员会进行招生工作。但直到1952年，并没有形成专门的招生考试管理机构来负责进行统一的管理，而是由临时的机构来组织。1952年，为便于组织领导高等学校的招生工作，中央成立全国高等学校招生委员会，由教育部部长任主任，少数著名大学的校长或副校长、教务长任委员，领导全国高等学校统一招生考试工作。各大行政区教育部在该部的直接领导下组织大行政区的招生委员会，负责本区的招生考试工作。大行政区的招生委员会由该区高等学校（或主要高等学校）教务长（或教导主任）及有关部门代表组成。招生委员会设专门机构，负责办理本区高等学校招生及与外区招生委员会联系事宜。各校招生名额报各大行政区教育（文教）部根据全国招生计划审批，列入全国高等学校招生计划。全国高等学校招生委员会负责组织命题，制定评分标准，并确定参考答案②。自此，招生与考试两个重要的环节都由国家进行统一管理，而大行政区招生委员会主要负责招生与考试的具体事务。

1953年，为加强对高等学校统一招生的领导工作，在中央人民政府高等教育部领导下成立全国高等学校招生委员会，招生委员会设办公室负责处理日常工作。设有考区的省市成立高等学校招生工作委员会分会，由各省市教育（文教）厅、局会同该省市各高等学校校长及有关部门代表组成，在各大行政区高等学校招生工作委员会领导下，组织该区的招生工作③。

① 参见国家高级教育行政学院：《新中国教育行政管理五十年》，人民教育出版社，1999年；陈永明：《教育行政新论》，华东师范大学出版社，2003年；熊贤君：《中国教育行政史》，华中理工大学出版社，1999年；孙成城：《中国教育行政概论》，安徽教育出版社，1999年。

② 《教育部关于全国高等学校一九五二年暑期招考新生的规定》（1952年6月15日），杨学为：《高考文献（上）》，高等教育出版社，2003年，第11页。

③ 《高等教育部、教育部发布〈关于全国高等学校一九五三年暑期招考新生的规定〉的指示》（1953年6月20日），杨学为：《高考文献（上）》，高等教育出版社，2003年，第17页。

1955年，在各大行政区机构撤销的情况下，为了高等学校统一招生工作能够顺利进行，国家委托湖北、四川、陕西、辽宁各省教育厅，会同原大行政区范围内的各省教育厅和高等学校等有关部门，组织成立原中南、西南、西北、东北行政区范围内的高等学校招生工作委员会，组织领导各个地区范围内的高等学校统一招生工作，并于录取阶段集中进行录取；华东地区高等学校招生委员会，由高等教育部的上海高等教育管理局组织领导；华北地区高等学校招生委员会，由高等教育部、教育部责成华北地区的高等学校会同有关部门来组织①。直到1958年撤销大行政区高等学校招生委员会，建立各省（自治区、直辖市）的招生机构，统一组织领导当地的招生工作，基本形成了主要由省来进行招生与考试管理具体工作的体制。

粉碎“四人帮”以后，教育战线拨乱反正，开始恢复招考制度。1977年10月12日，国务院批转了教育部《关于1977年高等学校招生工作的意见》，规定各级党委要加强对招生工作的领导，省、地、县要建立高等学校招生委员会，由党委负责同志挂帅，有关部门负责人和教师代表参加。在此基础上逐渐形成了目前我国招生考试组织机构的基本模式，即主要由省级招生委员会及其办公室对招生、考试进行组织管理与实施，并固定下来。

改革开放以来，这种以国家为主体、以政府机构的各级部门具体负责的招生考试管理模式受到了挑战，政府下放权力与转变政府职能的理念逐渐得到了实施。1986年，普通高校招生考试第一批录取的学校试行“学校负责，招办监督”的录取体制，即在第一批录取学校控制分数线以上，调阅考生档案数由学校决定，录取与否由学校自行决定，遗留问题由学校负责处理，省（自治区、直辖市）招生委员会办公室实行必要的监督。第二批录取的学校实行“根据志愿，按比例投档”的录取方法，在政治思想品德考核和身体健康状况检查合格、统考成绩达到最低控制分数线的考生中，根据志愿，从高分到低分，按学校计划招生数的120%提供档案，由学校进行德智体全面考核，择优录取②。1987年，这种“学校负责、招办监督”的录取体制得到

① 《高等教育部、教育部关于全国高等学校一九五五年暑期招考新生的规定》（1955年6月8日），杨学为：《高考文献（上）》，高等教育出版社，2003年，第106页。

② 《国家教育委员会关于发布〈一九八五年普通高等学校招生规定〉的通知》（1986年3月21日），杨学为：《高考文献（上）》，高等教育出版社，2003年，第243页。

全面实行，并以《普通高等学校招生暂行条例》的形式固定下来。这样，省级招生委员会及其办公室的职权从法律上看，主要是监督高校的招生录取工作以及具体负责考试的组织、管理等工作。2004 年，教育部下放考试命题权给部分省（自治区、直辖市），省级招生考试部门获得了一定的考试命题权，使省级招生委员会及其办公室获得了更多的权力，同时也承担了更多的责任。

二、省级招生委员会及其办公室的权力与职责

省级招生委员会及其办公室是当前我国招生考试管理与执行的重要部门，不仅拥有高校招生的监督权，而且拥有考试管理的权限以及部分命题权，根据《教育部 2004 年普通高等学校招生工作规定》，其有以下具体职责与权力：

（1）考试方面。高考在整个招生考试制度中处于重要的地位。有研究者认为，“对于大学入学考试，地方招生考试部门没有单独的考试权，只是上一级考试部门职能的延伸”①。笔者认为，这种考试权主要是针对考试的决定权与命题权而言的。我国实行国家教育考试制度，高校招生考试的决定权主要在教育部。2004 年以前，考试命题权主要是由教育部考试中心具体负责的，从 2004 年开始，部分省市获得了考试命题权。对高考的实施，省级招生委员会负责本地区国家教育考试组织工作的管理与监督；负责对考试违规行为的认定与处理；全国统考答卷的评阅由各省级招生委员会统一组织；各省（自治区、直辖市）可根据命题机构提供的答案和评分参考，结合本省（自治区、直辖市）考生答题实际情况，制定评分细则等。

（2）招生方面。自 1987 年教育部颁布的《关于扩大普通高等学校录取新生工作权限的规定及其实施细则》中详细而具体地规定了省（自治区、直辖市）高等学校招生委员会办公室实行“学校负责，招办监督”的录取体制以后，地方招生委员会办公室的主要职能体现为为高等学校录取新生工作提供必要的服务，并依据党和国家的有关政策，对学校录取工作实行监督。在录取工作中，省（自治区、直辖市）招生委员会办公室的职责是：根据国家教育委员会有关规定，结合本地实际情况，制定本省（自治区、直辖市）录

① 康乃美，等：《中外考试制度比较研究》，华中师范大学出版社，2002 年，第 201 页。

取工作的具体实施意见，划定录取控制分数线，如实地向高等学校介绍考生的德智体情况、各分数段考生人数及考生志愿分布等，并及时、准确地投送和调配考生档案。如发生误投、积压考生档案等情况，省（自治区、直辖市）招生委员会办公室应承担责任并采取补救措施，高等学校应积极协助，做好补救工作。在录取前，应根据国家下达的年度招生计划，核定高等学校的招生计划；录取后，应检查、复核学校是否全面完成招生计划。凡未经国家教委批准，不得计划外招生。为解决工作失误及其他遗留问题，经省（自治区、直辖市）招生委员会批准，高等学校可增招个别学生。合理规定学校调阅考生档案及录取的时间并进行检查。及时清理档案，保证档案正常运转。学校未按规定时间退出多余档案，应视为已被学校录取，不再退档。对学校调档分数、执行政策的情况进行检查，凡发现有违反规定的情况或有不合理落选者，须提请有关学校复议。要健全各类录取档案资料的管理制度。省（自治区、直辖市）招生委员会办公室要设立信访接待组，督促和协助高等学校解决好遗留问题，处理本职范围内的善后工作。对高等学校之间发生的矛盾，地方招生委员会办公室要进行调解，必要时，请示省（自治区、直辖市）招生委员会或国家教育委员会裁决。各省（自治区、直辖市）招生委员会必须设立纪律检查组织，由主要负责人任组长。检查组负责检查本办公室和各学校录取人员执行纪律的情况，表彰遵纪守法的好人好事，查处各类违纪舞弊案件，对违纪人员及时处理，对高等学校招生人员违反党纪政纪者，还应通知所在学校，学校必须予以严肃处理。选择录取场所，搞好生活服务。录取场所要有利于工作，交通通讯方便，有利于安全保密。

具体而言，省级招生委员会及其办公室的主要责任与权限包括：①对超过时间未按要求完成相关环节工作的高等学校，省级招办应主动与之沟通，对无故拒绝联系或故意拖延时间的高等学校，省级招办有权根据所发出的考生电子档案按计划数从高分到低分代为录取，并应立即将有关情况上报教育部备案。②各省级招生委员会根据高等学校在本省（自治区、直辖市）安排的招生计划数和考生的考试成绩，综合考虑并确定各批次录取控制分数线。③执行教育部有关高等学校招生工作的规章，并结合本地区实际制定必要的补充规定或实施细则。④汇总并公布高等学校在本省（自治区、直辖市）的分专业招生计划和有关招生章程。⑤指导、监督高等学校执行国家招生政策及本校招生章程。⑥负责组织考生报名、思想政治品德考核、身体健康状况检查、考试、评卷、考生信息采集和电子档案制作、录取以及其他有关工作。⑦组织开展招生、考试的科学研究工作、宣传工作和培训工作。⑧保护考生和招生工作人员的正当权益。⑨受行政部门委托调查处理或协助有关部门调查本地区招生工作中发生的重大问题。值得指出的是，从有关规定来看，省级招生委员会及其办公室在招生工作中主要是行使监督权。但在实践操作中，监督权的权限与范围却很难界定，事实上省级招生委员会及其办公室还拥有一定的决策权，如各省级招生委员会根据高等学校在本省（自治区、直辖市）安排的招生计划数和考生的考试成绩，综合考虑并确定各批次录取控制分数线等①。

三、当前我国招生考试管理机构的特点

（1）双重管理。根据相关规定，省（自治区、直辖市）、市（地区、盟、州）、县（市、区、旗）人民政府分别成立高等学校招生委员会，各级招生委员会在同级人民政府和上一级招生委员会（或教育部）的双重领导下负责本地区的招生工作。

（2）省级招生委员会享有较大的权力。从历史上看，省级人民政府在招生问题上一直拥有较大的权力，无论是大行政区管理时期，还是在撤销大行政区以后以省级管理为主的时期，地方政府始终拥有较大的权力。随着权力重心的下移，省级招生委员会及其办公室还获得了一定的考试命题权。这不仅符合中国地域辽阔、各地自有特点的国情，也与中国普通高校招生考试的传统有关。

（3）招生与考试管理的分离与合一。从严格意义上说，考试与招生是两个不同的环节，但从普通高校招生考试制度的流程来看，招生与考试又是密不可分的，高考是为了高校招生，高校主要是依据高考的成绩作为主要选拔标准的。因此，高考与招生本身就是高校招生考试制度的组成部分。在教育部，招生管理与考试管理是由不同部门负责的，考试管理主要由教育部考试中心负责，招生管理则主要由学生司专门管理。而在省一级，招生与考试管理却是合一的，主要由招生考试委员会及其办公室具体负责。

（4）招生办公室性质的复杂性。招生委员会是一个主要起协调和决策作用的部门，组成人员十分复杂，包括保密局、纪律检查委员会、公安厅、教育厅、宣传部、组织部以及各省的中等学校和高校的代表等。招生委员会主

① 参见《2004 年普通高等学校招生工作规定》，《中国考试》2004 年第 1 期。

任委员由同级人民政府负责人兼任，副主任委员、委员由教育行政部门及其他有关部门、高等学校的负责人兼任。招生办公室是招生委员会的常设机构，代表招生委员会行使职权，处理招生日常工作，确定必要的编制，配备专职干部。

从机构设置来看，省级招生考试管理机构呈现出地区差异性。在某些省份，沿用了传统的招生考试管理模式，招生办公室附属于教育厅，属于教育厅的一个处，在经费、人员建设等方面都受教育主管部门管理，并向招生委员会负责；在重庆等省份，招生考试管理机构在名称上沿用了招生办公室，但并不从属于教育厅，其主要向招生委员会负责；而在北京、上海、广东、天津等省份，招生考试工作主要由考试院、考试局、考试中心进行专门管理，虽然与教育主管部门有一定的联系，但在行政、财政、人员以及业务管理上显示出相当大的独立性，也主要接受招生委员会的领导。对此，“考试立法问题研究”课题组认为：国家教育考试机构的现状和其职能是不相称的，已经对国家教育考试的改革创新与发展产生了不利影响。从地方来看，机构设置情况不一，大都是考试院（中心），属事业单位，而在行使管理权力时，往往又要以招生委员会及其办公室的名义出现。因此，如何对招生考试管理机构进行改革，是一个重要的问题，需要作进一步深入的研究。

第二节 省级招生考试管理机构的法律地位

省级招生考试管理机构在招生考试过程中具有重要的地位和作用。一方面，它代表政府推行和实施考试，维持考试秩序，对考生依法进行管理；另一方面，它又代表政府以及社会公众对高校招生行为进行监督，保障考生的合法权益。在某种程度上，它扮演了高校与考生之间的协调者与中介者的角色。省级招生考试管理机构在高校与考生之间的中介作用，决定了它在招生考试法律关系中独特的双重身份和地位。此外，作为事业单位法人的招生考试管理机构，还接受政府和教育部的管理与监督。

一、省级招生考试管理机构与高校之间的法律关系

对高校的招生录取权进行监督与制约是招生考试录取体制中的一个重要内容。过去省级招生委员会及其办公室完全代替了高校行使录取权，不仅压抑了高校的积极性与竞争性，也意味着省级招生委员会及其办公室既是高校

招生录取的管理者，又是招生考试中的执行者，身兼“裁判员”与“运动员”的双重身份，不利于加强对权力的监督与管理。20世纪80年代中期，我国逐渐形成了“学校负责，招办监督”的录取体制，招办享有对高校招生行为的监督权。但在实践中，哪些属于招办的监督范围，哪些属于高校自主行使的招生权，招办如何行使监督权，相关的法律法规并没有进行专门规定，从而导致了一系列的问题。其中最为突出的是：由于我国实行分省录取的制度，考生在自己的合法权益得不到有效保障时，往往以“招办不作为”为由，将招办告上法庭，而本来负责解决遗留问题的高校却不负责解释。在这种情况下，招办往往采取相对严格的态度，甚至采取介入的态度，对高校的招生行为进行管理而不仅仅是监督，从而偏离了招生监督的范围，也侵犯了高校的招生自主权。笔者认为，这未尝不是高校难以真正行使招生自主权的重要原因之一。由此可见，仅仅原则性地规定“学校负责，招办监督”的原则是远远不够的，相关法规还需要对招办监督的范围、途径、程序等方面进行具体规定。

二、省级招生考试管理机构与考生之间的法律关系

根据招生考试相关法律规定，国务院教育行政部门及地方各级人民政府教育行政部门负责全国或者本地区国家教育考试组织工作的管理与监督，承办国家教育考试的各级教育考试机构负责有关考试的具体实施，负责对考试违规行为的认定与处理，并对考生的违纪行为、作弊行为以及相关考生的作弊行为进行具体规定；而考生及其他人员应当自觉维护考试工作场所的秩序，服从考试工作人员的管理，不得扰乱考场及考试工作场所的秩序。对于考生故意扰乱考点、考场、评卷场所等考试工作场所的秩序，拒绝、妨碍考试工作人员履行管理职责，威胁、侮辱、诽谤、诬陷考试工作人员或其他考生，以及其他扰乱考试管理秩序的行为，都将终止其继续参加本科目考试，其当次报名参加考试的各科成绩无效；考生及其他人员的行为违反《治安管理处罚条例》的，由公安机关进行处理，情节严重，构成犯罪的，由司法机关依法追究刑事责任。

由此可见，省级招办以及各级考试机构受教育部及其相关管理部门的授权，依法对考生进行管理、对各种违纪和违法行为进行相应的处理。而考生或者考试工作人员对教育考试机构作出的违规处理决定不服的，可以在收到处理决定之日起十五日内，向上一级教育考试机构提出复核申请；对省级教

育考试机构或者承办国家教育考试的机构作出的处理决定不服的，也可以向省级教育行政部门或者授权承担国家教育考试的主管部门提出复核申请，申请人对复核决定或者处理决定不服的，可以依据行政复议法和行政诉讼法的有关规定，申请行政复议或者行政诉讼。由此可见，在考试法律关系中，招办与相关考试机构同考生之间管理与被管理的法律关系，是行政法调整的范围。

值得关注的是，在某些考试管理机构及其工作人员的观念中，仍然存在着加强考试管理就是要加强对考生治理的思想，认为依法治招、依法治考就是要加强行政权威，扩大行政权，而没有意识到依法治招、依法治考的精神首先是要规范权力、控制权力，加强社会及考生对招生考试管理权力的监督。在这些人看来，考生就是被管理的对象，考生服从管理是理所当然的事情，因此如果招办成为被告是极为严重的事情，而考生及其家属提起行政复议或者法律诉讼就是不老实，是扰乱招生考试管理秩序，妨碍依法治招、依法治考的行为。这种官本位的思想盘根错节在部分管理人员与工作人员的思想观念中，即使在强调服务观念的背后，在“服务考生、服务高校”的口号下，仍然隐藏着这样的理念。这种观念不仅把考生置于被动的被管理地位，而且使招办及其工作人员缺乏应有的接受监督的意识，严重影响着普通高校招生考试法治的发展与完善。因此，加强招生考试管理机构管理者及其工作人员的法律意识和法律素质，未尝不是理顺招生考试管理机构与考生之间的法律关系的重要内容。

三、招生考试管理机构与政府之间的关系

招办与政府之间的关系是十分复杂的。就当前我国招生机构的设置来看，部分招生机构仍属于政府机构部门，而部分省级招生考试管理机构在机构改革中则成为事业单位法人。当然，省级招生考试管理机构虽然名为事业单位，但在大多数人心目中，它们仍是政府机构的延伸。长期以来，我国高校入学考试一直是教育管理部门的任务。但是，随着我国市场经济的深入发展，扩大高校招生自主权的呼声也越来越高。在“还权于高校”的呼声中，各省级招办也在宣扬这样一种理念，即招生考试应该由高校来负责，招办只是高校与学生的中介，为高校与考生提供服务。但从高校的现实情况来看，各高校既没有足够的力量更不愿意举办大规模的入学考试。因此，研究者要求“建立一个独立于政府和高校之外的权威的专业性考试机构”，这成为改

革招生考试的一个重要内容①。

专业性考试机构的建立必须符合以下条件：其一，有一批专家、学者为命题服务；其二，作为大学入学考试机构，有一整套考试机构运作的机制，足以保证考试的权威性；其三，能给高校和考生提供大量的信息。专业性考试机构要提供大量的信息供高校对考试进行分析，高校以此作为自己录取工作的重要依据；考试机构在为高校服务的同时也要为考生服务，比如及时向考生传递必要的考试信息，指导考生填报志愿等等，从而为高校与考生进行双向多层次的选择创造条件②。显然，这些条件不是单纯的民间机构可以达到的，在中国现阶段的国情下自发形成这样的机构也不太可能。在对部分省级招办调研的过程中，笔者发现，许多实践者认为招办的发展方向是向专门的招生考试服务机构发展，即现在的招办不再是国家的政府机构或事业单位，将向社会中介组织转变。这不能不说是一个大胆而又具有相当理论深度的观点。

提出这样的想法，来自两个方面的影响。从实践层面来看，一方面，从英、美等发达国家的招生考试的现状来看，这些国家的招生考试都是由专门的服务型机构来承担的；另一方面，在实践中，由于招生考试管理机构既是招生考试的管理机构，同时又是招生考试的执行机构，往往使得招办既是运动员又是裁判员，引起诸多的不满。同时由于社会权利意识的觉醒，通过信访或者法院途径寻找救济的民众也日趋增多，这往往使招生考试管理机构不堪重负。从理论层面来看，这也是当前流行的治理理论的反映。治理理论是当前经济全球化背景下公共行政改革和跨国组织管理的一种新理论和新理念。从治理理论的基本观点来看，治理与统治的本质区别在于治理虽然需要权威，但这个权威并非一定是政府机关。传统的政府统治理论中，统治及管理的权威及其参与者必定是政府，而且权力的运用是政府对公民自上而下的单向度模式。治理理论认为，政府并不完全垄断一切合法权力，承担维持秩序、调节经济和协调社会发展职能的既有政府部门，也有私人部门和第三部门。治理理论对政府的角色进行重新定位，从而提出了新的政府理论。治理

① 刘光余：《高校自主招生考试制度改革的思考》，《教育发展研究》2003 年第 10 期。

② 刘光余：《高校自主招生考试制度改革的思考》，《教育发展研究》2003 年第 10 期。

理论认为，政府不应也不可能是全能的，而应是有效的，政府的职能必须从传统的直接提供公共服务的角色中转换出来，是“掌舵”而不是“划桨”。在社会公共事务的管理网络中，政府是各参与者中“同辈中的长者”，它不具备最高的绝对权威，主要是承担建立指导社会组织行为者行动的共同准则即确定大方向的任务。

上述观点的出现，为招生考试管理机构从政府机构向社会中介组织的转变提供了理论上的支持。既然政府应该更多地扮演掌舵者与协调者的角色，主要承担公共政策制定和监督执行的职能，那就意味着具体的管理职能必须转移给政府之外的公共管理组织去承担。但是，政府之外的公共管理组织虽然担负的是管理行政条件下政府所承担的公共管理职能，但并不是政府的组成部分，也不是政府机构的延伸，它在本质上属于社会的范畴，它取代了管理行政下的一些政府部门所承担的公共管理职能①，那么原先由政府机构或政府延伸机构组成的主体机构必然面临着资格转换的问题。这既是招办探讨自身发展趋势与倾向的出发点，也构成了招生考试管理机构由政府机构向社会中介组织转变的理论基础，从而为这种转变找到了可能性与合理性的支点。

虽然社会中介组织的定位对于招办或者社会大众似乎都具有相当的诱惑力，但客观而言，中国的招办要成为社会服务机构却面临着许多现实的问题：

第一，中国的高考历来都是由政府进行统一管理的，作为政府一部分的招办不仅在高考的过程中获得了权威，也使中国社会绝大多数阶层和群体都伴随着招办的发展而或多或少地获得了利益，这一事实使得民众在潜意识中形成了对作为政府机构的招办的一种信任，而对于缺乏政府权威的作为社会中介组织的招生考试服务机构本能地持怀疑或不信任态度。

第二，招办作为招生考试管理的核心机构之一，关系到庞大的人群的既得利益，从国家政府机构向事业单位再向社会中介组织靠拢，意味着特权的丧失以及相关利益的萎缩。因此，虽然在招办内部也有人希望招办向社会中介组织转变，但只是少数人希望这样，或者仅仅作为一种改革的设想提出，要真正实行，却又要另当别论了。

---

① 张康之：《行政与公共行政的历史演进》，《中共福建省委党校学报》2002 年第 4 期。

第三，招生考试管理机构成为社会中介组织，并不是简单的名称变化，而是一系列思想与行为方式的变革。它要求作为服务机构的招生考试管理机构既代表或协助政府实现对考试的管理，以维持考试的公平与正常运行，又代表考生与政府实现对高校招生行为的监督，同时还必须代表考生的利益对政府的决策与行为形成一定的监督制约力量。它还要求招生考试管理机构摆脱过去管与行政命令的工作作风，代之以服务与协作的态度等。这一系列转变也不是短时间内可以实现的。

第四，正如社会和市场都有可能存在失灵的情况，社会中介组织也有其内在的局限性，同样可能具有负面作用。从其形成的基础来看，社会中介组织往往关注某一特殊领域里的问题和利益，这是其成立和形成的主要动力，这使得其对于相关领域的问题的解决灵活而迅速。但也正因为如此，其视野相对狭隘，往往对整体性的、全局性的问题缺乏敏感性和行动能力，难以在不同利益之间进行有效的妥协与协调。从其发展的基础来看，其资金来源有限，资源动员能力相对政府和市场来说是弱小的，因此，在处理某些问题的时候，很可能会有力不从心的感觉。从其构成基础来看，社会中介组织的运作主体是活生生的人，其判断、决策与行动能力都要受到个人的知识水平、理性结构、个人素质等条件的制约，存在着组织自身行政化、官僚化的可能，同样也存在着滥用权力的可能①。

总而言之，当前我国招生考试管理机构的法律地位还处于比较模糊的状态。在此背景下，希望招办通过人为的努力自然过渡到社会中介组织是不现实的。现实主义的态度是：①通过法律的制定来界定各级招办与政府之间的管理范围与方式，界定作为事业单位的招生考试管理机构的性质、职责与法律地位，减少政府的直接、具体管理。②加强对招生考试管理机构行为的监督和制约。减少政府对招生考试管理机构的直接干预并不意味着可以对其行为放任自流，相反，在放松对其进行直接管理的同时，更应当加强对招生考试管理机构的后期监督与制约，即从传统对社会组织行为实行事前或事中的严格控制，转为强调行为的事后审查与救济，特别是对处于弱势地位的考生的救济。③强调社会公众的管理权和参与性，只有社会公众的参与意识和管理意识真正调动起来，才能真正形成社会对高校招生考试的监督与制约。

① 孙晓莉：《中国现代化进程中的国家与社会》，中国社会科学出版社，2001 年，第 68 页。

第三节　法治视野下的高考舞弊治理

一提起高考，社会最为关心的无疑是高考公平与防止舞弊问题。有人认为，社会对高考舞弊的普遍关注反映了社会公众对高考不公的零容忍度，即社会无法接受高考出现一点问题与错误。其实，不是能不能接受的问题，而是当前高考舞弊愈演愈烈的态势越来越接近或超过公众所能接受的容忍度。一个无法忽视的事实是，虽然防止高考舞弊几乎成为从教育部到招生考试管理机构最为重要的任务，但每年仍有重大的舞弊案件被曝光。这种目标与现实的冲突急需理论上的探讨与指导，但在理论研究上，高考舞弊问题虽然是当前研究的一个热点问题①，讨论全面而具体，原因分析与对策建议也可谓面面俱到，但这些分析往往缺乏联系性和系统性，难以找到问题的症结所在，而且研究多处于经验总结阶段，重复与泛泛而谈的比较多。这种理论与实践的脱节也使高考反舞弊工作仍停留在摸索阶段。笔者认为，从当前高考舞弊中的重点和难点出发来突破现有的研究，是一个值得尝试的思路。

一、当前高考舞弊现象与特点

如果我们对近几年已揭露出来的、引起社会广泛关注的高考舞弊案加以分析，就会发现当前高考舞弊的几个突出特点：①发生地点大多为远离省会城市与中心城市的县或县级市；②利用手机等高科技手段进行的舞弊事件比较突出；③监考人员、学校或者相关领导直接介入其中的群体舞弊事件比较

---

①　参见肖祖法：《大规模选拔性教育考试作弊问题研究》，厦门大学硕士学位论文，2002 年；杨岷：《消除舞弊必须改革考试评价制度》，《湖南教育》2000 年第 18 期；郝洪才：《从高考作弊说开去（一）》，《教育与职业》2001 年第 9 期；郝洪才：《从高考作弊说开去（二）》，《教育与职业》2001 年第 10 期；郝洪才：《从高考作弊说开去（三）》，《教育与职业》2002 年第 1 期；但柳松：《也谈高考作弊》，《教育与职业》2002 年第 5 期；田园：《高考作弊透视》，《新长征》2001 年第 9 期；胡先哲：《高考舞弊原因分析》，《湖北招生考试》（理论版）2003 年第 16 期；唐蓉，等：《析考试舞弊　谈依法治考》，《湖北招生考试》（理论版）2003 年第 Z1 期；邓道玉：《教育考试舞弊成因分析及其防范对策》，《湖北招生考试》（理论版）2003 年第 20 期；蒋极峰：《社会考试法制化思考》，《湖北招生考试》（理论版）2003 年第 12 期；汤灿晴，等：《高考集体舞弊现象的博弈分析》，《湖北招生考试》（理论版）2004 年第 16 期。

突出；④涉案人员比较多，通常是有组织、有计划、有预谋的舞弊事件；⑤目的比较复杂，有的是为谋取暴利，有的是受熟人或领导暗示委托，有的则为了提高学校的升学率，动机比较复杂，各种利益和目的交织在一起。

近年来高考群体舞弊典型事件

时间	地点	处理情况
1995 年 7 月	甘肃甘谷、民勤县	40 多名考生被取消当年高考成绩，4 名考生被取消下一年考试资格。相关责任人被处以行政处分
1997 年 7 月	广西陆川县	66 名有关责任人员受到党纪、政纪的处分，4 人被依法追究刑事责任。500 多名被判定雷同答卷的考生，被取消考试成绩，被录取的 200 多名考生被取消入学资格。陆川县承办高等学校招生全国统一考试的资格被取消
2000 年 7 月	湖南嘉禾县	203 名舞弊考生被取消当年的高考资格，该县各类教育全国统一考试考点设置资格被取消，分管教育工作的县委副书记、副县长、教育局长等责任人均已受到相应处分
2000 年 8 月	广东电白县	15 人被追究领导责任，3 人被追究刑事责任，33 名考生被取消考试成绩以及 3 年内的报考资格
2002 年 7 月	湖南涟源市	4 名受贿舞弊教师被判刑，其中包括一名副校长
2002 年 7 月	安徽长丰县	为了某个考生，有准备的多人参与舞弊，且有 2 名校领导介入。给予涉案人员行政处分和降职、免职处分
2003 年 7 月	陕西南郑县	55 名考生被取消录取资格，包括该县 2 名教育局长在内的 37 人受到不同程度的处分
2003 年 7 月	陕西榆林市	35 份雷同试卷分别出现在榆林区域绥德、横山、佳县 3 个县的考场，涉案人员均已受到相关处分
2003 年 7 月	江西星子县	涉嫌违纪考点的主考和星子县教育局局长均已受到相关处分，舞弊考生被取消录取资格
2004 年 6 月	河南镇平县	有组织、有计划地利用手机或电脑进行舞弊，涉嫌 30 多名学生，5 名已被刑事拘留
2004 年 6 月	青海平安县	3 名舞弊考生的全部科目成绩被取消。2 名教师被判处徇私舞弊罪，免于刑事处罚

续表

时间	地点	处理情况
2004 年	河南濮阳县	濮阳县三中政教处副主任田春山等 10 余名教师组织策划的一起以营利为目的的高考舞弊案。该团伙共向学生收取 20 多万元“好处费”。该县主管教育的副县长张宏、濮阳县教育局局长赵同法和濮阳县第三中学校长王仁忠等 3 人被免职
2005 年	贵州纳雍县	涉嫌 8 名考生、中学校长在内的 6 名教师等，涉案人员多达 18 人
2005 年	安徽砀山县	涉嫌人员包括纪检员、监考员等在内的 7 名考试工作人员、1 名老师，3 名其他部门公职人员。检察机关以涉嫌故意泄漏国家秘密罪逮捕其中 4 人
2006 年	山西定襄县	4 名涉嫌泄密人员被判刑，15 名责任人受到处分
2007 年	河南郸城县	高中教师组织的高考替考案，县教体局局长、招生办主任均牵涉其中
2007 年	安徽砀山县	涉嫌 41 名在读大学生，602 名考生被取消报名资格。多名公职人员被逮捕
2007 年	浙江三门县	运用无线电进行高考作弊案，查获相关作弊人员 12 人和大量的手机、无线耳塞、复印机等作弊工具。在三门案发同时，浙江的永康、温州等地也发生多起用无线电进行高考作弊的案件
2008 年	甘肃天水市	甘肃、山东两地公安、教育等系统近 50 人被依法逮捕或受到党纪政纪处分
2009 年	吉林扶余市	松原市 2009 年高考过程中共查出违纪考生 33 人，高考结束前，公安机关相继破获兜售高考作弊器材等案件 14 起，抓获犯罪嫌疑人 34 人，收缴窃听、窃照、无线语音发射装置 683 套
2009 年	山西忻州市	利用高科技手段进行高考作弊的犯罪团伙，涉案 7 人中 4 人是在校大学生，1 人是中学教师
2010 年	贵州松桃县	高科技高考舞弊案。不法分子利用学生，将无线纽扣高清摄像机带入考场，在偷拍试题后通过无线电设备将试题图片传输到考场外。考场外专门负责做题的人再将答案通过无线电信号传输给考生

续表

时间	地点	处理情况
2010 年	湖北洪湖市	80 后研究生周某购置“间谍器材”，蓄意利用无线电通讯设备高考舞弊案
2011 年	山西朔州市平鲁区	从平鲁当地的教育局局长到平鲁二中的校长全部被免职
2012 年	湖北黄冈市	12 人参与购买无线电作弊器材的高考舞弊案
2013 年	湖北钟祥市	多名教师参与高考舞弊案。并发生学生家长集体围攻监考人员的恶性事件
2014 年	河南开封杞县、通许县	82 人分别受到党政纪处分，5 人被移送司法机关处理；对已查实的被替考考生，取消各科次考试成绩、暂停参加各种国家教育考试 3 年；对经公安机关确认的替考“枪手”，暂停参加各种国家教育考试 3 年，其中属于在校大学生的，将其开除学籍
2015 年	辽宁阜新、辽阳、铁岭等地	利用高考作弊通信工具作案的案件
2015 年	江西南昌市	高考替考组织组织湖北高校多名大学生，充当“枪手”牟利。共处理各类人员 42 人，其中涉及 22 名公职人员

总的来看，群体舞弊事件成为高考舞弊中最为严重和最为恶劣的舞弊行为，其中尤以高科技舞弊案、替考混合权力腐败案为最，它不仅加剧了招生考试过程的不公，而且助长了个人舞弊的发生。大量事实表明，群体舞弊与个人舞弊往往是交织在一起的。群体舞弊的存在与蔓延客观上刺激了个人舞弊行为的增加，由于群体舞弊的示范作用，也必然增加遏制个人舞弊的难度。因此，从当前高考的实际情况来看，群体舞弊事件是治理高考舞弊的重中之重。

二、问题分析与解释

为什么这几年主要的高考舞弊事件大都发生在远离省会城市与中心城市的县或县级市呢？这是一个值得关注的问题。笔者认为，这与我国基层社会的基本特征密切相关。费孝通先生在《乡土中国　生育制度》一书中，把中国基层传统社会的特征归纳为熟人社会，并指出在这一社会中主要靠密切但未必亲密的多维人际关系来维系和制约人与人之间的行为和关系，而国家法律往往无法真正深入乡土社会之中，也缺乏相应的机制来监督法律的运行①。尽管当代中国整体上发生了重大社会变迁，但中国仍是一个各地政治、经济、文化发展不平衡的大国。从某种程度而言，那些远离中心城市、交通信息闭塞的偏远县城在很大程度上仍保留了这种乡土社会的特征。当然，这种乡土特征在发展的过程中，逐渐突破了血缘与地缘的界限，增加了构成差序格局的重要支配力量——利益②。这意味着在法治理念与法治社会还没有真正渗入基层的熟人社会的过程中，人情与人际关系扮演着重要角色；同时，利益也成为一个重要的驱动力。由于经济、社会和文化的原因，现代法律在很大程度上主要适用于城市社会、工商社会、陌生人社会；在各国，现代法律及其相关的制度都很难进入农业社会、熟人社会或在这样的社会中有效运作③。在这种以熟人社会为基本特征，以人际关系、血缘关系与利益关系为社会主要维系手段的偏远地区，人治主义有其现实的社会基础，由此带来的则必然是对权力与权威的尊崇、行政权力支配社会以及在这种支配力量下的对利益的追逐。一句话：不是法治而是人治的社会基础，是偏远地区发生集体舞弊事件的重要原因。在这种环境下，因为某些掌权者或熟人的嘱托以及为了个人自身利益，参与高考群体舞弊的事件便发生了。

当然，集体舞弊事件的发生是复杂因素的综合体现。首先，从招生考试的管理来看，我国高考防弊的重点一直是城市，特别是省会城市、中心城市等地区。由于人员、经费等限制，政府对偏远地区无法进行有效的监督管理，这就使得作为招生考试的基础单位——县级招生考试管理机构的管理工作主要取决于县级招生管理者自身的道德素质。考试管理权同招生权一样，同属于公权力的范畴。一方面，考试管理权不仅关系到整个招生考试的公平与公正，也关系到考生个人利益的实现；另一方面，考试管理权的行使是由社会通过法律的形式委托给某个部门、某些个人来实现的，因此与某些部门利益、个人利益相联系。这就使得考试管理权面临着被异化的危险，特别是当某些官员或者监考者的亲属、熟人拜托时，这种可能的危险由于缺乏有效

① 费孝通：《乡土中国　生育制度》，北京大学出版社，1998 年，第 31 页。

② 卜长莉：《“差序格局”的理论诠释及现代内涵》，《社会学研究》2003 年第 1 期。

③ 苏力：《为什么研究中国基层司法制度》，《法商研究》2000 年第 3 期。

的监督和制约，必然突破道德的界限，变成现实的舞弊事件，成为某些个人或部门谋求利益的工具。

其次，从偏远地区的客观条件来看，由于经济因素的制约，对于高科技的舞弊事件缺乏相应的防弊措施。某些城市的高考考点安装了电子监控、无线电干扰、金属物品检测等仪器，以防止高科技舞弊，但这对于一个经济不发达的县来说，却是可望而不可即的。“我们开始也想过安装信号屏蔽设备，让手机一进考场就没有信号”，一位负责人说，“但是我们只是一个小县，这样做费用实在太高，后来只有作罢”，兼之手机禁入令在实施过程中缺乏可操作性，基本上只能靠学生自觉来完成①。因此，偏远地区的考场容易成为高科技舞弊的温床。偏远地区的考生在考试竞争中往往处于弱势地位，对于大部分学生，特别是农村的学生而言，要改变自己的命运，只能通过高考的途径。因此，条件的缺乏与强烈的升学动机共同构成了集体舞弊事件发生的重要原因。

再次，县城地域小，人治观念比较浓厚，容易形成特殊的利益群体和人事关系，加上偏远地区在地缘上人际关系盘根错节，亲缘关系浓厚，感情用事的现象比较突出。因此，虽然教育部颁布了相关法令，严惩考试舞弊行为，但在地方却有可能出现有令不行、有禁不止的情况，容易造成权力干扰考试的现象。长期以来，县级政府形成的管理行政和强制行政色彩浓厚，主要依靠行政权力，通过指令、指示、命令等形式强制推行，往往形成官本位的思想，在权力控制方面，未能形成强有力的权力约束机制。这就使得监考工作乃至人员的安排往往由领导说了算，而法律法规却束之高阁，在某种程度上，使考试管理人员往往不敢监督、不愿监督，屈服于其他权力的干预，甚至为舞弊者提供方便之门。此外，考生及其家长群体的法律意识、权利意识以及维权意识比较差，很多时候他们关心的是自己不舞弊就可以，对于其他人的舞弊行为或者漠不关心，或者受到相关者的威胁不敢声张，甚至在群体舞弊事件发生时，也存在浑水摸鱼的心理，参与到舞弊中去②，这也加剧了群体舞弊事件的发生。此外，由于集体舞弊的受害者往往不是周边的人，而是同省其他市县的考生。由于学校的升学率关系到教师、校长乃至一个县

① 《诚信承诺形同虚设　层层防线为何没阻止舞弊发生》，《北京青年报》2004 年 6 月 16 日。

② 这在关于考生的法律意识调查中可以得到证明。具体参见第六章。

的利益，集体舞弊往往受到地方保护。

另外一个值得探讨的问题是哪些考生在舞弊，他们的家庭背景如何？由于没有确切的研究数据，笔者不敢妄言。但有一点是值得肯定的，在已经被曝光的舞弊事件中，有两类舞弊考生比较突出：一是与监考人员有直接或间接关系的考生；二是有一定家庭背景的考生，特别是干部的子女往往导致群体舞弊事件的发生。这也反映出当前高考防止舞弊的重点在于偏远地区的市或县，而在这部分重点中，更需要注意的是对于相关领导干部的管理。这也增加了高考防止舞弊的难度。

三、几点建议

防止高考舞弊一直是高考工作的重中之重，教育部先后颁布了一系列的法律法规，对高考中的舞弊行为进行规制，2004 年出台了《国家考试违规处理办法》，《国家教育考试法》也在酝酿和起草中。但高考舞弊并没有因为一系列法律法规的出台而得到有效的遏制。就是在 2004 年，在颁布和实行《国家考试违规处理办法》之后，在要求高考学生签订《高考诚信承诺书》之后，河南镇平县、青海平安县等地区仍先后爆发了一系列恶性高考舞弊事件，这不禁使人发出“道高一尺，魔高一丈”的感叹。近年来，对于高考舞弊的打击力度逐渐增加，但每年仍有重大舞弊案发生。笔者认为，考试与舞弊是相生相随的，考试不可能完全杜绝舞弊的发生，但舞弊是可以控制在一定范围之内的，作为群体性的舞弊事件是必须予以重点打击的。过去，我们在防止高考舞弊的过程中，还存在一定的误区，如把防弊的重点放在城市或者中心城市，希望通过法令的颁布自然消除高考舞弊的发生，而忽略了对舞弊实施者的惩处，特别是对一些涉嫌舞弊的官员的轻描淡写的处理反而刺激了舞弊事件的进一步扩大；同时，相关的考试法规也缺乏一定的操作性。当前应该在法治理念的指导下，重新梳理防止高考舞弊的思路。

（一）加强对考试管理权力的制约

法治的核心是对权力的制约，而权力缺乏有效的制约，就必然导致腐败。就高考而言，特别是对于县一级的高考管理而言，应加强对考试管理者和组织者权力的制约以及对监考人员权力的监督与制约。笔者认为，当前高考工作中的重点是偏远地区的县或县级市，为保证这些地区的高考秩序，维护社会公平，省级招办应选派专门的负责人对考场的设置、监考人员的选拔与委派等具体事宜进行监督，以实现对各县级招办考试管理权力的制约与监督，同时也可以防止其他权力对考试的渗透。而由各县交换监考人员互相监考，也是值得尝试的做法。从某种意义而言，要有效地遏止高考舞弊，关键是能不能真正贯彻与实现法治的精髓，即对权力的制约，特别是对官员的制约与治理。因此，防止高考舞弊是和整个社会的反腐败相辅相成的，“冰冻三尺，非一日之寒”，只有真正意识到这一点，并去实现对腐败的遏制，高考的反舞弊才能说是有希望的。

（二）加强对考生权利意识的教育与宣传，加强新闻媒体对高考的监督

事实证明，只有考生真正意识到了自己的权利，才能真正保护自己的合法权益，也才能真正监督权力。从高考的实践来看，大城市与中心城市地区由于法律意识以及权利意识的增强，有利于形成相互监督的良好局面，这对于维护考试中的公平性、抵制高考中的舞弊行为具有重要的作用，对于偏远地区的高考管理工作也有一定的启发作用。只有真正发挥考生及其家长的监督作用，才能有效地实现对高考舞弊行为的制约。此外，新闻媒体在其中可以扮演重要的角色。当代媒体具有告知、启迪、监督三大社会职能。具体而言，媒体通过加强对维权意识及其相关信息的告知，启发考生维护自身权利的勇气与行为，并通过对舞弊案件的曝光与揭露，唤起公众对高考中的不公平、腐败等现象的警醒与正视，净化高考社会环境，维系高考机制的正常运行。虽然媒体也存在夸大事实、猎奇追新、追求轰动效应的一面，但笔者认为，当前新闻媒体的监督作用是有效的，其积极作用也值得肯定与发扬。行政机关与招生考试管理机构在抱怨媒体有夸大事实或者有碍公务的同时，绝不能忽视其对提升与净化整个高考环境的作用。特别是在考生还缺乏维权意识的地区，即使是对舞弊的事后揭露也有一定的作用。事实上，前面列举的高考舞弊案件的揭发与处理都与媒体的报道密切相关。从某种意义上讲，媒体的监督与扩大效应，不仅构成了实现高考过程中信息公开的重要步骤，也成为监督高考运行的关键环节。

（三）制定具有操作性、权责统一的考试法，加强执法力度

相关招生考试法缺乏操作性、权责不统一是高考舞弊行为屡禁不止的重要原因之一。许多研究者认为，当前对高考舞弊行为的惩罚即舞弊的风险成本不足以起到威慑的作用，如高考舞弊者往往只是被取消当年的高考成绩与录取资格，参与群体舞弊的教师也因为没有相关法律规定，往往处以行政记

过或开除行政职位的处罚，而免于刑法追究等。一位法学界人士认为，考试舞弊如果触犯刑法，根据不同主体，其罪名和量刑也不一样。如：监考人员泄露考试内容或答案，应定泄露国家机密罪，情节严重的，可处三年以下有期徒刑或者拘役，情节特别严重的，处三年以上七年以下有期徒刑，若有收取财物，则还犯有受贿罪，两罪并罚，教师若知情不报，还犯有包庇罪；主管部门工作人员玩忽职守造成重大损失的，应定渎职罪等；社会人员以收买方式获取高考考题、答案，则犯有非法获取国家机密罪，处三年以下有期徒刑、拘役、管制或者剥夺政治权利，情节严重的，处三年以上七年以下有期徒刑，若还通过寻呼机传播答案，则犯有故意泄漏国家机密罪，两罪并罚；信息台工作人员发送高考答案信息，犯有故意或过失泄漏国家机密罪，若是信息台主管人员指使，则是共同犯罪；考生通过可接收高考答案信息的寻呼机在高考中舞弊，犯有非法获取国家机密罪，若未满十八岁，可从轻处罚①。2015 年刑法修正案（九）正式施行，首次明确将考试作弊规定为一种具体的犯罪行为。根据规定："在法律规定的国家考试中，组织作弊的，处三年以下有期徒刑或者拘役，并处或者单处罚金；情节严重的，处三年以上七年以下有期徒刑，并处罚金。为他人实施前款犯罪提供作弊器材或者其他帮助的，依照前款的规定处罚。为实施考试作弊行为，向他人非法出售或者提供第一款规定的考试的试题、答案的，依照第一款的规定处罚。代替他人或者让他人代替自己参加第一款规定的考试的，处拘役或者管制，并处或者单处罚金。"教育部根据《中华人民共和国教育法》制定的《国家教育考试违规处理规定》，其中第六条和第七条规定了考试作弊的具体情形：有关组织或者个人只要构成组织作弊行为，处三年以下有期徒刑或者拘役，并处或者单处罚金；情节严重的，处三年以上七年以下有期徒刑，并处罚金。当然，法规的制定还是初步的，比制定法律法规更为重要的是，要严格执法。霍布斯曾说："不带剑的契约不过是一纸空文。"② 就我国高考舞弊目前的情况来看，虽然一些案件被立案查处，但漏网之鱼和特权阶层仍然存在，再加上对一些官员的轻描淡写的处理，致使心存侥幸和抗拒法律的有权之人成为高考舞弊的后继者，同时也会影响由于害怕举报舞弊而遭打击报复的举报者

---

① 《法律专家称高考作弊案情节严重者可判七年刑》，《教学与管理》2000 年第 11 期。

② 霍布斯：《利维坦》，黎恩复、黎廷弼译，商务印书馆，1985 年，第 128 页。

的举报行为。这无疑为高考舞弊大开了方便之门，使相关法律法规变成了一纸空文①。因此，要有效地控制高考集体舞弊的蔓延，关键在于是否能够真正实现法律面前一律平等，使所谓的特权阶层同样不能逃避法律的制裁。只有这样，法治社会才可能真正实现，而高考环境的秩序与和谐才可能真正实现。

当然，以上主要是从法律层面而言的。从长远来看，加大对偏远地区的教育投入，真正提高偏远地区县以及县以下中学的办学条件、师资水平，使乡村学生受教育的条件得到改善，学校办学水平得到提高，从而减少舞弊的发生，更是值得各级领导机关关注的问题。

① 江新军：《愿警钟长鸣》，《湖南教育》2000年第18期。

第六章　考生与受教育权

考生在普通高校招生考试过程中处于相对弱势的地位，往往成为权力侵害的对象，直接影响到自身受教育权的实现。从整个招生考试领域的相关研究来看，对考生的研究还远远没有开展起来。但作为依法治招、依法治考的主体之一，考生不仅应该得到更多的知情权与参与权，而且加强对考生的法律救济也是不可忽视的问题。

第一节　高校招生考试领域受教育权的内涵与性质

受教育权研究是伴随着法学界关于“权利与义务是法学理论中最基本、最核心的要素”这一论断的确认展开的，并在近十年来取得了丰硕的成果，先后有数本直接以“受教育权”命名的著作与博士论文出版或即将出版，如劳凯声主编的《变革社会中的教育权与受教育权：教育法学基本问题研究》①、温辉的《受教育权入宪研究》②、孙霄兵的《受教育权法理学——一种历史哲学的范式》③、龚向和的《受教育权论》④、郑贤君主编的《公民受教育权的法律保护》⑤ 以及陈恩伦的《论学习权》⑥。在劳凯声主编的《中

---

① 劳凯声：《变革社会中的教育权与受教育权：教育法学基本问题研究》，教育科学出版社，2003 年。

② 温辉：《受教育权入宪研究》，北京大学出版社，2003 年。

③ 孙霄兵：《受教育权法理学——一种历史哲学的范式》，教育科学出版社，2003 年。

④ 龚向和：《受教育权论》，中国人民公安大学出版社，2004 年。

⑤ 郑贤君：《公民受教育权的法律保护》，人民法院出版社，2004 年。

⑥ 陈恩伦：《论学习权》，西南师范大学博士学位论文，2003 年。

国教育法制评论》中，每期都有数篇有关受教育权研究的论文发表。此外，在法学与教育学等有关杂志上也有大量的文章发表。从研究人员来看，不仅有教育界的学者关注，法学界包括从事民法、行政法以及宪法研究的许多学者也都参与其中，为受教育权研究的深入提供了多学科的视野和角度。从研究内容来看，有对受教育权的内涵与本质的分析，有对受教育权的法律保障问题的探讨，同时还有对受教育权的相关案件的分析。特别是对齐玉苓案件的关注与评述，成为相当一段时期内受教育权研究的一个热点与难点分析，从而引导了对受教育权研究的深入。总的来看，对受教育权的研究大都集中于义务教育阶段，对义务教育以上阶段的受教育权研究不够；在高等教育阶段的受教育权研究更多关注的是学生在学校里的受教育权同高校管理的冲突与平衡，对作为高校招生领域的受教育权的研究尚属浅尝辄止。

一、受教育权

“受教育权”一词作为法律术语由来已久，但至今仍没有形成统一的表述。在国外，从公民权、生存权或社会权、学习权、发展权等角度来定义受教育权的概念比比皆是。如日本学者中村睦男认为，受教育权的保障具有主权者教育的意义，受教育权是为了使国民现在和将来具有一定的政治能力，使之能稳固民主主义政治①；英国学者道格拉斯·赫德逊从公民权的角度论证受教育权，认为“可以举出很好的理由来证明，适当的教育是公民更理性地行使政治权利与自由的前提”，“受过良好的教育的人民也许是保持民主结构与理念的前提条件”②；兼子仁主张受教育权是“日本宪法第25条所规定的‘维持文化性的生活的权利’之具体化，或者是‘充实生存权的文化性内容之手段’”③ 等。温辉认为：“受教育权有着丰富的内涵。由于各国历史文化传统不同，所信奉的理念不同，所以即使国际文件和宪法确认同一项权利，即便用相同的词汇，其内涵、范围、意义也可能大异其趣。就各国的宪法制度而言，有些国家确定受教育权权利，突出公民对国家的要求权；有些国家则确定受教育自由，突出公民选择何种教育方式及内容的自主性，避免

---

① 芦部信喜：《宪法Ⅲ人权》(2)，李鸿禧译，有斐阁，1981年，第381页。

② Douglas Hodgson, The Human Right to Education, Dartmouth Publishing Company Limited, 1998, p. 18.

③ 转引自大须贺明：《生存权论》，林浩译，法律出版社，2001年，第155页。

国家的过多干涉。在学理上，以文化权利界定受教育权，强调的是公民在宪法上所享有的权利；而受益权意义的受教育权，则强调国家之于公民受教育权所承担的义务。在国际人权法以及美洲人权法、非洲人权法中，受教育权是作为一项社会权利被确认下来的，而在欧洲人权法中，受教育权则属于公民权利和政治权利范畴，倡导教育自由，不主张国家对教育的积极介入。”①

在我国，对受教育权的界定也是多种多样的。有的学者强调从受教育权者享有权利的具体途径和权利内容来界定受教育权，如“受教育权，指公民达到一定年龄并具备接受教育的能力时，有通过各种教育设施和途径学习科学文化知识的权利”②；“公民的受教育权是指公民享有的在各类学校、各种教育机构或者通过其他途径学得文化科学知识，提高自己的科学文化业务水平的权利”③。有的学者从公民与国家权利义务关系的角度来界定受教育权，如“现代社会的受教育权，是指公民作为权利主体，依照法律规定，为接受教育而要求国家依法作出一定行为或履行一定义务的权利”④。有的学者强调受教育权是一种公民权，如“在法学理论中，尽管对权利的分类和表述存在不同的看法和做法，但受教育都属于公民的基本人权这一范畴，是公民为自身利益，要求国家一定行为的权利”⑤；“对于个人来说，受教育是国家和社会应当保障的公民的基本权利”⑥；“我国公民的受教育权是指公民依法享有接受文化知识教育、劳动技能教育和其他方面教育的权利”⑦。有的学者强调受教育权是一种学习权，如“受教育权是作为学习自由权的补充物出现的，只是学习权的表现形式之一”⑧。有的学者则试图调和各种观点，如“所谓受教育权，是指公民依法享有的要求国家积极提供均等的受教育条件和机会，通过学习来发展其个性、才智和身心能力，以获得平等的生存和发

① 温辉：《受教育权入宪研究》，北京大学出版社，2003年，第27页。

② 李兴琼，等：《对高校学生受教育权利保障和实现问题的思考》，《广西工学院学报》2003年增刊。

③ 李步云：《宪法比较研究》，法律出版社，1998年，第541页。

④ 秦惠民：《走入教育法制的深处——论教育权的演变》，中国人民公安大学出版社，1998年，第191页。

⑤ 劳凯声：《教育法论》，江苏教育出版社，1993年，第92页。

⑥ 谢鹏程：《公民的基本权利》，中国社会科学出版社，1999年，第14页。

⑦ 张维平：《教育法学基础》，辽宁大学出版社，1994年，第236页。

⑧ 陈恩伦：《论学习权》，西南师范大学博士学位论文（未刊稿），2003年。

展机会的基本权利”①。有的学者则针对齐玉苓等案件，强调受教育权是一种宪法保护的权利等。有的学者则从国际人权法的视角来界定受教育权的内涵，如“国际法上的受教育权是指个人或自然人依据国际法所享有的并由国家保障实行的接受教育的权利。这亦系对受教育权的权利主体、权利来源、权利内容及权利实现方式等本质属性抽象而来”②。

笔者认为，笼统地把握受教育权的含义，固然有利于对受教育权本质的概括。但受教育权本身是一个复杂的概念，它不仅包括义务教育阶段的受教育权，还包括非义务教育阶段的受教育权；不仅包括各级学校教育的受教育权，还包括各级学校之间招生考试阶段的受教育权；不仅包括学校教育阶段的受教育权，还包括非学校教育阶段的受教育权；不仅包括宪法意义上的权利，还包括其他意义上的权利，如行政法和民法意义上的权利。不同层次、不同形式、不同意义的受教育权其内涵是不同的，性质也有一定的区别，受教育权的权利主体和义务主体也可能不一样，当然其保护的方式就应当不一样。目前学术界对受教育权的概念、本质等方面存在争论，主要原因是模糊了不同层次、不同形式、不同意义的受教育权，未对受教育权进行区分。用一般意义上的受教育权概念去理解其他层次的受教育权，可能导致理解的偏差，而用义务教育阶段的受教育权内涵去理解其他阶段的受教育权，则可能导致误解。正因为如此，专门研究与讨论高校招生考试领域的受教育权，不仅有利于加深对受教育权本质的认识，也有利于拓展对招生考试领域的受教育权的认识。

二、受教育权与高校招生考试的关系

受教育权作为一项社会权利，需要国家的积极作为以保障权利的实现。1948 年联合国制定的《世界人权宣言》第二十六条规定：“人人都有受教育的权利。”1960 年联合国教育科学及文化组织大会通过的《取缔教育歧视国际公约》规定，禁止任何形式的教育歧视，促进人人在教育上的机会平等和待遇平等。1966 年联合国制定的《经济、社会、文化权利国际公约》对受教育权作了更详细的规定，其中，在高等教育方面，“高等教育应根据成绩，以一切适当方法，对一切人平等开放，特别要逐渐做到免费”。在《公民权

① 龚向和：《受教育权论》，中国人民公安大学出版社，2004 年，第 29 页。

② 杨成铭：《人权法学》，中国方正出版社，2004 年，第 289 页。

利和政治权利国际公约》中，则要求每一个缔约国尊重和保证本公约所承认的权利，对于未经现行立法或其他措施予以规定者，各缔约国要采取“必要步骤，以采纳为实施本公约所承认的权利所需的立法和其他措施”。

但从世界范围来看，在高等教育领域内逐步实现免费教育将有一个漫长的发展过程。通过考试，选拔录取有能力接受高等教育的精英曾经是世界高等教育的主流。《联合国人权宣言》这样写道：“高等教育的入学，应当根据才能对所有人完全平等地开放。”即使在大众化教育阶段的今天，同样也需要选拔考试来招收一流大学所需要的优秀人才。在我国，原国家教委所发布的《普通高等学校招生暂行条例》第一条就指明：为“选拔适合高等学校培养要求的优秀新生”而“制定本条例”①。也就是说，高等学校只选拔优秀的高中毕业生准入。扩招后的 2002 年，在校生达到 1512.62 万人，毛入学率达到 15%，进入了大众化教育阶段；到 2003 年，在校生达到 1900 万人，毛入学率达到 17%；2004 年，招生数达到 420 万人，比 2003 年又增长了 10%。但一方面，能够进入大学学习的学生事实上仍然只占同龄人的小部分，并且需要通过招生考试筛选，这意味着能够接受高等教育的人是有限的，国家和社会只能够提供展示自己的机会，通过能力选拔来实现部分人的受教育权；另一方面，即使国家通过不断发展高等教育等途径，保证所有的公民都可以接受高等教育，不同层次的大学仍需通过招生考试来鉴别和挑选适合的学生，特别是一流大学，其招生考试仍然是激烈的竞争性考试，这意味着即使每个人都可以实现受教育权，但每个人能够接受的教育仍然有很大的区别，或者说，每个人实现的受教育权程度是不一样的。由此可见，招生考试作为高中教育与高等教育之间的连接点，不仅是高中教育的终点，也是高等教育的起点；不仅是公民实现受教育权的途径，本身也构成了受教育权的一部分；不仅关系着受教育权的实现，也关系着受教育权实现的程度。

三、招生考试领域的受教育权

招生考试领域的受教育权，不同于义务教育阶段的受教育权，不同于学校教育内部的受教育权，与高等教育领域的受教育权也有一定的区别。

根据受教育权的内容，有研究者认为公民受教育权包括受义务教育权、

① 《普通高等学校招生暂行条例》（1986 年 12 月 16 日），《教育法律手册》，法律出版社，2001 年，第 227 页。

平等受教育权、终身受教育权和恰当受教育权[1]。招生考试领域的受教育权属于平等受教育权。平等权与受教育权关系十分紧密。有研究者认为，“平等权在整个宪法基本权利体系中具有一定的超越地位，是一种原理（原则性）的、概括性的基本权利”[2]。根据教育法的规定，“受教育者在入学、升学、就业等方面依法享有平等权利”。在我国招生考试领域，受教育权本身就是以平等权为基础的，体现了平等权的基本原则与思想，而平等权则包含了受教育权的内容。根据受教育权的产生、发展的时间顺序，有研究者将受教育权划分为三个阶段的子权利，即开始阶段的学习机会权、过程阶段的学习条件权和结束阶段的学习成功权。招生考试领域的受教育权属于学习机会权[3]。学习机会权根据其表现形式又可以派生出入学升学机会权、受教育选择权和学生身份权，高校招生考试领域的受教育权主要体现为非义务教育阶段的升学机会权与选择权。事实上，无论是平等受教育权还是学习机会权，两者的内涵是同一的，强调的都是招生考试领域的权利，国家和社会提供的是形式上的学习机会平等权，即提供平等的参加考试、参加录取的机会，但最终谁能实现其受教育权，需要按其能力、志愿以及国家、社会、学校的意愿来调节。

机会是参加某种活动的权利[4]。在大部分场合，有机会相当于可以做某事或参加某种活动，而可以做某事意味着一种权利，有机会相当于获得参加某种活动的权利。机会平等就是社会赋予的参加某种活动的权利平等。罗尔斯认为，机会平等意味着由一系列的机构来保证具有类似动机的人都有受教育和培养的类似机会，在保证与相关的义务和任务相联系的品质和努力的基础上，使各种职务和地位对所有人都开放[5]。有学者甚至认为机会平等是现

---

① 徐继敏：《受教育权辨析》，郑贤君：《公民受教育权的法律保护》，人民法院出版社，2004 年，第 64 页。

② 许崇德：《宪法》，中国人民大学出版社，1999 年，第 153～154 页。

③ 学习机会权是指受教育者有权通过学习获得生存与发展能力的可能性空间和余地，是接受任何等级教育的起点、资格和身份。没有这个起点、资格和身份，就没有受教育的可能性，整座权利大厦就不可能存在。参见龚向和：《受教育权论》，中国人民公安大学出版社，2004 年，第 38 页。

④ 徐梦秋：《公平的类别与公平中的比例》，《中国社会科学》2001 年第 1 期。

⑤ 约翰·罗尔斯：《正义论》，何怀宏、何包钢、廖申白译，中国社会科学出版社，1988 年，第 268～269 页。

代法治的一个重要原则①。招生考试领域的受教育平等其实就是一种形式的机会平等。因为“平等只要保证在起跑线上的个人的机会均等就可以了，并不意味着要由个人对能力和努力而获取的成果也要均一化。为了保障自由能让个人个性和能力充分发挥出来，这种必要的平等，说到底还是只要能保障社会构造中的形式上机会均等就可以了，不能在实质上介入其中”②。正因如此，招生考试正是提供了一个机会和途径，让主体能够通过公平的竞争来实现高等教育受教育权。但究竟谁能实现或者谁能更好地实现受教育权，则需要依靠自己的能力。

当然，能够参与这种竞争机会的主体，也是一个不断扩大和发展的过程。招生考试领域的受教育权主体是符合招生考试法规定的公民。对进入高等教育的学生进行一定的资格限制是相当长一段时期内世界各国的通例。在我国，新中国成立后，由于社会政治的影响，对学生的家庭出身、年龄以及婚姻状况都有一定的限制。但随着我国逐渐从精英教育向大众教育过渡，这种限制也在逐步取消，从 2001 年起，高考取消了原有的年龄（25 岁以下）限制和婚否限制，允许各个年龄阶段的人自由报名参加高考。而在《普通高等学校招生暂行条例》中原有的“专业学校、技工学校的在校生和应届毕业生不得报名”的限制，随着高等职业教育的发展，在 2000 年《教育部颁发2000 年普通高等学校招生工作规定》中被取消，并规定，“符合条件的应届中等职业教育（中等专业学校、技工学校、职业高中）毕业生，可报考高等职业教育学校”。在《普通高等学校招生暂行条例》中关于“上一年已被普通高等学校录取而不报到的考生不得报名”的规定也随着对学生受教育的选择权的尊重而被取消。可见，即使是机会平等，也存在一个发展的过程，它是随着社会的进步、民主思想的普及以及个人权利意识的觉醒而逐渐发展起来的。

但是，仅有形式上的平等，也可能导致实质上的不平等，从而与旨在反对不合理差别的形式平等的宗旨相违背。因此，为了弥补这一不足，采取某些合理差别，促使达到实质上的平等，从而在实质上提供平等发展的条件就是必然的。正因为如此，各国宪法在规定平等权的同时，一般根据个人自然

① 王端起：《论现代法治的一个重要原则——机会平等》，《中央政法管理干部学院学报》1998 年第 5 期。

② 大须贺明：《生存权论》，林浩译，法律出版社，2001 年，第 33 页。

的、生理的和社会的不同情况，作出了差别待遇的规定。我国宪法规定的这些差别待遇，其目的在于弥补平等原则对不同情况、不同的人不作区别的对待可能造成的事实上的不平等。我国宪法在规定公民在法律面前一律平等原则的同时，也针对现实生活中由于历史、文化、社会和自然生理等方面的原因形成的人们在事实上不平等的客观事实，对某些人规定了特别的保护原则，要求国家立法机关在制定法律时充分考虑宪法规定的实行特别保护的原则，以实现法律上的平等。以平等为基本原则的受教育权平等也必须对特殊人群实行特殊保护原则，以保证这部分人的合法权益。因此，受教育权的平等是相对的。

当然，这种相对的平等是对合理差别的认同。根据我国宪法的分类，国家制定法律时作出的特别规定，即合理差别，属于对宪法平等权的补充①。在招生考试方面，这种合理差别主要表现为：根据人的自然生理差异方面的不平等，在宪法和法律上所采取的合理差别的规定，如我国残疾人保障法规定国家和社会对残疾人权利给予的保障与对非残疾人在法律上所作的合理差别；根据民族、性别等原因造成的人们事实上存在的不平等，在法律上所采取的合理差别的规定，如少数民族、华侨等；根据学习专业需要对考生资格的合理限制，如对武警、公安、军人、飞行员等专业接近苛刻的身体要求等。当然，从绝对平等的角度来看，当招生名额有限时，对少数民族的差别待遇与特殊保护措施的确造成了对非少数民族学生的逆向歧视与不平等。这个问题在我国尚不存在分歧，《中华人民共和国高等教育法》第九条规定："公民依法享有接受高等教育的权利。国家采取措施，帮助少数民族学生和经济困难的学生接受高等教育。高等学校必须招收符合国家规定的录取标准的残疾学生入学，不得因其残疾而拒绝招收。"但近年来，我国出现的分数线不统一所导致的"高考移民"现象，以及青岛三考生状告教育部的诉讼案件，事实上是当前招生考试领域对某种不平等的认同。这个问题十分复杂，将在本章第三节中具体分析。

四、招生考试领域受教育权利的性质

（1）受教育权利属于基本权利还是一般权利？或者说属于宪法权利还是

---

① 周伟：《宪法基本权利司法救济研究》，中国人民公安大学出版社，2003年，第82页。

法律权利？荷兰宪法学者马尔赛文（H. V. Maarseveen）和唐（G. V. d. Tang）从对142部民族国家的成文宪法所作的一项比较研究中得出结论：51.4%的宪法规定了受教育权利和实施义务教育；22.5%的宪法规定了参加文化生活、享受文化成果的权利；23.9%的宪法规定了教育自由和学术自由的权利[①]。在我国，《中华人民共和国宪法》规定："中华人民共和国公民有受教育的权利与义务。"但大多数研究者认为，宪法所规定的受教育权，并没有规定具体内容，也没有规定保障方式，这些都是由普通法律加以规定的。对于宪法与普通法律的关系，蘆部信喜认为，"宪法上规定了所有的内容，法律只是将宪法中的内容更加详细地体现出来"[②]。由此可见，招生考试领域的受教育权不仅是基本权利，也是一般权利，但主要还是法律权利。虽然研究者针对齐玉苓案件创造性地提出了"宪法司法化"的解决途径，但经过充分讨论，大多数研究者普遍认为，齐玉苓案件的特殊性在于侵害行为发生在1990年，当时我国并未制定教育法，因此受教育权无法借助具体法律规范得到救济，有其特殊性。而在今天，随着我国教育法体系的完备，相信更多的受教育权的救济都不必再通过"宪法司法化"的途径来解决。

（2）受教育权是社会权还是自由权？自由权旨在保护个人免于国家不正当的行为，而社会权其目的在于使个人能够向国家提出创造和提供使之受益的政府纲领的要求[③]。招生考试领域的受教育权兼具社会权与自由权的特性，是一种复合性质的人权。作为一项权利，招生考试领域的受教育权更多地体现出社会权的特性，为了保证个人能够获得平等地参与考试与招生的权利，它要求国家建立起相应的考试制度、招生制度，并制定相关的招生考试政策和法规予以保障。同时，随着国家教育资源的发展，公民能够获得的受教育机会也不断增多，如随着扩招政策的实施，过去不能上大学的学生也获得了上大学的机会，相信随着社会的发展，能够接受高等教育的人也将越来越多。作为一种自由，它要求学生有绝对的权利不受外界的干扰和侵犯，突出地体现在学生在填报志愿过程中，任何人未经学生的同意与授权，不得擅

① 亨利·范·马尔赛文，等：《成文宪法的比较研究》，陈云生译，华夏出版社，1987年，第159页。

② 蘆部信喜：《宪法Ⅲ人权》(2)，李鸿禧译，有斐阁，1981年，第372页。

③ 温辉：《受教育权入宪研究》，北京大学出版社，2003年，第103页。

自更改学生的志愿，学生有选择学校的自由。

（3）受教育权是行为权还是接受权？拉斐尔将权利分为两类：行为权和接受权①。享有行为权是有资格去做某事或以某种方式去做某事的权利；享有接受权是有资格去接受某事或以某种方式受到对待的权利。当某人阻止你去做你有资格做的事情时，行为权就受到侵犯；当某人拒绝提供你有资格得到的东西或不给你有资格得到的待遇时，接受权就受到侵犯。招生考试领域的受教育权主体既享有行为权也享有接受权。这意味着只要符合报考资格，就能参加升学考试，只要满足国家的有关招生规定、学校的招生条件，学生就有资格被录取，任何公民或组织都不能因为其他原因剥夺学生的权利。

第二节　高校招生考试领域受教育权的法律保障

一般认为，权利保障包含了广义与狭义的理解，“权利保障应有广义与狭义之分。狭义的权利保障是指权利未受到侵犯或破坏之前就存有的各项措施或制度的保障。广义的权利保障除上述含义外，还包括权利受到侵犯、破坏之后而存在的权利救济”②。由此可见，广义的权利保障事实上包含了权利的事前保障和权利救济两个方面的问题。本节重点介绍招生考试领域受教育权的事前保障。

受教育权的事前保障是指宪法规定的受教育权在受到侵害或破坏之前就应有的各种措施或制度保障，是受教育权从宪法权利无阻碍地转变为法律权利，直至转变为公民实际享有的现实权利的实现过程和状态③，主要体现为立法机关的立法保障和行政主体的执法保障。

一、立法保障

立法机关保障受教育权的义务来自宪法的规定。《中华人民共和国宪法》第四十六条规定：“中华人民共和国公民有受教育的权利与义务。”因此，立

① D. D. Raphael, Problems of Political Philosophy, Macmillan, 1970, pp. 68-70.

② 杨春福：《权利法哲学研究导论》，南京大学出版社，2000 年，第 162 页。

③ 龚向和：《受教育权论》，中国人民公安大学出版社，2004 年，第 119 页。

法机关的责任在于通过将宪法有关受教育权的条款法律化、具体化，从而使宪法中纲领性的客观权利转变为法律规定的具体性的主观权利。其中，教育法与高等教育法中都有专门对高校招生考试制度的规定[①]。在招生考试领域，为了更好地实现招生考试的公平性与公正性，保障高校更好地选拔学生、国家更好地选拔人才，制定了大量的招生考试法规，包括《普通高等学校招生暂行条例》、《高等学校招生全国统一考试管理处罚暂行规定》、《国家教育考试违规处理办法》、《普通高等学校招生违规行为处理暂行办法》等一系列的法规，并在客观上起到了维护考生的合法权益、保障考生的教育机会平等权的作用。但总的来看，招生考试领域的法规建设还是初步的，离法治的要求还相差甚远。从颁布法规的根本目的来看，这些法规主要是为了教育行政机关行使管理职能而制定的，因此对权利的关注不足，特别是对处于弱势群体的“考生”权利的关注不足。近年来，由于权利意识的兴起，招生考试领域的法规建设也面临着权利意识的压力，如何建立一部完整意义上的、体现社会要求的普通高校招生考试法是当前法制建设的当务之急。这一问题，将在本书的最后作进一步阐述。

二、行政主体的执法保障

受教育权得到立法的保障之后，并不必然地自动为公民所享有，还需要负有法定职责的国家行政主体的积极执行予以保障。行政执法是指享有行政权的行政主体在行使行政管理权的过程中，依照法定的职权和程序，贯彻实施法律的活动。在高校招生考试领域，受教育权同样需要行政主体的保障。

（一）招生考试领域行政主体的范围

行政主体是指依法拥有国家行政管理职权，代表国家以自己的名义进行管理并参加行政诉讼的行政机关或法律法规授权的组织[②]。一般而言，我国的行政主体包括职权行政主体和授权行政主体，即行政机关和被授权组织。

在招生考试领域，行政主体主要包括以下几个方面：

---

① 具体包括：《中华人民共和国教育法》第九条、第二十条、第三十六条、第七十六条、第七十七条、第七十九条；《中华人民共和国高等教育法》第九条、第十九条、第三十二条。

② 马怀德：《行政法与行政诉讼法》，中国法制出版社，2000 年，第 105 页。

1. 中央政府及其教育部

《中华人民共和国教育法》第十四条规定："国务院和地方各级人民政府根据分级管理、分工负责的原则，领导和管理教育工作。"第十五条规定："国务院教育行政部门主管全国教育工作，统筹规划、协调管理全国的教育事业。"可见，教育部作为国务院主管教育的行政部门主要主管教育事业，是理所当然的行政主体。

2. 地方政府以及各级教育行政部门

《中华人民共和国教育法》第十四条规定："高等教育在国务院领导下，由地方人民政府管理。"第十五条规定："县级以上地方各级人民政府教育行政部门主管本行政区域内的教育工作。县级以上各级人民政府其他有关部门在各自职责范围内，负责有关的教育工作。"在高校招生考试领域，各省（自治区、直辖市）、市（地区、盟、州）、县（市、区、旗）人民政府分别成立普通高等学校招生委员会，各级招生委员会在本级人民政府和上一级招生委员会（或教育部）的双重领导下负责本地区的招生工作。招生办公室是招生委员会的常设机构，代表招生委员会行使职权，处理招生的日常工作。各省、市、县招生办公室与各级教育行政部门的关系并不完全相同。事实上，随着招生考试的重要性日益彰显，招生考试管理也日趋专业化，部分省、市、县的招生办公室逐渐从各级教育行政部门脱离出来，成立考试院，成为与教育行政部门平行的部门；也有部分省、市、县虽然仍设在教育行政部门内，但职责、人员、财务都有一定的相对独立性；还有部分省市则仍然是教育行政部门隶属下的一个部门。这与各省、市、县的情况和招生考试工作量等问题是密切相关的。

3. 高校与高校招生办公室

《中华人民共和国教育法》第二十八条规定，学校及其他教育机构行使招收学生的权利。正如前文所分析，高校的法律地位正逐渐从国家的附属机构向行政主体转变，而招生考试法律关系事实上是一个非常复杂的法律关系，总的来看它是以行政法律关系为主的法律关系。高校在招生考试中，成为行政主体也是一个必然的发展趋势。正因为如此，最高人民法院正在制定一项新的司法解释，将把高校招生、学历发放、教师资格、学生退学等方面发生的教育纠纷，首次纳入行政诉讼范畴中，不再只是由教育行政部门作内部处理。

（二）行政保障措施

孟子曰："徒善不足以为政，徒法不足以自行。"① 受教育权得到立法保障之后，并不必然为公民实际享有，还需对法律执行负有法定职责的国家行政权的积极行动，才能保障其顺利实现。根据教育法以及高校招生考试相关法规的规定，我国实行分级管理、分工负责的管理制度，每级政府及其所属教育行政部门的职责都有明确的划分：教育部负责各类高等学校的招生及全国统一考试工作，其主要行政保障措施表现为命令、指示、指导、审批、许可等，并对高校招生考试全局进行指导与监督；各级招生委员会在本级人民政府和上一级招生委员会（或教育部）的双重领导下负责本地区的招生工作；招生办公室是招生委员会的常设机构，代表招生委员会行使职权，处理招生日常工作，确定必要的编制，配备专职干部，其主要行政保障措施表现为通过一系列行政行为保障考试的正常运行，并对考试过程中的问题进行处理，同时实现对高校招生行为的监督；高等学校则成立由校长和校内有关部门负责人组成的招生工作领导机构，负责本校招生工作，并设立招生办公室，配备专职工作人员，主要通过执行与完成招生计划来实现招生的目的。根据这一系列要求和职责限定，教育部、各级招生委员会及其办公室与高校采取具体的行政措施，维护高校招生考试的秩序。

第三节　高校招生考试领域受教育权的法律救济

权利救济是权利保障的最后屏障，其重要性是不言而喻的。救济是指"纠正、矫正或改正业已发生或业已造成伤害、危害、损失或损害的不当行为"②。有权利必有救济，没有无权利的救济，也没有无救济的权利。教育法律救济是指通过教育法律程序和途径，裁决教育活动中的纠纷，以使合法的教育权益受到损害的相对人获得法律上的补救的法律保护措施③，可以说，教育法律救济是以教育纠纷为基础、以损害为前提、以补救受害者为目的的法律措施。《中华人民共和国教育法》、《教育行政处罚暂行实施办法》、

① 《孟子·离娄章句上》，花城出版社，1998 年，第 347 页。

② 《牛津法律大辞典》，光明日报出版社，1988 年，第 764 页。

③ 刘立：《教育法学通论》，湖北教育出版社，2003 年，第 407 页。

《高校统考处罚规定》、《普通高等学校招生管理处罚暂行规定》等相关规定确立了我国招生考试领域基本的救济途径，即诉讼渠道（司法救济渠道）和非诉讼渠道（主要是申诉制度）。

一、申诉制度

申诉是受教育者在其受教育权受到侵害时，依照教育法和其他法律规定，向有关主管机关申诉理由、请求处理的制度。《高校统考处罚规定》第二十八条规定："被处罚人对处罚决定不服的，在接到处罚决定的十五天内，可以向上一级招生考试主管部门提出申诉。"《普通高等学校招生管理处罚暂行规定》第二十二条规定："对违反招生管理行为的人给予的处分或者处罚，裁决机关应作出处理决定，并通知被处分人或者被处罚人。"第二十三条规定："被处分人对所受到的行政处分决定不服的，按照国家有关规定的申诉程序办理。"

在招生考试领域比较常见的是信访制度。根据 2004 年国务院发布的新《信访条例》，对信访的定义是："公民、法人或者其他组织采用书信、电子邮件、传真、电话、走访等形式，向各级人民政府、县级以上人民政府工作部门反映情况，提出建议、意见或者投诉请求，依法由有关行政机关处理的活动。"信访作为一种具有中国特色的简便易行的听取群众意见和建议、帮助群众解决问题的方式，深为群众所接受，并收到了良好的效果。新中国成立后，由于我国长期以来没有建立起正式的处理行政纠纷、保护公民权益的救济制度，因而信访在社会生活中实际上起到了监督行政与救济相对人合法权益的作用。但部分学者认为，信访缺乏法律规范，带有浓厚的权大于法的人治色彩，因此无论是在纠纷解决机制的研究方面还是在行政救济制度的研究方面，信访救济都处于非常边缘的地位，甚至根本不被承认。笔者认为，由于长期以来在信访机构的工作中，公众已经形成一种向其投诉的倾向和习惯，而且从信访制度的特点上看，信访机构所有效解决的事项主要是行政机关及其工作人员的失当、失职行政行为，而这正是我国现有行政复议和行政诉讼救济制度所难以覆盖的救济对象。因此，信访这种久已存在于社会生活中的制度有其继续存在的价值。但信访制度的非程序性和不确定性，又是其弊端。除宪法外，信访救济没有其他具体的法律依据，《信访条例》中也缺乏一套清晰的、普遍适用的运作规则和相应的责任机制。因此，对信访制度以及信访救济都应辩证地看待，一方面，不能因为信访救济与法治有冲突的一面而忽视它，毕竟它是目前相当多的行政相对人首先要选择的、有效力的救济方式，我们应当认真对待它；另一方面，我们也不能因为信访救济对法治有利的一面而夸大它，毕竟它是目前最无规范、离法律最远的救济方式，我们应当去改造它的作用①。

在招生考试工作实践中，信访的接待量非常大，许多考生及其家长在自己的权益受到损害时，首先想到的就是如何通过信访来获得救济。值得关注的是，期望通过信访途径获得问题解决的民众，有几个共同特点：一是文化素质偏低，他们中的大部分人未接受过正规的高等教育，在社会的竞争中处于弱势地位，因此对子女考上大学以改变学生本身乃至整个家庭的命运，抱有很大的期望；二是大部分人属于社会中下层，经济地位和社会地位都不是很高，通过信访这种比较经济的途径来解决问题成为他们的必然选择②。因此，信访对于解决这些考生与家长群体实际问题，宣传我国的普通高校招生考试政策，实现社会的稳定，都有重要作用。而忽视招生考试领域受教育权的信访救济，不仅不符合当前中国招生考试实践的现状，也是对社会上处于弱势地位群体合法权利的漠视。根据《关于扩大普通高等学校录取新生工作权限的规定及其实施细则》的规定，“省、自治区、直辖市招生委员会办公室要设立信访接待组，督促和协助高等学校解决好遗留问题，处理好本职范围内的善后工作”③。各省（自治区、直辖市）逐渐建立了信访制度以实现考生及其家长、高校与省级招办的相互沟通，并处理相关问题，为监督招生考试过程、保证考生的合法权益提供了一条合理的渠道。虽然对于招生考试领域的信访有关问题，教育法以及招生考试法规并没有作专门的规定，但《信访条例》中明确规定，社会团体、企事业单位的信访工作参照本条例执行。可见，招生考试领域的信访工作是可以按照《信访条例》来执行的。

《信访条例》第十四条规定：“信访人对下列组织、人员的职务行为反映情况，提出建议、意见，或者不服下列组织、人员的职务行为，可以向有关行政机关提出信访事项：（一）行政机关及其工作人员；（二）法律、法规授权的具有管理公共事务职能的组织及其工作人员；（三）提供公共服务的企

① 应星：《作为特殊行政救济的信访救济》，《法学研究》2004 年第 3 期。

② 主要是根据笔者在天津考试院进行信访调研时得出的结论。

③ 杨学为：《中国考试史文献集成（第八卷 中华人民共和国）》，高等教育出版社，2003 年，第 197 页。

业、事业单位及其工作人员；（四）社会团体或者其他企业、事业单位中由国家行政机关任命、派出的人员；（五）村民委员会、居民委员会及其成员。对依法应当通过诉讼、仲裁、行政复议等法定途径解决的投诉请求，信访人应当依照有关法律、行政法规规定的程序向有关机关提出。”新的《信访条例》针对 1995 年的《信访条例》中因为信访可能导致堵塞复议与诉讼渠道的缺陷，作出了专门规定：信访人对各级人民代表大会以及县级以上各级人民代表大会常务委员会、人民法院、人民检察院职权范围内的信访事项，应当分别向有关的人民代表大会及其常务委员会、人民法院、人民检察院提出。对已经或者依法应当通过诉讼、仲裁、行政复议等法定途径解决的，不予受理，但应当告知信访人依照有关法律、行政法规规定程序向有关机关提出。可见，对涉及招考等行政单位以及与自己的受教育权相关的问题，考生、家长以及相关人员可以通过信访的途径来反映并获得回复或解决。

不过，在信访过程中，确实也出现了某些家长因屡屡上访无效，因而采取到政府门前静坐、下跪，甚至集体闹事等边缘性干扰手段的现象与事件。部分家长的心里还存有“事情不闹大，就不解决；只要闹大，就能解决”的错误想法。因此，遇到事情发生的时候，这些家长往往采取一些极端的行为，给社会的稳定也带来了一定的冲击。事实上，通过信访寻求招生考试领域受教育权的救济，的确面临着很多问题：一是根据法律规定，高校拥有招生自主权，并对考生的相关问题与其他遗留问题进行解释。因此，信访部门往往只能起部分解释或者疏通的作用，对非本地区的高校往往鞭长莫及，缺乏有效的手段纠正高校的错误录取行为。二是长期以来，考生与家长对公平的理解往往简单地归结为成绩的高低，而高校则倾向于实行综合考核的录取方式，仅仅把分数作为录取的一个基本条件。这种高校招生自主与绝对的平等观的冲突与观念差异很难进行有效的沟通与解释。

为了更好地解决这些矛盾，在部分省（自治区、直辖市）的招生考试管理机构内部，已经开始酝酿相应的改革，以便更好地维护考生的合法权益，保障考生受教育权的实现。天津市成立了招生考试仲裁委员会，聘请教育行政部门及有关部门的专家、学者和律师担任专职或兼职仲裁员，以解决高校与考生之间比较复杂和难以调和的分歧。这无疑是仲裁制度在招生考试领域的一种尝试。但一般认为，“教育纠纷的仲裁一般适用于教育法律关系主体在平等基础之上形成的法律关系所发生的教育纠纷的解决上，教育纠纷之仲裁不同于法庭的审判，也不同于行政机构的行政处理。适用于仲裁解决的教育纠纷，主要包括平等主体之间的财产纠纷、合同纠纷等。国外高等学校与其教师之间的关系是一种雇佣合同的关系，因此学校与教师之间的纠纷处理也主要通过仲裁及其他非行政性的程序来处理"①。在我国，仲裁制度一般用于劳动与人事仲裁。不过，根据 1995 年颁布的《中华人民共和国体育法》第三十三条规定："在竞技体育活动中发生纠纷，由体育仲裁机构负责调解、仲裁。体育仲裁机构的设立办法和仲裁范围由国务院另行规定。"虽然体育仲裁机构并没有真正建立起来，但至少在理论上突破了原有仲裁的范围，从而为招生考试领域引进仲裁制度提供了依据。当然，这一改革还在实践中，还有很多问题需要在实践中不断得到完善，但可以肯定的是，随着招生考试管理机构职能的转变和法律地位的变化以及高校招生自主权的实现，通过中介机构建立学生群体以及附带的家长群体与高校之间交流与沟通的渠道，有助于解决招生考试领域的法律纠纷等问题，天津试行的仲裁制度无疑是一种值得肯定与借鉴的方式。

另外，申诉制度还包括行政复议制度。所谓行政复议，是指"国家行政机关在行使行政管理职权时，与作为被管理对象的相对方发生争议，根据行政相对方的申请，由上一级国家行政机关或者法律、法规规定的其他机关依法对引起争议的具体行政行为进行复查并作出决定的一种活动"②。教育行政机关对于相对人提出的复议申请必须进行审查，并作出处理与裁决。在招生考试实践中，最常见的还是信访，一旦当事人选择信访后又对信访决定不服的，如果仍在申请行政复议与提起行政诉讼的期限内，则可就原具体行政行为申请复议或提起诉讼。

二、司法救济

司法救济是权利救济中最有效、最常用的救济途径。从教育法律及相关的招生考试法规的具体规定来看，招生考试领域的受教育权具有可诉性。但在招生考试领域，受过去传统的"民不可告官"思想以及高校特别权力关系理论的影响，招生考试领域的受教育权司法救济还刚刚开展起来。自 1995 年陈海云诉外交学院，开启了首例考生因未被录取而状告院校，提起民事诉讼

① 郝维谦、李连宁：《各国教育法制比较研究》，人民教育出版社，1999 年，第 33 页。

② 罗豪才：《行政法学》，北京大学出版社，1996 年，第 354 页。

的案件以来，真正通过提起诉讼来维护自身受教育权的案件并不多见。有学者认为，“即使说招生工作中可能出现了失误，那么是否要承担法律责任还是个问题。这种对把招生的不满提到诉讼程序去解决是不妥的”①。事实上，人们对维护自身权利的意识已经大大提高，通过司法途径寻找自身权益的维护已经成为社会认同的一种选择方式。虽然有关行政管理部门或者高校对于这种权利意识的觉醒与表达方式并不完全认同，但是，实事求是地说，这种权利意识的觉醒不仅有利于考生合法权利的维护，对于维护高校招生考试的公平与公正，提高招生考试工作的质量也是不无裨益的。

根据侵害受教育权的主体不同，我们可以把权利侵害分成两种类型：即行政主体对考生受教育权的侵害与考生之间的受教育权纠纷，包括侵犯学生的入学权、侵犯学生受教育机会的平等权、侵犯学生参加考试的权利、侵犯学生受教育的选择权等多种类型。一般而言，招生考试领域的受教育权司法救济的具体途径有三种：行政诉讼、民事诉讼和宪法诉讼。

（一）行政诉讼

案例一：陈某是某省95级应届外语兼文科类考生，提前录取志愿报考外交学院，1995年其高考成绩为591分，口试评分为5－，在该省所有报外交学院的考生中居第二名。当年外交学院在该省共招9人，录取时以口试不足5分为由退掉陈某和居第一名的吴某（男，597分，口试4＋），录取了第19名的刘某（男，565分，口试5）。陈某和吴某不服，多次到上级部门上访。经由省教委、纪委组成的联合调查组会同外交学院调查后，对此事的意见为：“以口试成绩未达5分，对陈、吴作退档处理有不妥之处，是工作的失误……有可能的情况下……愿申请名额，补录陈、吴。”此后，因申请补录名额未果，陈某向北京市西城人民法院提起民事诉讼，认为外交学院侵犯了她的受教育权②。

案例二：内蒙古通辽市学生李洪刚，小时候左眼被异物扎破失明（右眼视力良好）。他1998年、1999年两次参加高考，成绩分别超过重点大学录取线15分、62分，但因眼睛残疾两度未被录取，数家高校将之拒之门外③。

---

① 珊珍：《全国首例高校招生纠纷案》，《法律与生活》1997年第1期。

② 《学生告学院　学院终胜诉》，《中国青年报》1997年2月17日。

③ 《连续3年高考成绩超过重点大学录取线　一左眼失明考生终被南开大学录取》，《光明日报》2000年8月28日。

案例三：何建宇诉连云港市淮海工学院非法录取案。何建宇填报志愿时表示不服从其他专业的安排，但淮海工学院在招生时将其安排在志愿以外的专业，并给何建宇发了录取通知书。何建宇当时忘记了自己是否填写了“其他志愿不服从”，故先入校参加军训、上课。后查阅档案时被告知当时填写的是“其他专业不服从”，何建宇遂认为该校非法录取而提起民事诉讼①。

案例四：2004 年，湖北利川市二中因为学生未交清学费欠款，发生了陈超、向松波等 7 名学生没有拿到准考证错过高考的事件②。

案例五：西安财经学院要求上线学生交 3 万元钱后，才能录取③。北航要求学生交纳 10 万元才能领取录取通知书④。

案例六：1997 年 9 月 27 日薛淑琴诉山西省吕梁地区行政公署招生考试委员会办公室侵犯其受教育权案。1996 年 7 月 14 日，山西离石市第三中学小神头乡考生薛淑琴被山西省高等学校招生委员会录取为离石市师范学校定向生。7 月 17 日，有人向离石市监察委员会举报薛淑琴的户口不在小神头乡。离石市监察委员会据此于 7 月 26 日向离石市教育局建议取消考生薛淑琴的预选资格。在此期间，薛淑琴也向有关领导反映自己的户口还在小神头乡，没有迁出，举报失实等情况。离石市政府领导得知此事后，为慎重起见，立即责成户口管理机关离石市公安局调查落实。经过认真查证，离石市公安局于 1996 年 7 月 31 日对薛淑琴的户口问题作出了“还在小神头乡，属常住人口”的结论。但在 1996 年 8 月 8 日，吕梁地区行政公署招生委员会办公室根据离石市监察委员会的建议，向离石市师范学校和离石市招办发出了暂缓薛淑琴入学的通知，并委托离石市招办通知本人，认真查证落实，待户口问题查清后再作决定。9 月 20 日，离石市招生委员会作出了考生薛淑琴仍符合预选资格的复议决定。此时，离石市师范学校新生报到日期已到，手持录取通知书而不能进校门的薛淑琴多次找地区招办领导要求按时报到入学，但仍被以其户口有问题为由而一拖再拖。9 月 27 日，薛淑琴向离石市

① 《认为淮海工学院非法录取 大学生索赔 4 万》，《北京青年报》2001 年 6 月 25 日。

② 《湖北利川：学校扣压准考证 7 名学生无缘高考》，http://news.tom.com[2004-6-13]。

③ 《西安再曝高考招生丑闻》，《中国青年报》2004 年 8 月 25 日。

④ 《北航高考招生索贿事件：招生腐败危害教育公平》，《中国青年报》2004 年 8 月 17 日。

人民法院起诉地区招办侵犯其受教育权①。

行政诉讼是招生考试领域司法救济中最常见的途径与方式。这与高校招生考试行为主要是社会公共事务，高校与招办等机构主要行使公权力的特性有关，而考生在整个过程中处于弱势地位，容易受到公权力的侵犯。过去由于《教育法》规定“违反本法规定，侵犯教师、受教育者、学校或者其他教育机构的合法权益，造成损失、损害的，应当依法承担民事责任”，而对其他诉讼方式没有作出规定，因此，最初涉及招生考试领域受教育权侵害的诉讼都是提起民事诉讼。早在陈海云诉外交学院的案件中，北京市西城区人民法院初审判决认为，“学生参加高考，录取与否，由学校有关政策决定，原被告之间不构成民事赔偿的权利义务关系”，终审的北京市第一中级人民法院持同样的观点，认为上诉主张不成立，驳回上诉，维持原判②。这就造成了“从实践上看，现行司法体制虽然建立了行政诉讼制度，在一定程度上为考生告高校与招办提供了某种可能，但是行政受案范围和民事范围均不包括因受教育权受到侵害而起诉行政管理者的案件”③ 的现象，在某种程度上，受教育权的救济就变成了无救济方式的虚幻权利。但随着社会的进步以及法律意识的增强，特别是伴随着对依法治国、法治行政、依法治教的充分讨论，招生考试领域的法律纠纷也逐渐被重视，高校、招办在招生考试过程中的法律地位被反复讨论，其行政主体的地位得到了学界与研究者的认同。在案例六中，原告薛淑琴及其法定代理人在其诉讼请求得到及时解决的情况下，申请撤回起诉，而招办的行政主体地位在实践中得到了确认。

上述案例属于当前招生考试领域高校与行政机关侵犯考生受教育权的常见行为类型，笔者认为，这些行为都是可以通过提起行政诉讼来维护自身的合法权益的。其诉讼主体无疑是考生，而被告则是招生考试管理部门以及高校。根据前文关于高校与招生考试管理机构法律地位的分析，我们知道，它们都是可以作为行政主体成为诉讼的被告的。根据《中华人民共和国行政复议法》第六条第九项规定，申请行政机关履行保护受教育权的法定职责，行

---

① 《薛淑琴诉吕梁地区行政公署招生考试委员会办公室侵犯其受教育权案》，http://www.legalinfo.gov.cn/pfzx/2003—11/03/content_54130.htm[2004-7-9]。

② 珊珍：《全国首例高校招生纠纷案》，《法律与生活》1997 年第 1 期。

③ 张玉光：《对陈某诉外交学院案的几点思考——兼议施行中的高校招生录取体制》，《高等师范教育研究》1997 年第 6 期。

政机关没有依法履行的，可以申请行政复议；同时，第五条规定，公民、法人组织或者其他组织对行政复议决定不服的，可以依照行政诉讼法的规定向人民法院提起行政诉讼，但是法律规定行政复议决定为最终裁决的除外。而《中华人民共和国行政复议法》和《中华人民共和国教育法》都没有规定对申请受教育权保护的行政复议决定为最终裁决，受教育权不仅是行政复议范围，同时也是行政诉讼范围。2000 年 3 月 8 日《最高人民法院关于执行〈中华人民共和国行政诉讼法〉若干问题的解释》第一条将受案范围概括为："公民、法人或者其他组织对具有行政职权的机关或组织及其工作人员的行政行为不服，依法提起诉讼的，属于人民法院行政诉讼的受案范围。"这对于处理考生与高校、招生管理机构的法律纠纷无疑提供了法律依据。2014 年《中华人民共和国行政诉讼法》进行修订，其第二条规定："公民、法人或者其他组织认为行政机关和行政机关工作人员的行政行为侵犯其合法权益，有权依照本法向人民法院提起诉讼。前款所称行政行为，包括法律、法规、规章授权的组织作出的行政行为。"去掉了旧法中关于具体行政行为的强调，为将高校招生行为纳入到行政诉讼提供了可能性，但高校不是行政机关，高校招生行为似乎也与行政行为有一定区别，因此高校招生方面的教育纠纷，能否明确纳入行政诉讼范围还有待法律的明示，但仍值得期待。

（二）民事诉讼

案例七：秦春梅，家住湖北省随州市曾都区尚市镇战士村一组。2000 年，秦春梅参加当年高考。2000 年 8 月下旬，和秦春梅同年级的部分学生都陆续收到了高校的录取通知书，可秦春梅是否被高校录取则一直没有音讯，秦春梅在家很着急，于是她每隔一段时间便到学校询问，但都失望而归。到了 9 月，许多同学拿着录取通知书到高校报名去了，秦春梅还没有收到录取通知书。过了两个月，秦春梅告别了父母，加入到了广东打工的行列。一直到 2001 年 6 月 23 日，秦春梅的父母终于在秦春梅的班主任那里领到了《普通高校录取通知书》。录取通知书上要求秦春梅于 2000 年 9 月 15 日上午凭通知书到武汉市第二师范学校报到。此时距离到校报到的时间已过了快一年的时间了，曾都区第四中学为秦春梅出具了介绍信，请求武汉市第二师范学校给予补救办法，让秦继续到校学习，可是学校未能批准。自己明明考上了大学，迟到的通知书却将秦春梅拒之门外。为此，2001 年 8 月，秦春梅以侵犯自己受教育权为由，将母校告上法庭，请求法院责令曾都区第四中学赔偿其精神损害抚慰金 5 万元①。

当公民的受教育权遭到行政机关和公立高校以外的平等主体侵犯时，由于主体之间的关系是平等的平权型民事关系，可通过民事诉讼予以救济。《中华人民共和国教育法》规定："违反本法规定，侵犯教师、受教育者、学校或者其他教育机构的合法权益，造成损失、损害的，应当依法承担民事责任。"民事诉讼的适格被告主要包括公民、法人及其他社会组织等平等民事主体。在案例七中，曾都区第四中学虽然具有公权力的性质，但在高校招生考试过程中，与秦春梅构成的却是平等的民事关系。秦春梅的父亲秦洪亮于 2000 年 9 月 3 日请求其班主任在秦春梅的录取通知书寄到后，通知其有关亲戚转告，并留下了相关的地址和联系电话，班主任老师对此给予了承诺。可是班主任老师收到秦春梅的录取通知书后，在拨打一次电话没有接听后，便再也没有进行联系。秦春梅及其家人基于对班主任老师的信任，也没有再到学校查询录取情况。因此，虽然按惯例曾都区第四中学只需挂小黑板和输入微机张榜公布，而不必与每个学生联系，由学生自己到学校查看录取情况，但秦春梅在高等院校招生办公室录取专用信封上填写的收件人地址是"湖北省随州市第四中学高三（一）班"，曾都区第四中学对此未提出异议，表明其同意代收秦春梅的录取通知书。按照诚实信用的原则，作为代收人的曾都区第四中学有义务将代收信件设法交给收件人。在本案中，秦春梅的班主任老师对秦春梅的父亲作出个别的承诺后，就应按照承诺履行通知的义务。秦春梅的班主任老师怠于履行承诺，致使秦春梅失去了上大学接受高等教育的机会，构成了对秦春梅受教育权的侵害。而秦春梅被高校录取后，因曾都区第四中学的原因，秦春梅错失受高等教育的机会，这使秦春梅在精神上受到了一定的伤害。秦春梅要求曾都区第四中学给予精神损害赔偿的理由正当，法院给予支持。法院认为，秦春梅的班主任老师系曾都区第四中学的教师，其收取保管秦春梅的高校录取通知书是履行职务行为，其怠于履行职务对秦春梅造成的损害应由其所在单位即曾都区第四中学承担民事责任。2002 年 9 月 1 日，曾都区人民法院依照《中华人民共和国民法通则》的有关条款作出一审判决，判处曾都区第四中学赔偿秦春梅精神损害抚慰金 2 万元。当然，从中我们也不难看出齐玉苓案件对此案的影响②。

---

① 《通知书迟到一年大学梦难圆"落榜"女生状告母校》，《法制日报》2002 年 9 月 17 日。

② 王磊：《选择宪法》，北京大学出版社，2003 年，第 84 页。

（三）宪法诉讼

案例八：2001 年，青岛铁一中高三（四）班的姜妍（理科，高考成绩 522 分）、青岛一中高三（四）班的栾倩（文科，高考成绩 457 分）和青岛十五中高三（九）班的张天珠（文科，高考成绩 506 分）3 人分别向教育部提起行政诉讼，诉教育部所作出的关于 2001 年全国普通高校高等教育招生计划的行政行为侵犯了她们的平等受教育权。张天珠认为，在青岛文科专科提档线是 509 分，一般本科是 539 分，重点本科是 575 分，而北京的重点本科提档线是 456 分，两地分数线相差很大，她觉得不公平。其代理律师李强和杨培银认为，教育部根据不同地域范围对招生人数作不同限定，这种限定使得不同地域考生被划分成高低不同的等级，并在不同等级中参加高考。等级之间分数标准线差异巨大，从而直接侵犯了包括 3 名原告在内的广大考生的平等受教育权。为此，青岛 3 名考生向教育部提起行政诉讼，请求法院判决被告所作出的关于 2001 年全国普通高等教育招生计划的行政行为违法，请求法院判决被告作出补救行政行为以纠正给原告造成的损失，请求法院向被告以及被告所属的国务院提出司法建议书，促使被告以后避免作出类似违法行政行为①。

案例八属于近几年非常有影响的招生考试领域的案件。但对这一问题是否具有可诉性，属于什么性质的诉讼，不同学者却有不同的看法。有学者认为，案例八应该属于典型的“宪法诉讼”，认为“青岛市 3 名高考生诉教育部侵犯平等受教育权案，首开对政府抽象行政行为提出违宪审查之先河，该案完全可以理解为宪法诉讼。3 名考生之所以向最高人民法院提起行政诉讼，而不是宪法诉讼，只是因为我国还没有宪法诉讼制度，因而只好借行政诉讼之名，行宪法诉讼之实”②。有学者认为，因为被告是教育部，这是一个毫无争议行使公权力的机关，高考学生的报考条件、试卷、标准答案都是统一的，唯独在录取的分数上不统一，青岛高考学生的录取分数线要高于北京等地方，这就引发了一个值得思考的问题：教育部有关高考招生录取的通知有没有违反宪法，侵犯高考学生的宪法性的基本权利——平等受教育权？

---

① 《状告教育部的青岛三考生今天将向高法递诉状》，http://www.chinanews.com.cn [2001-8-21]。

② 杨海坤：《从行政诉讼走向宪法诉讼——中国实现宪政的必由之路》，《法制与社会发展》2002 年第 1 期。

笔者认为，这是一个非常典型的宪法案件，但却夭折了①。此外，江平教授认为，“青岛市3名中学生因为高考分数线的差异而起诉教育部的案件，就是真正的宪法诉讼，它所涉及的不仅仅是受教育权的问题，而是法律面前人人平等的宪法权利”②。但也有学者认为，案例八并不具有可诉性，不应该也不可能通过司法得到解决，“虽然近些年我国教育事业已取得巨大进步，但人口基数庞大、教育基础薄弱、教育投入不足等严重制约了我国教育事业的发展，也影响着现有教育资源的分配，从而产生本案所涉及的平等受教育权受损害问题。但这类问题的解决需要借助国家相关政策的实施，具体来说，就是要考虑国家的整体发展水平和目标、国家的财政能力、公民的承受能力（包括经济与观念）等，由立法和行政机关通过立法与行政政策予以解决，不应该而且也不可能通过司法得到解决”③。

该案件以原告撤诉而告终结，但它留给人们的思考远没有终结。这一问题在教育界以及其他领域早已炒得沸沸扬扬。在1999年的全国“两会”上，由民盟中央常委、武汉大学万鄂湘教授起草的《我国高等教育面临的问题与改革》提案，对我国部分经济发达的直辖市的分数线与一些中部省份相差100多分的现状提出质疑。2000年的“两会”上，全国政协委员、中科院院士姚守拙又提交了题为《高考招生应在全国范围内按分数高低统一录取》的提案，受到与会委员的广泛关注。2000年2月24日，《中国青年报》又以整版的篇幅开辟了“倾斜的高考分数线”讨论专栏，该专栏持续近一个月，刊发了大量观点鲜明、言辞激烈的文章，引起较大的社会反响。2001年的七八月份，《中国青年报》又陆续刊登了一组讨论高考分数线的文章。案例八正是这一系列讨论推动下的一个结果。值得指出的是，本案主要针对的是北京、上海等经济水平高、教育资源丰富的发达地区的高考录取分数线偏低的现实而言的，对于其他经济落后、教育水平比较低的不发达地区，高考录取分数线也比较低的事实持基本认可的态度。

北京等大城市经济发达，生活水平和教育条件均高于中西部落后省份，但现在的分数线在向边远落后地区倾斜的同时，却更严重地向教育资源丰富的大城市倾斜，使得发达大城市年年“低分数线、高录取率”，而一些生源

① 王磊：《选择宪法》，北京大学出版社，2003年，第84页。

② 郭国松：《宪法司法化四人谈》，《南方周末》2001年9月13日。

③ 温辉：《受教育权入宪研究》，北京大学出版社，2003年，第120～121页。

大省的学生却年年面临“高中比高”的激烈竞争态势。这显然既有悖于考试公平原则，也有悖于旨在维护区域公平的分省录取制度之初衷①。北京、上海等地的录取分数线如此之低，公平吗？无疑是不公平的。但这也有一定的必然性，这是政府从经济、政治、地理、教育、文化等多方面权衡之后的一种选择方式，有一定的现实基础。

案例八的问题不仅仅是高考分数不统一的问题，其根本原因还在于各高校在各省（自治区、直辖市）投放的名额不同，分数不统一只是这一问题的最终表现形式而已。那么各高校在各省（自治区、直辖市）的投放名额是怎么形成的呢？根据《教育部2004年普通高等学校招生工作规定》，高等学校应根据我国经济社会发展的需要，在国家核定的年度招生规模内，结合近年来毕业生就业情况和各省（自治区、直辖市）的生源情况，做好招生专业结构、层次结构、区域结构的调整，自主、合理地安排招生来源计划。但事实上，高校在实施这一权力时，往往根据过去形成的传统略加变动，缺乏详细的论证与综合考虑，而高校所在地的政府往往也会要求高校增加投放该省（自治区、直辖市）的名额。因此，高校布局是一个重要的影响因素，经济、政治、人口等也是影响因素之一。对于这个问题，单凭感情因素，或者仅立足于考试绝对公平理念是不可取的。一种更为现实的态度是，在整个制度不可能采取急风暴雨式的改革的情形下，寻找这种制度下的可行的改良才能真正地保护考生的合法权益。

笔者认为，从现实的态度来看，案例八所反映的现实在短时期内还不可能得到根本的解决，也不可能通过司法途径得到解决。根据各地的情况以及目前的具体国情，制定各地的高考录取分数线，是否应当属于政府的自由裁量权，此项权力的行使是否应当受到国家立法与司法的监控，这一问题涉及法律保留原则的适用，目前国家的这一决策主要是基于现实和国情的需要，并未有法律的明确授权，但这种关乎公民平等权的重大事项是否需要法律授权，从法治的角度而言，答案是肯定的。法治与决策的现实性并无冲突，而是赋予基于现实的决策更强的正当性②。法院谨慎地把持着自己的权杖，不

① 郑若玲：《考试公平与区域公平：高考录取中的两难选择》，《高等教育研究》2001年第6期。

② 李昕：《行政诉讼制度对受教育权的保护》，郑贤君：《公民受教育权的法律保护》，人民法院出版社，2004年，第188页。

去触及教育部门的自治领域。法院通过司法审查在对行政权进行制衡的同时，秉持着分权的思想，这已经是各国公法的通例。美国法院只审查法律问题，而不审查事实问题的观点，日本关于适用法令仍未能解决的争议，不是法律上的争讼，法院无管辖权的规定，以及我国行政诉讼中，只进行合法性审查的原则，无不蕴含着一个基本观念，即权力分工基础之上，司法权对行政权的基本尊重①。

高考录取分数线的调整受到政治、经济、文化、教育、人口、就业等多种因素的制约。一千多年的科举发展史已经告诉我们，从不分地区完全凭科举考试成绩取士到南北卷制度以及分省定额取中制度，是招生考试制度发展的必然，也是更为公平、更为合理的制度。因此，如果按分数在全国打通录取，那么，京、津、沪等大城市的高校很可能出现生源比例被少数几个高分省份所“瓜分”，而本地生源却寥寥无几的局面；地区间经济发展的落差又必然使其他省份的生源毕业后滞留在这些发达城市。而一些落后的边远省份则很可能会重演录取“遗漏”的历史，这不但会造成与发达地区之间更大的不平衡，而且会留下国家安定统一的严重隐患②。由此可见，这一问题更多属于行政自由裁量权的范畴，而不是通过司法可以解决的问题。但由于这一问题涉及公民的基本权利，笔者认为，教育部应该综合考虑政治、经济、人口、文化、高校布局等多方面的因素，出台相应的法规对高校如何投放各省（自治区、直辖市）的名额作出清晰而具体的规定，对于北京、上海等高校集中的大城市的投放名额作合理的分配，必要时可以采取听证会的方法，以求平衡北京、上海等发达地区与其他各省（自治区、直辖市）之间的利益和考生权益。

第四节　当前考生法律意识的现状调查与建议

以制约权力和保障人权为核心的现代法治，是与民主政治和商品经济相伴相生的伟大的制度化运动。民主政治和商品经济在尽可能的程度上把权力

① 温辉：《受教育权入宪研究》，北京大学出版社，2003 年，第 128 页。

② 郑若玲：《考试公平与区域公平：高考录取中的两难选择》，《高等教育研究》2001 年第 6 期。

分解为权利，并形成集合权利对有限权力的抗衡，从而为法治提供前提和基础①。因此，重视市民社会的形成与发展，强调自由理性精神，注重自由、平等及权利正义的公民意识、法律意识的培育，成为实现法治社会的重要途径和法学研究者的重要视角。在普通高校招生考试法治进程中，考生扮演着重要的角色。他们不仅是整个招生考试过程的参与者，也是招生考试进程的监督者。考生的法律意识，特别是权利意识、维权意识是普通高校招生考试法治进程中不可缺少的内在驱动力量。只有考生真正意识到自身的权利，并积极主动地去寻求合理的途径以实现正义的诉求，才能真正实现对权力的监督与制约，促进普通高校招生考试法治秩序的实现，推动招生考试和谐发展。

法律意识作为社会意识的一种特殊形式，是指人们在一定的历史条件下，对现行法律和法律现象的感知、理解、心理体验与价值评价等各种意识现象的总称。它包括人们对法的本质和功能的看法、对现行法律的要求和态度、对法律适用的评价、对各种法律行为的理解、对自己权利义务的认识等，是法律观点和法律观念的合称②。本节通过使用《高三毕业生关于普通高校招生考试法律意识》的问卷调查数据，对我国北京、上海、杭州、厦门、重庆 5 个城市的高三毕业生就普通高校招生考试领域的法律意识进行专门分析，以了解当前考生的法律意识，特别是权利意识与维权意识的现状，并提出具体的建议与对策。

一、《高三毕业生关于普通高校招生考试法律意识》问卷调查基本情况

《高三毕业生关于普通高校招生考试法律意识》问卷调查在北京、上海、杭州、厦门、重庆 5 个城市实施，最初拟订从各城市随机选取 3 所高中，再从中随机抽取高三年级 2 个班，进行问卷调查，采集样本 300 个，共 1500 份样本。由于各校班级人数不同，在具体实施中，各城市发放的问卷有所差异，在剔除了废卷以后，共得到有效问卷 1346 份。其中北京发放问卷 300 份，回收问卷 275 份，有效问卷 266 份；上海发放问卷 300 份，回收问卷 277 份，有效问卷 271 份；杭州发放问卷 300 份，回收问卷 271 份，有效问卷 256 份；

---

① 马长山：《法制的社会根基》，中国社会科学出版社，2003 年，第 237 页。

② 赵震江，等：《现代法理学》，北京大学出版社，1999 年，第 40 页。

重庆发放问卷300份，回收问卷280份，有效问卷270份；厦门发放问卷300份，回收问卷290份，有效问卷283份。问卷总体回收率为92.9%，问卷有效率为96.6%（具体分布见表一）；在有效的1346个个案中，男生664人，占样本总数的49.3%，女生682人，占样本总数的50.7%，男生与女生在性别比例上基本持平；来自城市的考生的问卷共1028份，占总样本的76.4%，来自农村的考生的问卷共318份，占总样本的23.6%。

表一　五城市样本调查对象分布表

	发放问卷数	收回问卷数	有效问卷	
			问卷数	百分比（%）
北京	300	275	266	19.8
上海	300	277	271	20.1
杭州	300	271	256	19.0
厦门	300	290	283	21.0
重庆	300	280	270	20.1
总数	1500	1393	1346	100.0

二、高三学生普通高校招生考试法律意识调查

（一）对当前普通高校招生考试领域的侵权现象与学生权利意识的基本评价

为了了解考生的法律意识，特别是权利意识与维权意识的基本情况，问卷首先设计了有关考生对当前普通高校招生考试过程中侵权现象的基本认识与看法的一系列问题。全体调查对象对这一系列问题的回答结果见表二。

表二　对当前招生考试领域侵权现象的基本认识

问题项	数据统计结果
1. 你认为在高考过程中侵害考生的合法权益的现象是否普遍？	166人（12.3%）认为这类现象十分普遍；375人（27.9%）认为一般；512人（38%）认为比较少；292人（21.7%）表示不清楚
2. 你认为考生的合法权益遭到侵犯的原因主要来自哪些方面？	300人（22.3%）认为主要来自高校；455人（33.8%）认为主要来自招办；114人（8.5%）认为主要来自考试制度等其他机构或制度；67人（5%）认为来自多方面；409人（30.4%）则表示不清楚

续表

问题项	数据统计结果
3. 你认为在高校招生考试过程中，最应加强法律治理的现象是什么?	236 人（17.5%）认为是考试作弊；633 人（47%）认为是招生腐败；279 人（20.7%）认为是各省录取分数线不统一问题；169 人（12.6%）认为以上三项都是应加强法律治理的重要问题；29 人（2.2%）认为是其他方面的问题
4. 当你在高考过程中权利受到侵害时，你会选择什么途径来维护自己的权利?	190 人（14.1%）选择利用传媒；60 人（4.5%）选择信访途径；422 人（31.4%）选择通过教育管理部门来解决；463 人（34.4%）选择通过法律诉讼途径来解决；120 人（8.9%）表示要选择多种法律规定的途径来寻求问题的解决；91 人（6.8%）则表示不会选择任何途径

从表二的数据来看，大部分考生对高校招生考试过程中的不合理现象有一定的认识，对于招生腐败、各省录取分数线不统一以及考试作弊等问题有一定的关注。但总的来看，被调查者对普通高校招生考试领域的侵权问题的认识还处于比较模糊的状态，表现在虽然对招生考试领域的问题有一定的认识，也知道选择一定的途径维护自己的权利，却对侵害自身权益的对象缺乏相应的了解与关注。

(二) 对于普通高校招生考试法律法规的了解情况

掌握被调查者对招生考试法律法规的了解程度，对于调查考生的法律意识、权利意识有着重要的意义。考生对招生考试领域的侵权行为有一定认识，只能反映出考生的法律意识有一定的现实基础，只有考生对相关的法律法规有一定的了解，并有意识地根据法律法规的知识去寻求法律解决的途径，才能真正反映出考生的法律意识的高低。因此，问卷专门设置了与此相关的 4 个问题，表三给出了被调查者对这 4 个问题的具体回答数据。

表三　对普通高校招生考试法律法规的了解程度

问题项	数据统计结果
1. 你是否了解有关普通高校招生考试（简称高考）的法规?	74 人（5.5%）非常了解；389 人（28.9%）比较了解；738 人（54.8%）了解一点；145 人（10.8%）完全不了解

续表

问题项	数据统计结果
2. 你是否知道当前高考中比较典型的侵害学生权益的事件以及相关的解决途径?	38人（2.8%）非常了解；197人（14.6%）比较了解；665人（49.4%）了解一点；446人（33.1%）完全不了解
3. 你是否了解自己在高考过程中拥有的权利与义务?	62人（4.6%）非常了解；292人（21.7%）比较了解；678人（50.4%）了解一点；314人（23.3%）完全不了解
4. 当你的权利受到侵害时，你知道的法律救济途径有哪些?	72人（5.3%）知道两种或两种以上法律规定的途径；884人（65.7%）知道一种途径，其中43人知道行政复议，75人知道信访，766人知道司法救济途径；390人（29%）完全不清楚

从表三可以看出，被调查者对普通高校招生考试的法律法规、该领域的典型案例、自身的权利与义务的了解程度以及权利受到侵害时所了解的法律救济途径都普遍偏低。其中表示非常了解的人数仅达到被调查者总数的5%左右，而表示完全不了解的被调查者却高达10%以上，大部分被调查者只是略知一二。

（三）对普通高校招生考试法律法规了解渠道的调查

考生法律意识的形成与考生了解普通高校招生考试法律法规的途径密切相关。为此，问卷设计了“你主要通过下列哪种途径了解相关高考法规?”的问题，以了解被调查者法律意识形成的途径，具体回答见表四。

表四　被调查者了解普通高校招生考试法律法规的途径

	人数	百分比（%）
1. 通过报纸、电视、电台、网络	485	36.0
2. 老师	469	34.8
3. 同学	74	5.5
4. 父母	50	3.7

续表

	人数	百分比（%）
5. 招办发放的相关高考材料等	42	3.1
6. 多种途径	226	16.8
总　数	1346	100.0

通过对被调查者获得相关法律知识的途径来看，考生主要是通过报纸、电视、网络以及老师告知等途径来获得相关的法律知识，而父母、招办、同学等都处于相对次要的地位。父母可能更多地关注考生的学习成绩而忽略了对考生自身法律意识的培养，而招办无疑认为考生法律意识的培养是与己无关的，甚至在潜意识里，对考生的法律意识特别是权利意识持一种提防的态度。在这样的情形下，由于父母与招办缺乏相关意识帮助、教育考生了解招生考试方面的法律法规，考生法律意识的建立与培养就只能依赖考生自己的兴趣以及老师的辅导。但在进一步的访谈中，我们发现学生关注的是普通高校招生考试领域的突出事件，而老师则强调考试要加强纪律观念，对考生的权利鲜有提及。在有限的法律常识课堂上，忽略从考生利益直接相关的法律法规出发来培养学生对法律知识的兴趣，片面强调考生的义务，忽视考生的权利等，在某种程度上也造成了考生法律意识的不完整，特别是权利意识与维权意识的缺乏。

(四) 对于制定普通高校招生考试法的基本态度

为了进一步了解被调查者的法律意识，问卷设计了“是否有必要建立普通高校招生考试法”的问题，具体回答见表五。

表五　被调查者对建立普通高校招生考试法的态度

	必要	可有可无	没有必要	总数
人数	1060	187	99	1346
百分比（%）	78.7	13.9	7.4	100.0

从表五可以看出，被调查者对建立普通高校招生考试法持支持态度，但事实上，被调查者的法律意识呈现矛盾的状态。在“你是否相信，在高考过程中自己的合法权利受到侵害时，通过法律规定的相关途径可以得到相应的解决?”的问题中，仅有33.7%的被调查者相信可以得到解决，38%的被调查者不相信可以得到解决，而28.3%的被调查者对此表示不清楚，至少对

此持怀疑态度。这种既支持立法又对法律的功能持怀疑或不信任的态度，反映出被调查者法律意识的矛盾状态。

（五）对于当前普遍关注的高考作弊问题的认识与行为选择

高考作弊是整个社会普遍关注的问题，也是考生关注的问题之一。为了有效区分被调查者对考试作弊问题的不同法律意识，问卷将高考作弊分成两种类型，即集体作弊与个人作弊。集体作弊由于涉及人数较多，性质也较为恶劣，已经成为当前考试管理的一个重点与难点问题。在 1346 名被调查者中，有 332 人（24.7%）认为这类有组织的作弊行为是普遍现象，由此可见，当前有组织的集体作弊行为的确已经引起了考生的极大不满。有 1228 人（91.2%）认为这类作弊行为是违法行为，但仍有 118 人（8.8%）认为这类行为不是违法行为。其中有 162 人（12%）表示发现这类行为自己也会参与，有 180 人（13.4%）没有明确表示自己不会作弊，这两类考生占被调查人数的 25.4%。值得注意的是，虽然有 1183 人（87.9%）表示这类行为是对自己合法权益的侵害，却只有 474 人（35.2%）明确表示会选择举报，这也反映出考生维权意识比较淡薄。针对个人作弊行为，有 469 人（34.8%）认为这类行为属于普遍现象，但有 391 人（29%）认为这类行为并非违法，而且有 282 人（21%）认为这类行为并不是对个人权益的伤害，有 189 人（14%）处于比较动摇的状态。通过这些调查我们可以看出，被调查者的法律意识是比较淡薄的，对于在国家举办的大规模考试中作弊，有接近 1/3 的被调查者不认为个人作弊行为是违法行为。在对被调查者的访谈中我们发现，一部分被调查者认为只有偷盗、抢劫等刑事犯罪行为才是违法行为，而考试作弊与这类行为是无法等同的，而且太普遍，也不会对别人造成多大的伤害，因此不能算是违法行为；还有一部分被调查者则认为只要作弊没有被抓住就不能算违法，这种观念具有一定的代表性，也是构成部分考生发现有作弊行为发生时个人也会选择作弊的重要原因。总之，这些观念反映出考生对法的概念、对违法的理解还比较模糊，而部分被调查者明明知道作弊是违法行为，仍然表示如果发现其他人作弊，自己也会作弊，这也充分反映出考生的法律意识是不稳定的。

（六）对于当前普通高校招生考试过程中出现的比较有代表性和有一定影响力的案例的判断与途径选择

为了进一步了解考生的法律意识，问卷专门设计了与考生密切相关的高校招生考试领域中发生过的几个案例①。案例一：某考生因眼睛残疾，数家高校将其拒之门外。案例二：某考生因班主任没有及时通知她领取录取通知书而延误了报到时间，失去了入学资格。案例三：某高级中学因为学生未交清学费欠款，导致7名学生没有拿到准考证而错过高考。案例四：某高校要求学生交纳上万元才能领取录取通知书。(见表六和表七)

表六　被调查者对典型案例是否违法的判断调查

	违法		不违法	
	人数	百分比（%）	人数	百分比（%）
案例一	1101	81.8	245	18.2
案例二	1041	77.3	305	22.7
案例三	1196	88.9	150	11.1
案例四	1223	90.9	123	9.1

表七　被调查者遇到同样问题时的途径选择

	行为选择							
	1（多途径）		2（单途径）		3（放弃）		4（不清楚）	
	人数	百分比（%）	人数	百分比（%）	人数	百分比（%）	人数	百分比（%）
案例一	142	10.5	1044	77.6	101	7.5	59	4.4
案例二	104	7.7	1050	78.0	75	5.6	117	8.7
案例三	147	10.9	1070	79.5	67	5.0	62	4.6
案例四	164	12.2	1059	78.7	69	5.1	54	4.0

（其中，1表示考生会选择找媒体曝光、信访、法律诉讼等多种途径来寻求问题的解决；2表示考生只选择其中的一种途径来解决；3表示考生认为任何途径都不会有用，因此放弃任何选择；4表示考生不清楚该如何寻找解决的途径）

从表六与表七可以看出，针对这类侵害考生权益的案例，仍有9%～22%的考生不认为这些行为是一种违法行为，而且大约有10%的考生不会或者不知道选择何种途径来维护自己的合法权益。而真正选择法律诉讼途径的只占被调查考生的40%～50%②。值得讨论的是，从对法律知识的了解情

① 对这些案例的具体分析参见本章第三节。

② 根据统计，对于案例一，有518人（占38.5%）选择法律诉讼；对于案例二，有568人（占42.2%）选择法律诉讼；对于案例三，有624人（占46.4%）选择法律诉讼；对于案例四，有548人（占40.7%）选择法律诉讼。

况来看，虽然被调查者得分普遍偏低，但在对主要案例是否违法，是否会采取法律规定的相应的途径寻求问题的解决时，却有75％以上的被调查者得分较高。对此，我们通过对被调查者法律法规了解程度与案例判断与行为选择的相关分析，发现两者之间的相关度都比较低，而且从对案例的判断与行为选择上进行的显著性检验来看，不同地区、不同来源、不同性别的考生在相应的判断与行为选择上差异均不显著。笔者认为，这种法律意识偏低与在具体问题上判断较为准确和一致的反差，可以反映出大多数考生是根据生活经验、平时的见闻对相关案例作出判断和选择的。但这样的认识是不牢固的，具体的概念也是不明确的。在后续的访谈中笔者发现，事实上被访谈者虽然知道这些途径，但对于为什么要选择这些途径、根据是什么、如何具体操作、应该注意的问题等方面的认识是肤浅而模糊的。这也进一步反映出当前考生法律意识偏低的事实。

当然，就这一部分的调查而言，还有许多问题值得进一步研究与探讨，如被调查者为什么会选择不同的法律途径来维护自己的合法权利，选择法律诉讼途径的被调查者为什么不到一半，其中的原因是什么等。这些问题只能留待以后继续研究。

三、基本结论与建议

从以上分析我们可以得出这样的结论：首先，调查显示，北京、上海、杭州、厦门、重庆等城市考生的法律意识都普遍偏低，对现实所发生的法律事件，考生更多的是用自己内心所确认的道德观念、生活经验和感觉来判断与评价是否合法，其法律意识处于较低的层次。法律意识的缺乏和不稳定使考生面对招考过程中的考试作弊等违法现象，不仅缺乏勇气去举报，甚至明知道作弊是违法行为，但仍表示自己也可能参与作弊。其次，高三学生的法律意识还具有一定的矛盾性，具体表现为：一方面，考生对建立普通高校招生考试法的支持和热情，承认法律的社会价值；另一方面，被调查者对我国的法治现状持有偏激的态度，甚至对我国的法治表示怀疑和不信任，这不仅表现在被调查者在自己的合法权益受到侵害时，对能否通过法律规定的相关途径使问题得到解决缺乏信心，也突出地表现在当被调查者面对典型的案例时，有10％左右的人表示不知道该怎么办或者觉得任何措施都不会有效果，因此放弃法律规定的救济途径。

考生的法律意识对于普通高校招生考试法制建设具有重要意义。但考生的法律意识不是简单地通过背诵或者阅读法律文本就可以自然生成的，它受到法律传统、法律文化、当前法制建设状况等多种因素的制约与影响。考生的法律意识偏低，与当前我国仍处于从人治向法治转型的大背景有关，也与家长、教师、学校乃至社会不重视对考生的法律意识培养密切相关。一方面，由于人治传统的影响，法律本身的不足以及在执法过程中一些不公正的现象与事实，使整个社会对于法律仍心存疑惑，社会希望法律在社会生活中扮演重要角色的同时往往遭遇法律并不能使之满意的尴尬。同样，普通高校招生考试制度所面临的招生腐败、权力异化、考试作弊屡禁不止的现象以及招考过程中出现的种种不公平、不公正的事例也使考生对法的作用与功能持保留态度。另一方面，家长、教师与学校在强调考生学习重要性的同时，忽略了对考生法律意识的培养，即使有这方面的教育，也主要是强调考生不得作弊等禁止事项，强调考生的义务，忽略考生的权利，强调考生应该服从管理、遵守纪律，忽视考生常常遭遇权力侵害的事实。在这样的宣传与教育下，考生的法律意识是不完整的，在获得一系列禁止事项知识的同时，考生的权利意识、维权意识被人为地漠视甚至压制了，更不用说具体的救济途径、操作事宜等方面知识的培养。

正因为如此，考生法律意识的培养应该是全方位、多途径的。首先，应该健全法律运行机制，创造良好的法制社会环境。法律意识是在法律的具体运行中得以实现的，这一运行机制主要包括国家的立法、执法、守法和法律监督四个方面。只有做到立法的民主化、科学化，执法的程序化，守法的自觉化以及法律监督的制度化，才能真正实现法治社会和法治国家。其中能否真正公平、公正、公开地执法是一个关键因素。如果执法不严或者滥施法律，法律在公民心目中如同儿戏，则整个社会的法律意识便无从谈起，更不用说培养考生的法律意识。从这个角度而言，考生的法律意识是同整个法治社会的进程相一致的。其次，就普通高校招生考试系统而言，考生的法律意识是与整个高校招生考试法治进程相一致的。它要求高校、招生考试管理机构及其工作人员树立起法治观念与意识，自觉接受考生与社会的监督，加强对招生腐败、考试作弊等违法现象的惩治，创造良好的招生考试环境。再次，创建有利于强化考生法律意识的社会舆论环境。大众传播媒体和各种社会力量在考生法律意识的塑造方面起着特殊的作用。在调查中，考生获得相关招生考试法律知识的途径主要来自报纸、电视、网络等大众传播媒体；在具体的案例中，选择大众传媒以寻求问题的解决，是被调查对象的首选之一。由此可见，利用各种社会力量，通过法律知识的介绍、典型案例的分析、违法现象的揭露，进行生动的法制宣传，营造良好的法治氛围，对于考生法律意识的培养具有重要的意义与价值。当然，大众传媒仅仅是宣传的一个途径，家长、教师、学校乃至招生考试管理机构都应该承担起相应的责任。因此，提升家长、教师乃至招生考试管理机构工作人员的法律素质，通过课堂、宣传材料等多种手段与材料加强考生的法律意识也是十分必要的。

结语　普通高等学校招生考试法的建立与相关问题研究

普通高校招生考试法治理念在实践中似乎处于一种尴尬的局面：一方面，要实现招生考试法治必须以社会普通的法律意识与法律信仰为基础；另一方面，由于法治传统的缺乏，人们法律意识淡薄，社会缺乏法律信仰。在这种循环的怪圈中，悲观者似乎看不到法治的希望。笔者认为，这其实不是一个“蛋生鸡抑或鸡生蛋”的难题，从当前中国普通高校招生考试法制进程来看，从当前招生考试法规体系中存在的问题出发，结合高校招生考试的实践需要，建立新的普通高校招生考试法，是当前法治的重要任务之一。法律在一定意义上是工具理性价值和目的性价值的统一体，建立普通高校招生考试法不仅是当前招生考试改革的必然要求，也是实施法治的首要环节。如果说法治所需要的社会文化环境需要一个漫长的累积与沉淀的过程的话，那么通过立法把法治的基本精神，如权利保障、权力制约、法律平等、法律至上、程序公正等原则具体体现出来，并在实践中加以宣传与提倡，不仅是提升社会法律信仰的基础，也是达成“有法可依、有法必依、执法必严、违法必究”的必然途径。

一、我国招生考试立法的成绩

注重法制建设是我国高校招生考试管理的重要基础，通过立法，特别是加强行政法规的建设，为保证我国高校招生考试的公平、公正与秩序发挥了重要作用。目前，我国的招生考试立法已取得一定的成绩，具体表现为以下几个方面：

（一）形成了我国现行有关高校招生考试的法律法规体系

我国现行的有关招生考试的主要法律包括了几个不同层次和不同法律效力的法律法规，构成了围绕普通高校招生考试的法规体系。第一层次是我国宪法中对公民受教育权的规定，从齐玉苓案件以及山东三考生状告教育部的案件可以看出，越来越多的招生考试所涉及的利益关系已经上升到宪法诉讼的层次，虽然宪法司法化才仅仅开了一个头，但从中也可以看出宪法对招生考试制度的意义。第二层次是我国教育法所规定的有关招生考试制度以及涉及公民受教育权利的有关规定。教育法是教育基本法律，由最高权力机关全国人民代表大会制定并通过，是教育法律体系中的“母法”，在教育法律体系中，处于最高法律效力地位，表现为最高层次的依法治教的根本大法；在整个国家法律体系中，则属于仅次于宪法的国家基本法律。第三层次是高等教育法，由全国人民代表大会常务委员会通过，普通高等学校招生考试制度作为公民进入大学的准入制度，构成高等教育法的一部分。第四层次是由国务院颁布的有关决定，一般不专门针对有关招生考试，只是在有关方面谈及招生考试制度。第五层次是教育主管部门单独或联合其他部委颁布的有关招生、考试的法令、命令、暂行通知或者具体的规章制度，主要集中于教育行政部门颁发的一系列招生录取行政规章，如《普通高等学校招生暂行条例》、《关于扩大普通高校录取新生工作权限的规定》、《普通高校招生管理处罚规定》、《普通高校招收保送生暂行规定》等。这些规定是我国高校招生工作的主要法律依据，对招生机构及其职责、报名、体检、考试组织、招生来源计划、录取、招收保送生、招生经费和处罚等各方面都作了大量而具体的规定。此外，地方各级政府颁布的相关法令也属于这一层次。这一系列高校招生考试法规的建立，为实现招生考试的管理提供了法律基础。

（二）形成了中国普通高校招生考试的基本制度

通过法律文本的形式，我国逐渐形成了当前普通高校招生考试的基本制度，具体包括：

(1) 统一考试制度。自 1952 年起，普通高校统一招考制度已经形成，虽然经历了 1958 年的短暂停止以及“文革”时期的破坏，但改革开放以来，这一制度得到了坚持。20 世纪 90 年代以来，对高校招生考试内容、方法、形式的改革不断深入，但坚持统一考试制度仍然成为大多数人的共识。

(2) 高校录取、招办监督的录取体制。根据《1986 年普通高等学校招生规定》，第一批录取的学校试行“学校负责、招办监督”的录取体制，即在第一批录取学校控制分数线以上，调阅考生档案数由学校决定；录取与否由学校自行决定；遗留问题由学校负责处理；省、自治区、直辖市招生委员会办公室实行必要的监督，随后在《普通高等学校招生暂行条例》、《关于扩大普通高等学校录取新生工作权限的规定及其实施细则》中对“学校负责、招办监督”的录取体制进一步法制化和规范化，这成为扩大高校招生自主权的一个重要步骤和措施。

(3) 按照成绩，结合志愿进行分配的制度。1953 年，《关于全国高等学校 1953 年暑期招考新生的规定》中就规定：“凡成绩合格者，即根据国家需要，按成绩等第，参照所填志愿进行分配；其中未能依所填志愿分配者，得由招生机构根据招生需要，参照报考学生的条件，适当分配其系科及学校。”① 随后由于考生增加，一般不再采取计划分配的办法，而进一步参照考生的志愿。学生的志愿得到了很大的重视，并相应地增加了学生的志愿数目，形成了在政审、体检合格的前提下，从高分到低分进行分段，参照考生所填志愿顺序，注意相关科目成绩，德智体全面衡量，择优录取的制度。

(4) 对少数民族以及残疾考生、华侨考生等特殊群体的照顾制度。对少数民族等特殊群体的特殊照顾是我国招生考试的一贯政策与制度。在招生考试中，这一原则也得到了充分的体现。自 1950 年开始，教育部就专门作出规定，“凡具有下列条件之一者，考试成绩如稍差，得从宽处理：①有三年以上工龄的产业工人；②参加工作三年以上的革命干部及革命军人；③兄弟民族学生；④华侨学生”②。在 1961 年，为了保证新生质量，取消了优先录取的规定，对工人、农民、工农干部、复员和转业军人、参加革命工作时间较久的在职干部、少数民族、烈士子女、华侨学生、港澳学生等一律不采取优先录取的办法，职工和干部一律须经工作单位审查批准、介绍报考，并应同其他考生一样参加统一招生考试。但在随后的规定中，提出了考试成绩达到规定录取标准时，中央和地方所属的一般高等学校优先录取的相关原则。1987 年《普通高等学校招生暂行条例》规定：“边疆、山区、牧区、少数民族聚居地区的少数民族考生，可根据当地的实际情况，适当降低分数，择优录取。对散居于汉族地区的少数民族考生，在与汉族考生同等条件下，优先录取。少数民族班招生，从参加当年高考的边疆、山区、牧区等少数民族聚居地区的少数民族考生中适当降低分数，择优录取；对归侨、华侨子女、归

---

① 杨学为：《中国考试史文献集成（第八卷　中华人民共和国）》，高等教育出版社，2003 年，第 49 页。

② 杨学为：《中国考试史文献集成（第八卷　中华人民共和国）》，高等教育出版社，2003 年，第 47 页。

侨子女和台湾省籍考生，可以适当降低分数，择优录取。”国家教委先后颁布了《关于做好高等学校招收残疾青年和毕业分配工作的通知》（1985 年）、《关于进一步做好高等学校、中等专业学校招收残疾青年和残疾学生毕业分配工作的通知》（1991 年），全国人大常委会颁布了《中华人民共和国残疾人保障法》，为保障残疾考生的合法权益提供了法律依据。

（5）取消年龄限制。新中国成立时，并没有对学生入学年龄的基本限制。随后，东北地区的招生简章中最早对学生的入学年龄作出了“17 岁以上 25 岁以下（东北人民大学可以放宽到 28 岁）的规定”。1956 年开始，教育部相关规定中，开始限制报考年龄，规定“在职干部、公私合营工商业企业职工和工商界青年知识分子，年龄在 35 岁以下，身体健康，具有高中文化程度，持有原工作单位同意升学函件者，可以免试入学；复员建设军人、转业军人，年龄在 35 岁以下，身体健康，具有高中文化程度，持有原籍县以上的转业建设委员会或部队团以上的单位介绍函件者，可以免试入学”。1957 年，对学生的入学年龄要求为 30 岁以下。1964 年在报考年龄方面，一般规定在 25 岁以下，对工人、农民、在职人员、退伍士兵等可以放宽到 27 岁以下①。教育部《关于 1964 年高等学校招生工作的通知》规定，一般不再录取已婚学生，此规定一直延续到 2000 年。对此，有人评价说：“当今中国普通高等学校中完全实行的考生年龄限制，在世界上是很少见的。”② 但从 2001 年起，高考取消了原有的年龄（25 岁以下）限制和婚否限制，允许各个年龄段的人自由报名参加高考。在 2001 年夏季高考中，有 16265 位 25 岁以上的考生参加了高考，其中 1924 人被高校录取。尽管这与 260 万人的招生总规模相比微不足道，但意义深远。放宽高考年龄限制，使公民平等接受高等教育的权利能够得以实现，同时，也为构建终身教育体系提供了一个制度上的保障③。

（6）保送生制度。早在 1958 年，根据《关于工农速成中学毕业生、工人、农民、工农干部和老干部以及优秀的高中毕业生保送入学的通知》的相关规定，我国高考就开始了保送一部分实践理论丰富、高中优秀毕业生的尝

① 大塚丰在《现代中国高等教育的形成》一书中认为，对考生年龄的限制最早是在 1957 年。

② 大塚丰：《现代中国高等教育的形成》，黄福涛译，北京师范大学出版社，1998 年，第 256 页。

③ 胡甲刚：《高考改革的五年回顾与前瞻》，《教学与管理》2003 年第 1 期。

试。1959年，由于办理保送入学制度的困难重重，停止了试行保送优秀高中毕业生免试入学的办法。1985年，国家教委决定在北京大学等43所高等学校进行招收保送生的试点工作。1988年，国家教委颁布《普通高等学校招收保送生的暂行规定》，对推荐保送生的中等学校的条件、保送生的条件、高等学校招收保送生的程序作了明确的规定。但保送生制度由于缺乏有效的监督，其带来的不良社会影响引起了社会的极度不满，要求废除保送生制度的呼声也越来越高。1999年，教育部发出《关于1999年普通高校招收保送生的通知》，明确规定除获全国中学生学科奥林匹克竞赛省级赛区一等奖的保送生外，1999年普通高等学校招收的保送生必须参加由教育部统一命题的综合能力测试，并以此成绩作为录取的重要依据。2001年，教育部对保送生工作作出了“压缩规模，严格标准，严格管理”的规定。虽然在部分省份出现了取消保送生制度的规定，但总的来看，保送生制度有其存在和发展的空间，对统一招考制度有重要的补充作用。因此，保送生制度的发展关键是如何通过法律法规来保障保送生制度的进一步规范化、程序化、公开化和透明化，加强社会公众与大众传媒的监督。这一点在近几年保送生制度的实践中也得到了证明。

（7）体检制度。对考生进行体检，保证入学新生的质量是高校招生考试的重要制度之一。教育部曾先后颁布了《1951年体检标准》、《1953年体检办法》、《关于全国高等学校招生健康检查中的结核病问题》、《关于全国高等学校招生健康检查中的心脏病问题》。“文革”后，几乎每年都有专门的体检标准办法。从总的发展趋势来看，对考生的体检标准越来越人性化，除了特殊院校、特殊专业有特殊的身体要求外，对考生的身体标准主要以不影响正常学习为原则。近年来，《体检办法》转型成《体检指导性意见》，反映出教育部希望进一步扩大高校招生自主权的意图，但如何保障残疾生或有一定生理缺陷的学生合法的受教育权，仍是在扩大高校招生自主权的同时需要予以关注的问题。

（8）建立学生档案制度。1965年，高教部、教育部《关于对1965年报考高等学校的考生进行政治审查的通知》，要求建立与健全高中毕业生的档案，至少应该有高中毕业生登记表、自传、高中毕业生政治审查表、调查旁证材料、学业成绩表、健康记录卡或慢性病史调查表等材料①。至此，高中

① 杨学为：《中国考试史文献集成（第八卷　中华人民共和国）》，高等教育出版社，2003年，第103页。

毕业生档案制度便成为高校招生考试中的重要环节，对高校招生和全面了解学生有着重要的意义。

(9) 信访制度。根据《关于扩大普通高等学校录取新生工作权限的规定及其实施细则》的规定，“省、自治区、直辖市招生委员会办公室要设立信访接待组，督促和协助高等学校解决好遗留问题，处理好本职范围内的善后工作”①。各省逐渐建立了起沟通考生、高校与省级招办意见，处理相关问题作用的信访制度，为监督招生考试过程、保证考生的合法权益提供了一条合理的渠道。

(10) 开展招生工作的科学研究。开展高等学校招生工作的科学研究，对搞好招生制度的改革，改进工作方法与工作作风，提高招生工作人员的素质，都有重要意义。1984 年，教育部颁布的普通高校招生考试规定中，要求各省、自治区、直辖市招生委员会和高等学校都应认真抓好科学研究工作，大大激励了招生考试研究工作的开展，为高校招生考试改革的发展作出了重要的贡献。

此外，还有定向招生制度、会考制度、优先保证重点高校新生质量的制度等。

总的来看，经过几十年高校招生考试领域的法规的制定，我国的高校招生考试制度逐步走向完善，并建立了一系列的招生考试制度。随着依法治国、依法行政、依法治教的理念逐渐被社会所接受与认可，在招生考试体系内依法治考、依法治招也得到普遍的认同。一方面，考生的维权意识不断增强，利用法律的武器保护自己的合法权益的事件时有发生；另一方面，在教育行政部门、各级招生委员会及其考试院或相关部门，高校要求依法行政、依法进行招生考试的理念也正在形成。可以说，我国的招生考试管理正在由人治为主向法治为主的管理模式过渡。

二、当前招生考试法规体系的缺陷与不足

从整个高校招生制度法规建设的简单回顾中，我们不难发现现行的招生考试法规经历了主要依靠政策到目前政策与法规并用的阶段。总体来看，当前高校招生考试法制建设还存在以下问题：

---

① 杨学为：《中国考试史文献集成（第八卷　中华人民共和国）》，高等教育出版社，2003 年，第 197 页。

（一）政策与法规不相区分、界限不明的倾向明显

在招生考试实践中，一个比较普遍的现象是管理部门与管理者常常用政策逾越、替代法规，这与我国的特殊历史环境相关。新中国成立后，新政府在宣布废除国民党的一切旧法规的同时，也必须面对新中国的法制一片空白、百端待举的现实。在这种情况下，政府不得不借助原则性较强的政策来暂时替代法规的作用，并依靠制定大量政策来运作国家，而法规在很多时候不过是政策的解释与运用，因此，法规是政策的定型化的思想十分盛行①，在人们的心目中，往往认为政策比法规的效力大得多。但是，这种观念不仅削弱了法规的权威地位，也构成了法治社会形成的观念障碍。在中国当前语境下，区分政策与法规仍是比较困难的问题，常常是政策包括法规，法规包含政策，在相当一部分教育法规汇编中，仍将一些由中共中央发布的政策收入其中。同样，在一些政策汇编中，法规文本也是其中的重要内容。无疑，政策与法规有着千丝万缕的联系，但确实又有着重要的差别②。因此，将政策与法规有效地分开，用法规取代招生考试活动中的政策，仍然是一个严峻的问题。

（二）立法方面尚不够完善

（1）从现有的法律体系来看，立法缺乏系统，且立法层次低。尽管教育法、高等教育法都先后明确提出我国实行教育考试制度，并对考试组织机构和高校的招生权限、招生的法律责任等都作了相应规定，但这些规定零散而不系统，且这种法律规定的抽象性与模糊性造成操作者的不同理解，使得这些法规在实际运作中可能有悖于立法的初衷，影响到招生考试法制的统一性。从当前招生考试法律体系来看，专门针对招生考试制度的法规以行政法规为主；在制定主体上，主要集中在教育部这个层次。因此立法层次低，无法有效规范整个普通高校招生与考试活动。事实上，教育部制定的教育法规，在法律效力上属于第五层次的部门规章。对于行政规章是不是法律、行政规章是否可以作为法院审理行政案件的依据，法律界一直颇有争议③，在

---

① 蔡定剑，等：《对新中国摧毁旧法制的历史反思》，郭道晖：《中国当代法学争鸣实录》，湖南人民出版社，1998 年，第 203 页。

② 政策与法律的联系与区别具体参见第三章。

③ 崔卓兰，等：《行政规章研究》，吉林人民出版社，2002 年，第 33～36 页。

制定行政诉讼法时也曾产生激烈的争论。行政机关力主将规章列为法源，而审判机关却对泛滥的规章深感头痛，主张将它排斥在法源之外，最后的结果便是行政诉讼法的折中规定：作为“参照”而不是办案“依据”(《中华人民共和国行政诉讼法》第五十二条、第五十三条)。这就意味着在法院受理招生考试这类法律纠纷时，教育部的法规只有参考价值。这也是导致许多考生权利得不到有效救济的重要原因。

(2) 从招生考试法规的名称来看，1985 年 6 月 10 日国务院“清理法规工作小组”在一份报告中总结道：名称体现着法规的效力高低、适用范围大小和发布机关的等级与权限。从法制建设的长远观点看，只有法规名称规范化，才能使全部法规逐步形成一个层次分明、系列严谨、井然有序、具有中国特色的法规体系，便于知法、守法和执行，有效地为社会服务。但是，现有招生考试法规的名称又多又乱，很不规范。如教育部发布的法规，其名称就有条例、规定、办法、通知等。有的名称，如通知，本是公文名称，也用作法规名称。这就带来了两个难题：一是从名称看，分不清它是一般公文还是法规；二是难以确定它的效力大小、发布机关的级别和适用范围①。在招生法规体系中，我们可以看到大量以通知命名的法规，“但通知本身成为具有外部效果的法源，从依法律行政原理来看，是不能承认的”②。总的来看，到目前为止，我国已经制定了相当数量的有关招生考试的法律法规和规范性文件，然而由于立法者的目的主要在于应付一时的社会所需，故法规往往不成熟，具有暂时性和针对性的特点。往往对有关法规加注“暂行规定”等字样（在前面列举的有关招生法规基本上是以“暂行规定”的形式出现的)，或者专门针对具体单项问题作出规定，一般以“通知”、“批复”、“指示”等形式出现（这在前面列举的文献中也是非常常见的)。事实上，近几年招生考试改革不断深化，考试手段、内容与招生对象条件等方面已经发生了巨大的变化，以前所制定的许多法规已经形同虚设，教育部几乎每年都会对招生、考试等方面专门下达“指导意见”或“规定”。这一方面反映了招生考试法规建设的难度，另一方面也凸显出当前招生考试法规的不成熟。

(3) 从具体的规定内容来看，立法还很不完善，主要表现在以下几个

---

① 《关于国务院各部门清理法规的情况和今后意见的报告》，《国务院公报》1985 年第 20 号。

② 盐野宏：《行政法》，杨建顺译，法律出版社，1999 年，第 75 页。

方面：

①普通高校招生考试立法滞后，行政性强，整个招生考试规范是依附于教育行政而存在的。不管是招生的主要目的、招生机构及其职能，还是招生来源等方面，主要仍是教育行政部门对高校实行的自上而下的单项管理。高校自主招生权有限，且带有强烈的行政性色彩。有关招生考试规定是以政府的行政管理为出发点的，缺少对社会公众、学校尤其是受教育者权利的保障。这突出地表现在立法的权利和义务配置上，目前我国的招生考试立法存在着法律关系主体间权利和义务配置失衡的现象。法律作为确认和规制不同法律关系主体之间的利益关系的一种调控手段，其自身首先必须符合公正性。而这种公正性在立法文件具体的权利和义务的规定方面则体现为不同的法律关系主体权利和义务的相对均衡。作为一部质量良好的立法，它在配制不同主体之间的权利和义务时应充分地实现权利和义务的相对对等配置。然而，考察我国招生考试的相关法规，其文本中充斥着对行政管理相对方的义务性规定，而对于管理者一方加以制约的义务性规定却少之又少。这种权利和义务配置失衡状况，使得不同的法律关系主体难以在一个对等的层面上通过法律来对话，这必将影响到法律的实施。法治社会下的行政法律关系应是一种“控权型”的法律关系，而不是一种行政优位的“行政主导”关系。当前，我国招生考试立法中的权利和义务配置失衡的现象既与中国的法治化进程不符，也与我国招生考试立法的目的相左。

②在法理上，法律地位不明确，职责划分不清。在有关具体的法规中，很少涉及考试部门、高校等机构在招生、考试行为中的法律地位，造成各个主体职责划分不清、权利与义务意识淡薄，为考试、招生执法留下了隐患。

③违纪处罚措施单一，法律责任比较笼统。对考试作弊、违纪人员的惩处力度不够大，考试领域存在法律漏洞，是考试作弊、违纪行为屡禁不止的重要原因。法律责任笼统也是法律存在的一个漏洞。虽然教育部最近出台了《国家考试违规处理办法》，但其他方面法规的建设工作还没有开展起来。在招生方面，主要以《普通高等学校招生管理处罚暂行规定》为主，但该规定主要是以招生纪律处分和行政处分为主，严重的则是按照《中华人民共和国治安管理处罚条例》处罚，只有少数情节严重而构成犯罪的，由司法机关依法追究其刑事责任。总的来看，这种处罚还是太轻了。当然，我们并不是要推崇重刑主义，但从法律实施的角度看，处罚太轻则必然会降低法律的权威和效力，影响法律的实施，从而也就失去了法律本身的意义。

④重实体、轻程序。由于程序法治观念的缺失，我国历来存在重实体、轻程序的倾向。从高校在招生中的作用来看，高校在120%的投档范围内，有权决定录取与否，教育行政部门只履行监督的职责。但对于如何监督，却缺乏有效的程序规定。虽然说明理由、听取利害关系意见等程序可以有效地制约与规范行政权的运行，然而，目前有关法律规范并无具体规定，从已报道的一些招生纠纷案来看，个别考生十年寒窗的努力很可能成为招生随意性的牺牲品。

⑤缺乏法律救济措施规定。有权利必有救济，为了保障考试管理中的应试人员及管理、监考人员的合法权益，立法必须规定各种救济手段。由于立法中的救济措施缺失，有关人员投诉无门、主管部门推诿的现象时有发生，其实质性危害是使招生考试避开了司法的有力监督。

⑥缺乏操作性。从立法文件的实施来看，相当数量的招生考试立法尚未走出“框架性立法”、“悬岩性立法”的误区，立法缺乏操作性。目前我国的许多招生考试立法只是提出了该法所规范的主题性内容，而对于这些内容却缺乏进一步的具体规定。立法必须考虑到它的可行性和操作性，不具有操作性的法规难以从“文本上的法律”转变为“行动中的法律”。考察我国当前的招生考试立法可以发现，诸多的立法文件对于不同的主体拥有什么样的权利以及负有什么样的义务作了大量规定，然而令人遗憾的是，对于这些规定却缺少详细的、带有较强的操作性的进一步的规定。许多立法文件在赋予某一主体以一定的管理职权时，对于该主体应在多大范围内行使该项职权，以及应该按照什么样的程序行使职权等更具操作性的问题，却缺乏相应的具体规定。由于不具有法律所应具备的明确性和完整性，这样的立法只能成为一种倡议、一种宣言，而无法真正实现法律调控社会的目的。

当然，我国招生考试立法中所存在的问题是由多方面的原因造成的。这些原因，既有客观方面的，也有主观方面的；既有社会方面的，又有立法主体方面的。此外，招生考试的频繁改革与变动在相当程度上也对立法的质量造成了影响。立法的质量问题以及其他方面的原因造成了我国招生考试领域执法与司法方面的困境。在执法方面，有法不依、执法不严、违法不究，已经是一个相当严重的问题。在地方保护主义的影响下，受长官意志的影响及各种利益关系的驱动，在招考执法中，存在着招考不负责、滥用招考权牟取个人私利、照顾关系户、办人情案等一些不公正的行为。如在考试阶段，监考人员对考生作弊睁一只眼闭一只眼，纵容姑息，甚至串通考生和相关人员，败坏考风考纪；在考试查分阶段，某些招考机构对评卷结果公开力度不够，不允许学生查阅评改后的考卷；在招生阶段，实行暗箱操作，考生毫无知情权，从而给某些人从中舞弊提供了条件，于是就出现了录低不录高、拿钱买分数等违法腐败现象。在司法方面，中国目前的招生考试行为缺乏完善的司法救济，一些违法招考的行为都不能受到相应的法律追究，一些招考人员滥用招考权也无须承担任何法律责任。这种情况的存在，使权力与责任相脱节，侵害与救济相分离，从而造成招考违法者肆无忌惮、考生权益无从保护的尴尬局面。同时，司法救济的缺失也大大削弱了法律在招考行为中的约束力和权威性。当然，从当前我国高校招生考试法制建设的现状来看，扭转当前的不足是一个长期的过程。这不仅与我国长期法律文化缺失、人情观念太重的大环境相关，也与招生考试过程中形成的旧观念、官本位思想相联系。正因如此，高校招生考试法制建设作为依法治国、依法治教的重要组成部分是与整个法治社会的进程相同步的。

三、重新制定普通高校招生考试法的必要性

当前，法学界对我国大规模的立法持谨慎的怀疑态度：法律并不是越多越好，如果立法数量急剧增加，调控范围无所不涉，法治就可能走向它的反面，法律也势必会泛滥成灾，其结果只会是适得其反。因此，必须遏制立法膨胀的势头，改变“有法比无法好，法多比法少好，快立法比迟立法好”的绝对化思路，减少立法数量，提高立法质量和法律的权威性①。但笔者认为，针对当前招生考试政策法规的现状而言，重新制定招生考试法有其必然性。

（一）制定招生考试法是当前招生考试改革的需要

高校招生考试在我国无疑是一件牵涉到国家、社会乃至千家万户利益的大事。随着普通高等院校招生考试各项制度改革的日益深入，招生院校要求自主招生的呼声越来越高涨，考生知情意识、维权意识和自主选择的要求越来越强烈，这些都要求我们重新审视沿用多年的招考办法，以新的改革应对新的挑战。高等教育由精英教育阶段向大众化阶段发展，必然引发我国高等

---

① 杨解君：《走向法治的缺失言说——法理、行政法的思考》，法律出版社，2005年，第44、53页。

学校招生考试制度的整体变革。从当前的形势来看，从选拔性考试向适应性考试的转变是一个重要的转变。这里的适应性主要包含两层意思：一是适应多样化的高等教育选择合适的新生；二是适应考生的需求，为考生提供准确而详尽的、能够鉴别个人在知识、能力、素质上的个别差异的手段和方法，使考生能够更好地选择合适的高校与专业①。明确高校、招生考试管理机构以及考生之间的权利义务关系，特别是真正使广大考生的利益得到有效的维护，适应招生考试改革的发展与需要，仍然是当前招生考试法制建设的一项重要内容。良好立法不仅要求体系完备、结构严谨、内容详细，而且必须符合并体现当前社会背景的要求，尊重人民群众的创造性。但相关的招生考试法律法规在面临新的问题时，往往捉襟见肘。因此，制定一部新的普通高校招生考试法，以适应当前招生考试的需要是完全必要的。

（二）制定招生考试法是提高我国招生考试立法质量的重要手段

在改革开放的过程中，为适应教育体制与高校招生考试制度改革的发展，我国制定了大量的招生考试法规，但是当前我国的招生考试立法并不完善，实践上“头痛医头、脚痛医脚”的被动立法局面并未从根本上得到改变。其后果是立法显得散乱，缺乏总体布局，也难以照顾立法之间的协调，当社会条件发生变化时，原来的立法就会陷入一种尴尬的境地，频繁的废、立、改又会给招生考试执法和守法带来困难。事实上，统筹招生考试整个过程，兼顾国家、高校、行政部门、考生等多方面利益的招生考试法《普通高等学校招生暂行条例》已经出现空缺。在前文中，笔者曾指出当前招生考试立法中出现的问题，已经成为影响招生考试立法质量的痼疾。当前面临的主要任务不是频繁地颁布新的法规，追求立法的数量，而是要追求高校招生考试法内容的统一和精确，追求立法的质量。要提高招生考试立法的质量，一是要着手进行高校招生考试法的建立，使之足以指导高校招生考试的整个流程；二是要对现行有效的招生考试方面的法规进行选择、归纳、整理和协调。

（三）制定招生考试法是改善执法环境的有效途径

执法是法治的重要环节。近年来，我国的招生考试执法状况不尽如人

---

① 潘懋元，等：《高考：从选拔性考试到适应性考试》，《湖北招生考试》（理论版）2003 年第 Z1 期。

意，其中招生考试立法中的非科学性是重要的原因之一。立法的混乱必然导致执法的混乱，执法的混乱又会使人们无所适从，影响立法的权威性和执法的严肃性。招生考试执法环境的改善，有赖于各个方面的努力。从招生考试立法看，制定统一的基本的招生考试法，将在一定程度上克服执法的混乱，改善执法环境，为招生考试法治的完善提供基础性条件。

值得指出的是，有人认为，当前招生考试中的种种问题只需修改高等教育法即可，“修改高等教育法可以涵盖招生方面的，有没有必要专门制定一个招生法，很复杂，需要研究”；也有人认为，高校招生考试的关键在于加强监督与自律，因此没有必要专门立法，“没有必要专门为招生立法，关键是学校和教育部门要加强监管，招生人员要自律”①。笔者认为，正如在前文中所指出的，人类发展的历史经验表明，将涉及公权力的问题寄希望于权力拥有者的自律，对于某些个人来说是可能实现的，但单纯依靠道德来限制私欲的膨胀以达到控制权力的目的是不现实的。因此，现阶段加强招生考试立法工作是必然的选择。而仅仅修改高等教育法是不够的。因为高等教育法一般主要是针对进入高等教育阶段后的法律规范，比较少涉及招生考试阶段。这也是各国高等教育法的通例。即使在高等教育法中也有部分涉及招生考试，但主要是原则性的，缺乏操作性，而缺乏操作性必然难以指导高考实践中的法律纠纷问题。因此，笔者认为，专门制定普通高校招生考试法不仅是需要的，而且是必要的。

四、制定普通高校招生考试法的基本原则

制定普通高校招生考试法的基本原则与高校招生考试法的基本原则有差异。前者是立法的指导思想，是指导立法过程的；后者则是法律本身应体现出的基本精神，是指导执法和守法过程的。不过立法的基本原则与所立法律的基本原则，有时可能发生交叉或重复，有的原则既是立法的基本原则又是该法律内在的基本原则。一般而言，普通高校招生考试法的基本原则应包括公平、公正、公开，有利于高校选拔人才，有利于落实高校招生自主权等，而这些原则无疑在立法中也是应该考虑的问题。笔者认为，制定普通高校招生考试法的基本原则，除了应该遵守立法法所确立的基本原则之外，还应该

① 郑超：《委员建言立法遏止招生腐败》，《北京娱乐信报》2005年3月8日。

包括根据普通高校招生考试自身的特殊性确立的基本原则①。

（一）立法的国家法制统一性原则

《中华人民共和国立法法》第四条规定：立法应当依照法定的权限程序，从国家整体利益出发，维护社会主义法制的统一和尊严。立法应当依照法定的权限和程序，这不仅是对立法的程序性要求，也是使国家法制能够保持统一的前提性条件，它意味着立法过程决不能因人因言而废法废制。这意味着在高校招生考试法的立法过程中，应注意保持我国法的体系具有整体的统一性和内在的协调性，不得与宪法和教育法的相关规定相违背，同时也要求立法必须十分严肃谨慎，注意法的稳定性，保持法的连续性。

（二）立法的民主性原则

《中华人民共和国立法法》第五条规定：立法应当体现人民的意志，发扬社会主义民主，保障人民通过多种途径参与立法活动。《中华人民共和国立法法》第五十八条规定：行政法规在起草过程中，应当广泛听取有关机关、组织和公民的意见。听取意见可以采取座谈会、听证会等多种形式。立法应当体现人民的意志，这是我国立法的性质。我们国家的民主性质要求我们在立法过程中，必须充分体现人民的意志，切实维护人民的利益。立法应当发扬社会主义民主，这是我国立法必须实行的路线。只有坚持群众路线，实行高度民主基础上的高度集中，才有可能做到科学正确，才有可能确实反映广大人民群众的根本利益和共同意志。要保障人民通过多种途径参与立法活动，这是我国立法必须采取的方法。

（三）立法的科学性原则

《中华人民共和国立法法》第六条规定：立法应当从实际出发，科学合理地规定公民、法人和其他组织的权利和义务、国家权力机关的权力与责任。立法应当从中国各地的实际出发，这是我国科学立法的灵魂。这意味着高校招生考试法必须以当前中国的国情和招生考试改革的实际作为根本的依据，一切从实际出发，理论联系实际，必须调查研究现实和历史的实际，还

---

① 参见周旺生：《立法学》，法律出版社，2004年；朱力宇、张曙光：《立法学》，中国人民大学出版社，2001年；孙同鹏：《经济立法问题研究：制度变迁与公共选择的视角》，中国人民大学出版社，2004年；胡光志：《关于制定经济法的几个问题》，李昌麟：《中国经济法治的反思与前瞻》，法律出版社，2001年。

要吸收和借鉴古今中外对我们有用的经验，这是进行科学立法的必要条件。

（四）反映招生考试法特定调整对象的原则

近几年，由于考试舞弊事件的频繁发生及其所产生的恶劣影响，研究者对于如何防治考试舞弊等问题表现出浓厚的兴趣，呼吁通过法律加强对考试作弊行为的惩治；而北航招生事件也重新唤起了人们对招生腐败等问题的高度关注。但招生与考试从来都是高校招生考试的重要环节，防止考试与招生舞弊只是法律规范的一部分，而不是全部。因此，招生考试法不是考试防弊法，也不是单纯的教育考试法或招生法，而是包含了从报名、考试到招生全过程，调整教育部、地方各级招办、高校以及考生各主体之间法律关系的法；不仅需要对招生考试过程中的权力进行规制，也需要保障权力的合法行使；既需要对招生考试过程中的权利义务、权力责任关系进行合理的分配，也需要对招生考试过程中的程序以及相关执法程序进行具体的规定。

（五）维护社会公共利益的原则

利益作为能够满足人们物质或精神需求的事物，由于其本身的绝对稀缺性以及人们对其需求的相对无限性，人们对它的追求成为经济和社会活动中的一种恒久现象。而立法调整人们之间社会关系的功能，主要是通过对利益关系的调整来实现的。从立法的角度而言，尽管是否立法、立什么样的法，受制于当时多种主客观条件，如意识形态、思想观念、立法技术等，但高校招生考试改革与立法作为一个利益重新分配的过程，最重要的还是来自既有的和未来的利益关系方面的制约。高校招生考试改革与立法的难与易的问题，都往往与此有关，而正是人们对各自利益的追求构成了立法的动力、压力和阻力。也就是说，现实中的立法往往是各种具体利益进行斗争、妥协的结果，而高校招生考试立法本身就是一个利益选择、协调与平衡的过程。正因如此，对招生考试立法的研究与分析不应该仅仅限于法律制度规范如何设计，也应注意立法过程中的利益冲突与利益协调问题。而这个平衡点就是维护社会公共利益，反映社会公共意志，它要求立法者摆脱狭隘的地方主义与部门利益，以社会主义国家政权作为全体人民利益的代表，主动对各种利益进行协调与平衡观念为前提和基础，处理好改革、发展与稳定，效率与公平，权力与权利等相互关系。

正如庞德所指出的，社会公共利益是社会公众处在文明社会生活中并基于这种生活地位而提出的各种要求、需要或愿望①。其基本内容包括：公共秩序的和平与安全，主要指公众不受外部和内部侵犯的安全；经济秩序的健康、安全及效率化；自然资源的严格保护与合理利用；对社会弱者利益的保障；公共道德的维护以及人类朝文明方向发展的条件，包括公共教育、卫生事业的发展②。社会公共利益具有整体性的特点，其主体是社会公众整体，而不是某一个人或某一部分人，也不是国家，它不是个人利益的简单相加，而是个人利益之间的有机统一。“作为一般的、普遍的和具有共性特点的社会利益，寓于作为个别的、特殊的和具有个性特点的个人利益之中，而个人利益则体现着社会利益的要求，是社会利益在个别人身上的利益表现，并且受到社会利益的制约。社会利益是反映在个人利益之中的一般的、相对稳定的、不断重复的东西，是人的最强大的利益基础。社会利益不是简单地存在于个人利益之中，而是借助于个人利益以不同的形式和不同的强度表现出来。”③ 从价值追求来看，正如加里克利斯所言，“自然的正义和法律的正义不同。自然的正义是强者比弱者应得到更多的利益，而法律的正义是一种约定，是为了维护弱者的利益”④。因此，制定招生考试法的目的在于维护社会公共利益，追求社会平等和社会正义，为此，它必然偏重于对弱势群体的特殊保护，以在实现机会平等的基础上实现实质的公平与平等，同时必然会牺牲或抑制社会中一部分人的特殊利益以换取社会整体利益的发展。

（六）平衡原则

社会公共利益的实现并不是虚幻地存在于文字的表达与口号中。中国当前正处于社会转型时期，利益的多元化及新的利益整合，价值的多元化及新的价值评估与重组，都成为重要而急切的课题。在这样的情形下，社会上的每个人都可能认为应该实行改革和进行立法，每个人都可能称自己为改革派，但每个人都可能根据自己的特殊利益或从自己所处的特殊地位出发，提出符合各自需要的改革方案——每个人都希望改革能变得对自己更为有利，

---

① 庞德：《通过法律的社会控制、法律的任务》，商务印书馆，1984年，第37页。

② 孙笑侠：《论法律与社会利益：对市场经济中公平问题的一种思考》，《中国法学》1995年第4期。

③ 公丕祥：《马克思法哲学思想述评》，河南人民出版社，1992年，第283～284页。

④ 周辅成：《西方论理学名著选辑》，商务印书馆，1981年，第30页。

都想通过立法把自己的愿望和要求固定下来。结果人人都要求加快改革和加强立法，但各有各的含义。此时，“他们反对一项改革与你赞成一项改革同样处于一种理由，即追求自己利益最大化，而你也不能轻易地声称自己的利益就等于全体人民的利益，更无权声称代表着另一些团体的利益”①。那么，如何在各种利益之间实现社会公共利益？“社会公共利益与个人利益并不是位于同一水平线上的，公共利益优于个人利益。”② 社会公共利益与个人利益在本质上虽然是一致的，但毕竟存在着差别，其冲突不可避免。但冲突的解决不是简单地以消灭个人利益来实现。普通高校招生考试法治的实现要求各主体在现代民主和文明的基础上，实现充分的理解与相互尊重，在寻求利益一致的目标上，通过听证会、程序公开、信息公开、参与监督等方式，沟通与吸收各方面的意见与建议，明确各成员的权利与义务、权力与责任，明确当公共利益与私人利益发生冲突时，提供相应的补偿措施与权利救济模式，从而实现社会公共利益、集体利益与个人利益的兼顾与平衡，而不是简单地以牺牲个人利益为代价，追求社会公共利益。可以期待，随着改革的不断深入、政府职能转换的实现，招生考试立法将在不断的发展与改革中变得更加规范、更加科学。需要指出的是，在立法过程中，不仅需要政府管理部门、高校、考生代表的参与，也需要招生考试研究者以及法学家的参与，并使之制度化，使立法从社会发展的整体利益出发，对各主体利益进行平衡，超然于某些特殊利益。

（七）划分政策与法规界限的原则

随着法治观念的日益增强，人们越来越注意将政策与法规区分开来，并强调政策不能取代或否定现行法规。但由于招生考试领域与政治经济紧密关联的特殊性，以及长期形成的在招生考试领域大量采用政策手段进行管理与干预的传统，使政策往往具有法律强制效力，这也导致招生考试领域的政策与法规很难进行有效的区分，混淆招生考试法规与招生考试政策的界限的问题。招生考试领域的法规必然受到政策的影响，这是毫无疑问的。这种影响不仅体现在立法上，也体现在守法与执法的过程中。但是，政策与法规毕竟不能混为一谈。从当前的实际出发，试图将政策与法规的界限清晰地区分还

---

① 樊纲：《渐进改革的政治经济分析》，上海远东出版社，1996 年，第 126 页。

② E. 博登海默：《法理学：法律哲学与法律方法》，邓正来译，中国政法大学出版社，2004 年，第 422 页。

存在一定的难度，政策在一定范围、一定时间内仍将发挥一定的“法规”的作用。但笔者认为，在认识上，在可能的范围内，在实践中，在强调法治的时代，有意识地区分招生考试的法规与政策的界限，还是很有必要的。尽管招生考试法规与招生考试政策的关系十分复杂，但以下几点值得我们充分注意：首先，在总的方面，宏观的招生考试政策是招生考试立法的源泉，应当作为招生考试立法的指导思想，并在一定程度上影响招生考试守法与执法。其次，当某种招生考试政策转化或体现为正式的立法后，我们不能将其看成一种政策，而应当看成严格意义上的法律规范。再次，在招生考试法规实施的过程中，具体的招生考试政策可以作为招生考试法规实施的一种手段，但这种手段必须是在法规规定的范围之内，并按照招生考试法规所确定的程序加以运用。也就是说，为实施招生考试法规而采用的招生考试有关政策，必须从属于法规，严格受法规的指导。如在招生考试过程中，出现了许多新的问题，而法规却无法对这一类问题进行详细而具体的规范，它主要依靠教育部颁布一些临时性政策加以规范。对于这一部分内容，招生考试立法的任务不是规定具体的方法和内容，而是通过法规授予特定管理主体（教育部以及地方各级招办等管理机构）制定和实施具体政策的权力，并对这种权力规定严格的行使条件、行使方法、行使程序及相应的监督机制。换言之，招生考试法规对这一部分内容的规定，一是授权，二是限权。授权的目的是赋予教育行政部门以及高校一定的自由裁量权，确立各主体在面临新问题时积极主动地解决问题的能力和地位，以保证改革的顺利进行；限权的宗旨则在于保证教育行政部门以及高校在行使一定自由裁量权时的民主性、合理性、科学性和有效性，维护考生在招生考试过程中的合法权益，从而保证招生考试的公平与公正，维护社会公共利益。

（八）注重可操作性的原则

或许有人认为，由于当前我国招生考试改革处于频繁的变动时期和转折期，因此不宜制定招生考试法，但可以将一些基本的、稳定的、成熟的内容制定出来，作为招生考试法的主要内容。这种观点具有一定的代表性，这也是长期以来我国形成的对立法的一些最基本的态度和观念。但依照这一观点推论下来，必然得出这样的结论，即招生考试法必然成为一种抽象原则的概括与罗列。对此，立法学摈弃了传统的“宜粗不宜细”的原则，强调“当细则细”的立法观念。笔者认为，招生考试法能否成功地制定，在一定程度上取决于招生考试立法是否具有相当的可操作性。事实上，法律的可操作性是所有部门法律的一个基本特征，由于缺乏明确的规范性，招生考试法规往往在实践中让位于政策，失去了其调节招生考试法律关系的价值与作用，从而成为一纸空文，这与其坚持的“原则性立法”不无关系。强调招生考试法规的可操作性，强调法必须解决现实中的具体问题的观点应该在招生考试立法中得到体现，除了不够成熟、争议特别大或者必须原则一些的问题可以规定得粗一些外，其他内容应体现“当细则细”的立法观念。

诚然，法律从古至今都寄托着人类美好的理想，承载着人类对公平、公正与正义的追求。但法制与法治的区别如此明显，又如此容易被替代与混淆，以至于在中国当前语境下，必须将两者进行专门的区分以凸显二者的差异。立法是重要的，通过立法确立规范，为秩序奠定基础正是立法追求的价值所在。但秩序并非完全是人为创造物，它有赖于发育和形成，希望通过立法来获得所有问题的解决只能是一种空想。正因为如此，普通高校招生考试立法与普通高校招生考试法治的关系，也并不如某些人想象的那么简单，普通高校招生考试法的建立并不意味着普通高校招生考试中的种种问题都可以通过法律的建立得到完美的解决与消除。对此，我们不仅需要明确立法的必要性，同样也必须明了立法在促进招生考试改革发展过程中功能的限度。在强调通过立法建立普通高校招生法律体系与法治秩序时，也需要对立法、法律的功能和范围有更深刻的认识。这也是为什么笔者在普通高校招生考试法治内涵中指出法律的局限性的原因之一。法律的调整范围是有限的，对招生考试关系的调整，法律并不是唯一的手段，道德、风俗、传统、习惯、组织的内部规范等都是必要的手段。而普通高校招生考试法治的实现在很大程度上取决于社会对法律的信仰度，取决于考生与家长权利意识和维权意识的觉醒与张扬，取决于能否建立起对权力监督的有效机制，同样也取决于在法律文本中隐藏的法律思想与法律观念的进步。只有从中国普通高校招生考试的现实出发，在法治观念的指导下，不仅关注反映普通高校招生考试发展要求的文本法律的建立，关注法律运行中法律观念与法律信仰的培植，也关注法律实施中正义与公平的实现，法治才是一个可以值得期待的理想，才可能成为法治漫长征程中的希望之灯。

附　　录

《关于高三考生法律意识的调查问卷表》

谢谢您参加教育部学生司与厦门大学教育研究院关于高中毕业生对于普通高校招生考试法律意识与行为取向的调查。您的答案对于科学研究以及招生考试改革都有重要意义。请按您的实际情况填写，我们保证您所填答的信息都将严格保密，无须任何顾虑。谢谢您的合作！

您的基本情况：(请在□内打√)

性别：□男　□女　　您来自于：□城市　□乡村

1. 你认为在高考过程中侵害考生的合法权益的现象（　　）
   A. 十分普遍　　B. 一般　　C. 比较少　　D. 不清楚
2. 你认为考生的合法权益遭到侵犯，主要来自（　　）
   A. 高校　　B. 招办（主要是省级招办）
   C. 其他（　　　　）(请填写)　　D. 不清楚
3. 你认为在高校招生考试过程中，最应该加强法律治理的现象是什么？（　　）
   A. 考试作弊　　B. 分数线不统一
   C. 招生腐败　　D. 其他（　　　　）(请填写)
4. 你是否相信，在高考过程中自己的合法权利受到侵害时，通过法律规定的相关途径可以得到相应的解决？(　　)
   A. 是　　B. 否　　C. 不清楚
5. 当你在高考过程中权利受到侵害时，你会选择什么途径来维护自己的权利？(　　)
   A. 传媒　B. 信访　C. 教育管理部门　D. 法律诉讼　E. 不选择任何途径

6. 你是否了解有关普通高校招生考试（简称高考）的法规？（　　）

A. 非常了解　　B. 比较了解　　C. 了解一点　　D. 完全不了解

7. 你主要通过下列哪种途径了解相关高考法规？（　　）

A. 通过报纸、电台、电视或网络　B. 老师　C. 同学　D. 父母

E. 其他（　　　　）（请填写）

8. 你是否知道当前高考中比较典型的侵害学生权益的事件以及相关的解决途径？（　　）

A. 非常了解　　B. 比较了解　　C. 了解一点　　D. 完全不了解

9. 你是否了解自己在高考过程中拥有的权利与义务？（　　）

A. 非常了解　　B. 比较了解　　C. 了解一点　　D. 完全不了解

10. 当你的权利受到侵害时，你知道的法律救济途径有（　　）

A. 行政复议　　B. 信访

C. 司法救济（行政诉讼、民事诉讼等）　　D. 不清楚

11. 你是否认为有必要制定普通高校招生考试法，以规范高校招生考试过程中的行为？（　　）

A. 必要　　B. 可有可无　　C. 没有必要

12. 如果你在参加高考的过程中，发现有组织、有预谋的作弊行为：

(1) 你是否认为，这类行为是一种违法行为？（　　）

A. 是　　B. 否

(2) 你认为，这类行为属于（　　）

A. 普遍现象　　B. 个别现象

(3) 你是否觉得这类作弊是一种对自己权益的侵害？（　　）

A. 是　　B. 否　　C. 不清楚

(4) 发现这类行为，你自己是否也会选择作弊？（　　）

A. 是　　B. 否　　C. 不清楚

(5) 你是否会举报？（　　）

A. 是　　B. 否　　C. 不清楚

13. 如果你在参加高考的过程中，发现有考生有作弊行为：

(1) 你是否认为这种行为是一种违法行为？（　　）

A. 是　　B. 否

(2) 你认为，这类行为属于（　　）

A. 普遍现象　　B. 个别现象

(3) 你是否觉得这类行为是一种对自己权益的侵害？(　　)

A. 是　　B. 否　　C. 不清楚

(4) 发现这类行为，你自己是否也会选择作弊？(　　)

A. 是　　B. 否　　C. 不清楚

14. 某考生小时候左眼被异物扎破失明（右眼视力良好）。他 1998 年、1999 年两次参加高考，成绩分别超过重点大学录取线 15 分、62 分，但因眼睛残疾两度未被录取，数家高校将其拒之门外。

(1) 你认为高校不录取该生是否属于一种违法行为？(　　)

A. 是　　B. 否

(2) 如果你面临同样的情况，你会（　　）

A. 找媒体曝光　　B. 找信访部门　　C. 将高校告上法庭

D. 不会有用，所以算了　　E. 不清楚

15. 某考生因为录取通知书放在班主任处，而班主任却没有通知她领取而延误了报到时间，因此失去了入学资格。

(1) 你认为该类行为是否属于违法行为？(　　)

A. 是　　B. 不是

(2) 如果你面临同样的情况，你会（　　）

A. 找媒体曝光　　B. 找信访部门　　C. 将母校及班主任告上法庭

D. 不会有用，所以算了　　E. 不清楚

16. 2004 年，某高级中学因为学生未交清学费欠款，导致 7 名学生没有拿到准考证而错过高考。

(1) 你认为该校的行为是否属于违法行为？(　　)

A. 是　　B. 不是

(2) 如果你面临同样的情况，你会（　　）

A. 找媒体曝光　　B. 找信访部门　　C. 将母校告上法庭

D. 不会有用，所以算了　　E. 不清楚

17. 某高校要求学生交纳上万元才能领取录取通知书：

(1) 你认为该校的行为是否属于违法行为？(　　)

A. 是　　B. 不是

(2) 如果你面临同样的情况，你会（　　）

A. 找媒体曝光　　B. 找信访部门　　C. 将高校告上法庭

D. 不会有用，所以算了　　E. 不清楚

主要参考文献

专　　著

[1] 赵震江. 中国法制四十年（1949—1989）[M]. 北京：北京大学出版社，1990.

[2] 刘海年. 依法治国，建设社会主义法治国家 [M]. 北京：中国法制出版社，1996.

[3] 陈弘毅. 法治、启蒙与现代法的精神 [M]. 北京：中国政法大学出版社，1998.

[4] 程燎原. 从法制到法治 [M]. 北京：法律出版社，1999.

[5] 陈兴良. 法治的使命 [M]. 北京：法律出版社，2001.

[6] 王人博，程燎原. 法治论 [M]. 济南：山东人民出版社，2001.

[7] 汪太贤. 法治的理念与方略 [M]. 北京：中国检察出版社，2001.

[8] 湛中乐. 法治国家与行政法治 [M]. 北京：中国政法大学出版社，2002.

[9] 孔志国. 法治的阶梯：中国法治进程热点问题十五讲 [M]. 北京：团结出版社，2003.

[10] 信志广. 法治初探 [M]. 广州：广东人民出版社，2003.

[11] 徐显明. 法治社会之形成与发展 [M]. 济南：山东人民出版社，2003.

[12] 马长山. 国家、市民社会与法治 [M]. 北京：商务印书馆，2003.

[13] 高鸿钧，等. 法治：理念与制度 [M]. 北京：中国政法大学出版社，2002.

[14] 袁曙宏. 依法治理概论 [M]. 北京：法律出版社，2003.

[15] 于向阳. 法治论 [M]. 济南：山东人民出版社，2003.
[16] 程维荣. 走向法治时代——从“文革”结束到中共“十六大”召开 [M]. 上海：上海教育出版社，2003.
[17] 夏新华. 法治：实践与超越——借鉴外域法律文化研究 [M]. 北京：中国政法大学出版社，2004.
[18] 欧阳振. 法治理论探索 [M]. 长沙：湖南大学出版社，2004.
[19] 沈宗灵. 法理学 [M]. 北京：北京大学出版社，1999.
[20] 葛洪义. 法理学 [M]. 北京：中国政法大学出版社，1999.
[21] 周永坤. 法理学——全球视野 [M]. 北京：法理出版社，2000.
[22] 吕鹤云. 法学概论 [M]. 北京：高等教育出版社，2001.
[23] 公丕祥. 法理学 [M]. 上海：复旦大学出版社，2002.
[24] E. 博登海默. 法理学：法律哲学与法律方法 [M]. 邓正来，译. 北京：中国政法大学出版社，2004.
[25] 罗斯科·庞德. 法理学 [M]. 邓正来，译. 北京：中国政法大学出版社，2004.
[26] 诺内特，塞尔兹尼克. 转变中的法律与社会 [M]. 张志铭，译. 北京：中国政法大学出版社，1994.
[27] 苏力，贺卫方. 20 世纪的中国：学术与社会（法学卷）[M]. 济南：山东人民出版社，2001.
[28] 京特·雅科布斯. 规范·人格体·社会 [M]. 冯军，译. 北京：法律出版社，2001.
[29] 魏宏. 法律的社会学分析 [M]. 济南：山东人民出版社，2003.
[30] 张文显. 法学基本范畴研究 [M]. 北京：中国政法大学出版社，1993.
[31] 江平. 法人制度论 [M]. 北京：中国政法大学出版社，1994.
[32] 刘星. 法律是什么 [M]. 北京：中国政法大学出版社，1998.
[33] 郭道晖，李步云，郝铁川. 中国当代法学争鸣实录 [M]. 长沙：湖南人民出版社，1998.
[34] 道格拉斯·G. 拜尔，罗伯特·H. 格特纳，兰得尔·C. 皮克. 法律的博弈分析 [M]. 严旭阳，译. 北京：法律出版社，1999.
[35] 公丕祥. 法制现代化的理论逻辑 [M]. 北京：中国政法大学出版社，1999.

[36] 李道军. 法的应然与实然 [M]. 济南：山东人民出版社，2001.
[37] 哈贝马斯. 在事实与规范之间：关于法律和民主法治国的商谈理论 [M]. 童世骏，译. 北京：生活·读书·新知三联书店，2003.
[38] 王维达. 以私法完成公关任务 [M]. 上海：百家出版社，2003.
[39] 许章润. 法律信仰——中国语境及其意义 [M]. 桂林：广西师范大学出版社，2003.
[40] 约翰·亨利·梅利曼. 大陆法系 [M]. 顾培东，禄正平，译. 北京：法律出版社，2004.
[41] 约翰·H. 威格摩尔. 世界法系概览：上册 [M]. 何勤华，李秀清，郭光东，译. 上海：上海人民出版社，2004.
[42] 约翰·H. 威格摩尔. 世界法系概览：下册 [M]. 何勤华，李秀清，郭光东，译. 上海：上海人民出版社，2004.
[43] 路易斯·亨金，阿尔伯特·J. 罗森塔尔. 宪政与权利 [M]. 郑戈，赵晓力，强世功，译. 北京：生活·读书·新知三联书店，1996.
[44] 斯蒂芬·L. 埃尔金，卡罗尔·爱德华·索乌坦. 新宪政论——为美好的社会设计政治制度 [M]. 周叶谦，译. 北京：生活·读书·新知三联书店，1997.
[45] 刘俊海，李忠. 中国当代宪政与人权热点 [M]. 北京：昆仑出版社，2001.
[46] 李树忠. 宪法学案例教程 [M]. 北京：知识产权出版社，2002.
[47] 周伟. 宪法基本权利司法救济研究 [M]. 北京：中国人民公安大学出版社，2003.
[48] 胡建淼. 外国宪法案例及评述 [M]. 北京：北京大学出版社，2004.
[49] 李步云，徐炳. 权利和义务 [M]. 北京：人民出版社，1986.
[50] 程燎原，王仁博. 赢得神圣：权利及其救济通论 [M]. 济南：山东人民出版社，1993.
[51] 陈云生. 权利相对论：权利和义务价值模式的建构 [M]. 北京：人民出版社，1994.
[52] J. 范伯格. 自由、权利和社会正义 [M]. 王守昌，戴栩，译. 贵阳：贵州人民出版社，1998.
[53] 谢鹏程. 公民的基本权利 [M]. 北京：中国社会科学出版社，1999.
[54] 陈舜权. 权利及其维护：一种交易成本观点 [M]. 北京：中国政法大

学出版社，1999.
[55] 托马斯·雅诺斯基．公民与文明社会：自由主义政体、传统政体和社会民主政体下的权利与义务框架［M］．柯雄，译．沈阳：辽宁教育出版社，2000.
[56] 杨春福．权利法哲学研究导论［M］．南京：南京大学出版社，2000.
[57] 夏勇．走向权利的时代：中国公民权利发展研究［M］．北京：中国政法大学出版社，2000.
[58] 王进，林波．权利的缺陷：中国司法亟待解决的问题［M］．北京：经济日报出版社，2001.
[59] 公丕祥．权利现象的逻辑［M］．济南：山东人民出版社，2002.
[60] 罗纳德·德沃金．认真对待人权［M］．信春鹰，吴玉章，译．桂林：广西师范大学出版社，2003.
[61] 湛中乐．权利保障与权力制约［M］．北京：法律出版社，2003.
[62] 杨成铭．人权法学［M］．北京：中国方正出版社，2004.
[63] 孙霄兵．受教育权法理学——一种历史哲学的范式［M］．北京：教育科学出版社，2003.
[64] 劳凯声．变革社会中的教育权与受教育权：教育法学基本问题研究［M］．北京：教育科学出版社，2003.
[65] 温辉．受教育权入宪研究［M］．北京：北京大学出版社，2003.
[66] 龚向和．受教育权论［M］．北京：中国人民公安大学出版社，2004.
[67] 郑贤君．公民受教育权的法律保护［M］．北京：人民法院出版社，2004.
[68] 于洪生．权力监督：中国政治运行的调控机制［M］．北京：中国广播电视出版社，1991.
[69] 阿克顿．自由与权力［M］．侯健，范亚峰，译．北京：商务印书馆，2001.
[70] 焦健．权力错位：公共权力运行的误区［M］．天津：天津人民出版社，2001.
[71] 赵旭东．权力与公正：乡土社会的纠纷解决与权威多元［M］．天津：天津古籍出版社，2003.
[72] 俞中．法律文化视野中的权力［M］．济南：山东人民出版社，2004.
[73] 杜力夫．权力监督与制约研究［M］．长春：吉林人民出版社，2004.

[74] 张树义. 行政法学 [M]. 北京：中国政法大学出版社，1995.
[75] 应松年. 行政法学新论 [M]. 北京：中国方正出版社，1996.
[76] 罗豪才. 行政法学 [M]. 北京：中国政法大学出版社，1996.
[77] 翁岳生. 行政法 2000：上册 [M]. 北京：中国法制出版社，2002.
[78] 翁岳生. 行政法 2000：下册 [M]. 北京：中国法制出版社，2002.
[79] 许崇德，皮纯协. 新中国行政法学研究综述（1949—1990）[M]. 北京：法律出版社，1991.
[80] 张树义. 冲突与选择——行政诉讼的理论与实践 [M]. 北京：时事出版社，1992.
[81] 罗豪才. 现代行政法的平衡理论 [M]. 北京：北京大学出版社，1997.
[82] 姜明安. 行政法与行政诉讼法 [M]. 北京：北京大学出版社，高等教育出版社，1999.
[83] 方世荣. 行政法与行政诉讼法 [M]. 北京：中国政法大学出版社，1999.
[84] 袁曙宏，方世荣，黎军. 行政法律关系研究 [M]. 北京：中国法制出版社，1999.
[85] 孙笑侠. 法律对行政的控制——现代行政法的法理解释 [M]. 济南：山东人民出版社，2000.
[86] 沈岿. 平衡论：一种行政法认知模式 [M]. 北京：北京大学出版社，2000.
[87] 方世荣. 论行政相对人 [M]. 北京：中国政法大学出版社，2000.
[88] 李娟. 行政法控权理论研究 [M]. 北京：北京大学出版社，2000.
[89] 罗豪才，孙琬锺. 与时俱进的中国法学 [M]. 北京：中国法制出版社，2001.
[90] 董炯. 国家、公民与行政法——一个国家—社会的角度 [M]. 北京：北京大学出版社，2001.
[91] 陈泉生. 行政法的基本问题 [M]. 北京：中国社会科学出版社，2001.
[92] 张树义. 变革与重构——改革背景下的中国行政法理念 [M]. 北京：中国政法大学出版社，2002.
[93] 黎军. 行业组织的行政法问题研究 [M]. 北京：北京大学出版

社，2002.
[94] 石佑启. 论公共行政与行政法学范式转换［M］. 北京：北京大学出版社，2003.
[95] 郎佩娟. 公共行政行为规范［M］. 郑州：河南人民出版社，2003.
[96] 张明杰. 开放的政府——政府信息公开法律制度研究［M］. 北京：中国政法大学出版社，2003.
[97] 刘瀚. 依法行政论坛［M］. 北京：社会科学文献出版社，1993.
[98] 应松年. 依法行政读本［M］. 北京：人民出版社，2001.
[99] 杨解君，孙学玉. 依法行政论纲［M］. 北京：中共中央党校出版社，1998.
[100] 姚锐敏. 依法行政的理论与实践［M］. 北京：法律出版社，2000.
[101] 王名扬. 美国行政法［M］. 北京：中国政法大学出版社，1987.
[102] 王名扬. 英国行政法［M］. 北京：中国政法大学出版社，1987.
[103] 陈金罗. 社团立法和社团管理［M］. 北京：法律出版社，1997.
[104] 杨建顺. 日本行政法通论［M］. 北京：中国法制出版社，1998.
[105] 胡建淼. 德国行政法［M］. 北京：清华大学出版社，1999.
[106] 胡振罗. 社会团体［M］. 北京：华夏出版社，1994.
[107] 李大琨. 中国社会行政管理［M］. 北京：中国国际广播出版社，1998.
[108] 吕凤太. 社会中介组织［M］. 北京：学林出版社，1998.
[109] 刘智峰. 第七次革命——1998 中国政府机构改革备忘录［M］. 北京：经济日报社，1998.
[110] 杨晓民. 中国单位制度［M］. 北京：中国经济出版社，1999.
[111] 韩继志. 政府机构改革［M］. 北京：中国人民大学出版社，1999.
[112] 郑国安. 非营利组织与中国事业单位体制改革［M］. 北京：机械工业出版社，2002.
[113] 任进. 政府组织与非政府组织——法律实证和比较分析的视角［M］. 济南：山东人民出版社，2003.
[114] 赵立波. 事业单位改革——公共事业发展新机制探析［M］. 济南：山东人民出版社，2003.
[115] 郭正林. 变革社会的公共治理：中国案例［M］. 广州：中山大学出版社，2003.

[116] 周旺生．立法学［M］．北京：法律出版社，1998.
[117] 周旺生．立法研究［M］．北京：法律出版社，2000.
[118] 朱力宇，张曙光．立法学［M］．北京：中国人民大学出版社，2001.
[119] 孙同鹏．经济立法问题研究：制度变迁与公共选择的视角［M］．北京：中国人民大学出版社，2004.
[120] 劳凯声．教育法论［M］．南京：江苏教育出版社，1993.
[121] 张维平．平衡与制约——20 世纪的教育法［M］．济南：山东教育出版社，1995.
[122] 劳凯声．规矩方圆——教育管理与法律［M］．北京：中国铁道出版社，1997.
[123] 黄葳．教育法学［M］．广州：广东高等教育出版社，2002.
[124] 刘立．教育法学通论［M］．武汉：湖北教育出版社，2003.
[125] 劳凯声．中国教育法制评论：第 1 辑［M］．北京：教育科学出版社，2002.
[126] 劳凯声．中国教育法制评论：第 2 辑［M］．北京：教育科学出版社，2003.
[127] 李连宁．依法治教的探索［M］．北京：法律出版社，2003.
[128] 李罡．教育立法与中国现代教育制度的建立与发展（1902—1937）［M］．北京：同心出版社，2003.
[129] 郝维谦，李连宁．各国教育法制比较研究［M］．北京：人民教育出版社，1999.
[130] 张维平．美国教育法研究［M］．杭州：杭州大学高等教育研究室，1986.
[131] 张维平，马立武．美国教育法研究［M］．北京：中国法制出版社，2004.
[132] 湛中乐．高等教育与行政诉讼［M］．北京：北京大学出版社，2003.
[133] 赵大宇．权利与责任：政府与大学关系之研究［M］．哈尔滨：黑龙江人民出版社，2003.
[134] 褚宏启．学校法律问题分析［M］．北京：法律出版社，1998.
[135] 张弛，韩强．学校法律治理研究［M］．上海：上海交通大学出版社，2005.
[136] 忻福良．各国高等教育立法［M］．上海：上海交通大学出版

社，1992.
[137] 教育部人事司. 高等教育法规概论 [M]. 北京：北京师范大学出版社，1999.
[138] 潘懋元. 新编高等教育学 [M]. 北京：北京师范大学出版社，1996.
[139] 邱洪昌，林启泗. 十国高等学校招生制度 [M]. 北京：航空工业出版社，1994.
[140] 唐佐明，黄国勋. 高校招生体制改革研究 [M]. 桂林：广西师范大学出版社，2000.
[141] 萧宗六，贺乐凡. 中国教育行政学 [M]. 北京：人民教育出版社，1997.
[142] 国家高级教育行政学院. 新中国教育行政管理五十年 [M]. 北京：人民教育出版社，1999.
[143] 熊贤君. 中国教育行政史 [M]. 武汉：华中理工大学出版社，1999.
[144] 孙成城. 中国教育行政概论 [M]. 合肥：安徽教育出版社，1999.
[145] 成有信. 教育政治学 [M]. 南京：江苏教育出版社，2000.
[146] 吴志宏. 教育行政学 [M]. 北京：人民教育出版社，2001.
[147] 陈永明. 教育行政新论 [M]. 上海：华东师范大学出版社，2003.
[148] 谢青，汤德用. 中国考试制度史资料选编 [M]. 合肥：黄山书社，1992.
[149] 杜受田，英汇. 钦定科场条例//续修四库全书 [M]. 上海：上海古籍出版社，1995.
[150] 杨学为. 中国考试史文献集成 [M]. 北京：高等教育出版社，2003.
[151] 杨学为. 高考文献：上册 [M]. 北京：高等教育出版社，2003.
[152] 杨学为. 高考文献：下册 [M]. 北京：高等教育出版社，2003.
[153] 商衍鎏. 清代科举考试述录及有关著作 [M]. 天津：百花文艺出版社，2004.
[154] 邓嗣禹. 中国考试制度史 [M]. 上海：考选委员会商务印书馆，1936.
[155] 刘虹. 中国选士制度史 [M]. 长沙：湖南教育出版社，1992.
[156] 刘海峰，田建荣，张亚群，等. 中国考试发展史 [M]. 武汉：华中师范大学出版社，2002.
[157] 刘海峰，李兵. 中国科举史 [M]. 上海：东方出版中心，2004.

[158] 刘海峰. 科举考试的教育视角 [M]. 武汉：湖北教育出版社，1996.
[159] 何怀宏. 选举社会及其终结——秦汉至晚清历史的一种社会学阐释 [M]. 北京：生活·读书·新知三联书店，1998.
[160] 贾非. 考试制度研究 [M]. 成都：四川教育出版社，1995.
[161] 马克·伊克斯坦，夏洛·诺亚. 迈向大学之路：各国的考试政策与实务 [M]. 陈坤田，等译. 台北：心理出版社有限公司，1996.
[162] 康乃美，蔡炽昌. 中外考试制度比较研究 [M]. 武汉：华中师范大学出版社，2002.
[163] 张宝昆. 大规模教育考试的社会控制功能研究 [M]. 昆明：云南大学出版社，1999.
[164] 杨学为，廖平胜. 考试社会学问题研究 [M]. 武汉：华中师范大学出版社，2003.
[165] 廖平胜. 考试是一门科学 [M]. 武汉：华中师范大学出版社，2003.
[166] 葛大汇. 升学考试的问题与对策研究——对“应试教育”的剖析 [M]. 上海：华东师范大学出版社，2001.

学位论文

[167] 薛成龙. 近代中国高校招生考试研究 [D]. 厦门：厦门大学硕士学位论文，1999.
[168] 肖祖法. 大规模选拔性教育考试作弊问题研究 [D]. 厦门：厦门大学硕士学位论文，2002.
[169] 曾绍东. 法律与社会：晚清科举考试法规评析 [D]. 南昌：江西师范大学硕士学位论文，2003.
[170] 申素平. 中国公立高等学校法律地位研究 [D]. 北京：北京师范大学博士学位论文，2001.
[171] 陈恩伦. 论学习权 [D]. 重庆：西南师范大学博士学位论文，2003.
[172] 姚云. 美国高等教育立法研究——基于立法制度的透析 [D]. 上海：华东师范大学博士学位论文，2003.
[173] 叶晓川. 清代科举法律文化研究 [D]. 中国政法大学博士学位论文，2006.
[174] 范晔.《钦定科场条例》研究 [D]. 厦门大学博士学位论文，2014.

[175] 龙云. 组织考试作弊行为的犯罪化研究 [D]. 中国政法大学硕士学位论文，2008.

中文期刊文章

[176] 潘懋元. 中国高等教育大众化的理论与政策 [J]. 高等教育研究，2001 (4)：1-5.
[177] 潘懋元. 我对招生考试的基本看法 [J]. 湖北招生考试（理论版），2002 (2)：4.
[178] 潘懋元，覃红霞. 高考：从选拔性考试到适应性考试 [J]. 湖北招生考试（理论版），2003 (Z1)：22-23.
[179] 刘海峰. 高考改革中的全局观 [J]. 教育研究，2002 (2)：21-25.
[180] 刘海峰. 高考改革中的公平与效率问题 [J]. 教育研究，2002 (12)：80-84.
[181] 刘海峰. 高考与录取制度改革的教育与社会视角 [J]. 中国教师，2004 (2)：13-16.
[182] 刘海峰. 高考改革何去何从 [J]. 教育研究，2005 (3)：29-34.
[183] 李全柱，赵文辉. 高考改革的教育社会学思考 [J]. 社会科学论坛，2003 (11)：86-88.
[184] 张亚群. 理性认识高考的负面影响 [J]. 粤海风，2003 (2)：35-39.
[185] 郑若玲. 考试公平与区域公平：高考录取中的两难选择 [J]. 高等教育研究，2001 (6)：53-57.
[186] 郑若玲，杨旭东. 高考改革：历史与现实的思考 [J]. 厦门大学学报（哲学社会科学版），2003 (1)：108-114.
[187] 王福. 我国高校招生系统哲学分析 [J]. 科技进步与对策，2003 (2)：160-162.
[188] 张文显. 中国步入法治社会的必由之路 [J]. 中国社会科学，1989 (2)：181-194.
[189] 郭道晖. 试论权利与权力的对立统一 [J]. 法学研究，1990 (4)：1-9.
[190] 孙国华. 法制与法治不应混同 [J]. 中国法学，1993 (3)：44-47.
[191] 张浩. 简论法制与法治 [J]. 中国法学，1993 (3)：48-50.

[192] 童之伟．公民权利国家权力对立统一关系论纲［J］．中国法学，1995（6）：14-22.
[193] 朱景文．关于法制和法治的几个理论问题［J］．中外法学，1995（4）：17-23.
[194] 沈宗灵．再谈"法制"与"法治"二词的词义［J］．法学，1996（10）：4.
[195] 郑成良，董进宇，霍存福．论依法治国之法理要义［J］．吉林大学社会科学学报，1996（4）：57-62.
[196] 李林．法治的理念、制度和运作［J］．法律科学（西北政法学院学报），1996（4）：3-12.
[197] 吴德星．法治的理论形态与实现过程［J］．法学研究，1996（5）：96-103.
[198] 刘作翔．法治社会中的权力和权利定位［J］．法学研究，1996（4）：69-79.
[199] 徐显明．论"法治"构成要件——兼及法治的某些原则及观念［J］．法学研究，1996（3）：37-44.
[200] 张春生，阿喜．准确把握"法治"的含义［J］．中国法学，1998（5）：3-7.
[201] 李步云．从"法制"到"法治"二十年改一字——建国以来法学界重大事件研究［J］．法学，1999（7）：1-4.
[202] 蔡定剑，刘丹．从政策社会到法治社会［J］．中外法学，1999（2）：7-12.
[203] 杨宇冠．谈"法制"和"法治"［J］．法学杂志，2001（6）：75.
[204] 王端起．论现代法治的一个重要原则——机会平等［J］．中央政法管理干部学院学报，1998（5）：1-2.
[205] 翟学伟．人情、面子与权力的再生产［J］．社会学研究，2004（5）：48-57.
[206] 何永红，郭珊．权力制约的机制及其在我国的应用［J］．行政论坛，2004（2）：19-20.
[207] 柳建闽，张帆．权力制约的理论基础与制度建设［J］．福建农林大学学报（哲学社会科学版），2004（7）：67-70.
[208] 侯建．三种权力制约机制及其比较［J］．复旦学报（社会科学版），

2001 (3): 100-106.
[209] 万斌，倪东. 权力的哲学反思 [J]. 宁波大学学报 (人文科学版), 1999 (3): 1-7.
[210] 汪进元. 权力制约的理性思考与模式选择 [J]. 法学评论，1998 (1): 31-36.
[211] 邱杭宁. 论权力制约与根治腐败 [J]. 苏州大学学报 (哲学社会科学版), 1998 (1): 50-54.
[212] 朱勤军. 中国政治发展中的权力制约机制 [J]. 探索与争鸣，1998 (6): 8-11.
[213] 吴鹏. 深化改革与建立权力制约新机制 [J]. 探求，1998 (S1): 51-52.
[214] 陆平辉. 利益冲突的理论与实证分析 [J]. 南京社会科学，2003 (9): 62-67.
[215] 甄士明. 公法与私法问答录 [J]. 当代法学，1997 (4): 13-17.
[216] 杨寅. 从对峙走向合作：公私法关系的新境遇 [J]. 政治与法律，2003 (1): 2.
[217] 张康之. 行政与公共行政的历史演进 [J]. 中共福建省委党校学报，2002 (4): 24-28.
[218] 应星. 作为特殊行政救济的信访救济 [J]. 法学研究，2004 (3): 58-71.
[219] 徐科雷. 从社会法的视角看经济法的独立性 [J]. 前沿，2003 (10): 153-156.
[220] 褚宏启. 关于教育法地位的法理学分析 [J]. 教育研究，2000 (4): 59-64.
[221] 李连宁. 谈谈“依法治教”[J]. 人民教育，1997 (3): 11-14.
[222] 秦惠民. 高等学校法律纠纷若干问题的思考 [J]. 法学家，2001 (5): 105-114.
[223] 李常青，冯小琴. 少数人权利及其保护的平等性 [J]. 现代法学，2001 (5): 14-21.
[224] 陈瑞英，吕哲. 对我国公民受教育权平等实现的审视 [J]. 河北法学，2004 (1): 141-144.
[225] 曲相霏. 受教育权初探 [J]. 政法论坛，2002 (6): 125-130.

[226] 陈太红. 高校法律地位探析 [J]. 重庆师范学院学报（哲学社会科学版），2002（2）：84-88.
[227] 刘冬梅. 试论高等学校的法律地位 [J]. 教育评论，1998（1）：39-41.
[228] 崔英楠，王柱国. 论公立学校的行政法律地位 [J]. 杭州商学院学报，2004（1）：4-9.
[229] 刘艺. 高校被诉引起的行政法思考 [J]. 现代法学，2001（2）：93-97.
[230] 庞小菊. 论公立学校在行政法上的定位 [J]. 行政与法律，2002（6）：4-9.
[231] 卢祖元. 论高校与学生的双重法律关系 [J]. 苏州大学学报（哲学社会科学版），2001（4）：46-48.
[232] 白呈明. 高校与学生合同关系探讨 [J]. 复旦教育论坛，2003（6）：31-34.
[233] 申素平. 尽快理顺高校与学生的法律关系 [J]. 中国高等教育，2003（17）：14-15.
[234] 程雁雷. 论司法审查对大学自治的有限介入 [J]. 行政法学研究，2000（2）：33-36.
[235] 珊珍. 全国首例高校招生纠纷案 [J]. 法律与生活，1997（1）：10-13.
[236] 张玉光. 对陈某诉外交学院案的几点思考——兼议施行中的高校招生录取体制 [J]. 高等师范教育研究，1997（6）：62-66.
[237] 朱新梅. 没有约束的权力与被神圣化的大学——从高校招生腐败说起 [J]. 中国教师，2004（9）：25-28.
[238] 刘作翔. 神圣的宪法权利与“社会公德”的冲突——对浙江医大一则规定的法律思考 [J]. 法学，1996（3）：2-3.
[239] 于大水. 略论《高等教育法》中规定的高校办学自主权 [J]. 烟台师范学院学报（哲学社会科学版），2002（2）：85-88.
[240] 郑若玲. 普通高校招生考试法规建设述评 [J]. 广东工业大学学报，2002（4）：5-8.
[241] 李长城. 我国考试立法刍议 [J]. 徐州师范学院学报（哲学社会科学版），1995（1）：122-124.

[242] 周佑勇，等. 论依法治考的基本要求与法律保障 [J]. 湖北招生考试（理论版），2002 (4)：42-44.
[243] 吴容靖. 增加法制意识，提高依法办考的自觉性 [J]. 湖北招生考试（理论版），2002 (8)：48-51.
[244] 余睿. 尊重考生权利 促进依法治考——试论招考行政中的考生权益保护与法律保障 [J]. 湖北招生考试（理论版），2003 (8)：48-52.
[245] 钱静. 论依法招考的现实问题与法律对策 [J]. 湖北招生考试（理论版），2003 (16)：52-54.
[246] 张以标. 试论依法治考体系之构建 [J]. 湖北招生考试（理论版），2002 (20)：51-54.
[247] 王彦. 关于制定我国考试法的几点构想 [J]. 河北法学，1997 (6)：40-42.
[248] 宋凡金. 建构我国的考试法——对我国教育改革的思考 [J]. 教学与管理，2003 (1)：68-71.
[249] 刘天伦. 考试立法与设立权威性独立考试体制的思考 [J]. 前进论坛，1997 (4)：20-21.
[250] 滕朝阳. "高考移民"的体制性基础 [J]. 瞭望新闻周刊，2003 (18)：49.
[251] 郭殊，冯雪敏. 对"封堵高考移民"事件的宪法学思考 [J]. 辽宁警专学报，2004 (1)：36-39.
[252] 刘海峰，樊本富. 论西部地区的"高考移民"问题 [J]. 教育研究，2004 (10)：76-80.
[253] 张尚武，封建伟. 对倾斜的高考分数线的反思 [J]. 教育发展研究，2002 (11)：21-23.
[254] 王明镇，姚伟明. 高考录取"分数线"辨析 [J]. 高等工程教育研究，2002 (4)：51-52.
[255] 刘海峰. 为科举制平反 [J]. 书屋，2005 (1)：4-10.
[256] 宋才发，熊贤军. 历代科场舞弊的惩治与防范 [J]. 华中师范大学学报（哲学社会科学版），1986 (1)：113-118.
[257] 刘秀兰. 试论清代官宦子弟科举应试舞弊的防范规定 [J]. 四川师范大学学报（哲学社会科学版），1991 (2)：89-94.
[258] 何怀宏. 晚清科场的衰落与改革 [J]. 中国青年政治学院学报（哲学

社会科学版），1998（1）：38-44.
[259] 李国荣. 清代科场夹带作弊防惩研究［J］. 历史档案，2002（1）：84-92.
[260] 文芳. 清末科场舞弊的惩治、原因及启示［J］. 湖北招生考试（理论版），2002（4）：45.
[261] 郗鹏. 试论清代前期科举回避制度［J］. 南开学报（哲学社会科学版），2004（1）：31-36.
[262] 李兵. 科举关防面面观［J］. 书屋，2005（1）：11-16.
[263] 杨岷. 消除舞弊必须改革考试评价制度［J］. 湖南教育，2000（18）：19.
[264] 郝洪才. 从高考作弊说开去（一）［J］. 教育与职业，2001（9）：47.
[265] 郝洪才. 从高考作弊说开去（二）［J］. 教育与职业，2001（10）：26-27.
[266] 郝洪才. 从高考作弊说开去（三）［J］. 教育与职业，2002（1）：40-41.
[267] 胡先哲. 高考舞弊原因分析［J］. 湖北招生考试（理论版），2003（16）：45.
[268] 邓道玉. 教育考试舞弊成因分析及其防范对策［J］. 湖北招生考试（理论版），2003（20）：37-39.
[269] 唐蓉，熊辉. 析考试舞弊　谈依法治考［J］. 湖北招生考试（理论版），2003（12）：102-104；8.
[270] 汤灿晴，王红. 高考集体舞弊现象的博弈分析［J］. 湖北招生考试（理论版），2004（16）：38-41.
[271] 徐瑞英. 试论自主招生模式［J］. 苏州大学学报（哲学社会科学版），1996（4）：47-49.
[272] 肖亮华. 大学招生中若干问题的思考［J］. 南通工学院学报，1999（6）：76-77.
[273] 江兰. 加快招生考试改革的思考［J］. 江苏大学学报（高教研究版），2003（3）：64-66.
[274] 徐建春. 高校招生制度改革的思考［J］. 教育发展研究，2003（4/5）：135-137.
[275] 周大平. 高校自主招生如何突破［J］. 瞭望，2004（17）：56-57.

[276] 周大平. 透视高校自主招生 [J]. 瞭望，2003 (34)：47-48.
[277] 郭晓萍. 试论扩大高校招生自主权 [J]. 中国高教研究，2003 (2)：72-73.
[278] 左治兴，王丽萍. 进一步完善监督机制　不断扩大高校招生自主权 [J]. 大学教育科学，2003 (2)：68-70.
[279] 刘光余. 高校自主招生考试制度改革的思考 [J]. 教育发展研究，2003 (10)：29-30.
[280] 裴云. 自主招考：中国大学准备好了吗 [J]. 湖北招生考试（理论版)，2003 (10)：34-36.
[281] 周扬. 试论高校自主招生的监督机制 [J]. 湖北招生考试（理论版)，2004 (12)：22-25.
[282] 程斯辉. 自主招生与高校的自觉、自律和创新 [J]. 湖北招生考试(理论版)，2004 (12)：1.
[283] 欧阳宏斌，徐颖峻. 对当前高考模式下自主招生的分析与思考 [J]. 江苏高教，2004 (4)：73-74.
[284] 孟照彬. 大学自主招生：高考的最终走向 [J]. 湖北招生考试（理论版)，2004 (12)：4-8.
[285] 张宝昆，沈毅，罗利佳. 从统一招考到自主招考：中国大学招生入学考试之重大变革 [J]. 湖北招生考试（理论版)，2004 (12)：9-13.
[286] 张亚群. 高校自主招生不等于自行考试 [J]. 教育研究，2005 (3)：34-36.
[287] 郭宇宽. "中国国情"下的高校招生自主权 [J]. 中国教师，2004 (7)：4-6.
[288] 王铮. 高校5%招生自主权置疑 [J]. 中国教师，2004 (7)：6-8.
[289] 郭志成. 谁在为大学招生? [J]. 中国教师，2004 (7)：9-11.
[290] 许杰. 对高校招生自主权性质的再认识 [J]. 中国教师，2004 (7)：11-13.
[291] 张桂春. 德国大学入学资格模式的历史考察 [J]. 辽宁师范大学学报(社会科学版)，1996 (5)：41-44.
[292] 张桂春. 德国完全中学毕业考试的几个问题 [J]. 教育科学，1996 (2)：53-57.
[293] 何智蕴，鲍健强. 日本大学入学考试体系：从 JFSAT 到 NCUEE

[J]. 比较教育研究, 2000 (S1): 46-50.
[294] 崔成学. 日本的大学入学考试中心考试及对我国的启示 [J]. 现代教育科学, 2004 (3): 28-31.
[295] 关松林. 日本大学考试制度的历史、现状及未来 [J]. 日本问题研究, 1997 (1): 65-69.
[296] 张维迎. 法律与社会规范 [N]. 文汇报, 2004-4-25.
[297] 宗志翔, 李国红. 考试舞弊的法律分析 [J]. 政法学刊, 2005 (4): 65-67.
[298] 李化德. 论国家考试立法 [J]. 现代法学, 2008 (5): 29-37.
[299] 李朝晖. 建议刑法增设重大考试舞弊罪 [J]. 郑州大学学报 (哲学社会科学版), 2011 (3): 73-75.
[300] 沈玉忠. 重大考试舞弊罪刑事立法化之思考 [J]. 江苏高教, 2010 (4): 94-95.
[301] 于林洋. 论考试法的秩序诉求 [J]. 法学论坛, 2010 (4): 124-130.
[302] 张磊. 考试作弊行为的刑法规制 [J]. 中州学刊, 2010 (5): 100-102.
[303] 桂亚胜. 考试作弊犯罪的基本问题 [J]. 中国考试, 2015 (10): 10-15.
[304] 王利宾. 国家考试舞弊的刑法规制研究 [J]. 江苏高教, 2013 (1): 86-88.
[305] 陈韶峰, 朱卫国. 论国家教育与考试舞弊行为的行政处理 [J]. 江苏高教, 2013 (4): 32-35.